国家自然科学基金资助项目（51808276）（51078181）
江苏省新闻出版广播影视产业发展专项资金项目
汪永平　主编　西藏藏式传统建筑研究系列丛书

西藏苯教寺院建筑

BONPO MONASTERIES AND TEMPLES IN TIBET

བོད་ཀྱི་བོན་ལུགས་དགོན་པའི་བཟོ་བསྐྲུན།

戚瀚文　汪永平　等著

东南大学出版社
·南京·

内容提要

本书梳理了苯教文化历史，详细论述了苯教的起源与发展，包括苯教自身的宗教信仰与宗教文化特点等。本书通过对苯教寺庙的实地调研与分析，寻找并发现其与西藏传统建筑的相似性及其建筑自身的独特性，从建筑史学的角度对苯教文化影响下的寺庙建筑进行论述，如寺庙的布局和空间形式、僧人的经院制度，以及在建造寺庙过程中的步骤与方法等。从建筑技术的角度论述了苯教寺庙建筑群及单体特点，包括建筑的结构、材料及建筑的形态等。全书列举了大量的苯教寺庙建筑实例，并附有详细的测绘图纸，均为宝贵的一手资料，是目前有关西藏苯教寺庙建筑研究的代表性专著。

本书可供国内外建筑工作者、文物工作者、历史学者和藏学研究者参考，也可供建筑、旅游爱好者阅读和收藏。

图书在版编目（CIP）数据

西藏苯教寺院建筑 / 戚瀚文等著 . —南京：东南大学出版社，2019.7

（西藏藏式传统建筑研究系列丛书 / 汪永平主编）

ISBN 978-7-5641-7016-5

Ⅰ . ① 西 … Ⅱ . ① 戚 … Ⅲ . ① 本 教 – 寺 庙 – 研 究 – 西藏　Ⅳ . ① B947.275

中国版本图书馆 CIP 数据核字（2016）第 322182 号

西藏苯教寺院建筑
Xizang Benjiao Siyuan Jianzhu

著　　者：戚瀚文　汪永平　等
责任编辑：戴　丽　贺玮玮
文字编辑：陈　淑
责任印制：周荣虎

出版发行：东南大学出版社
社　　址：南京市四牌楼 2 号　　邮编：210096
网　　址：http://www.seupress.com
出 版 人：江建中

排　　版：南京布克文化发展有限公司
印　　刷：上海雅昌艺术印刷有限公司
开　　本：787mm×1092mm　1/16　印张：12.25　字数：330 千字
版　　次：2019 年 7 月第 1 版　2019 年 7 月第 1 次印刷
书　　号：ISBN 978-7-5641-7016-5
定　　价：110.00 元

经　　销：全国各地新华书店
发行热线：025-83790519　83791830

* 版权所有，侵权必究
* 本社图书若有印装质量问题，请直接与营销部联系。电话：025-83791830

本书研究人员与编写人员

● 主编

汪永平

● 编写人员

统　稿：汪永平

第1章：戚瀚文

第2章：戚瀚文

第3章：戚瀚文

第4章：戚瀚文

第5章：戚瀚文

第6章：戚瀚文

第7章：汪永平（7.1），戚瀚文（7.2、7.4~7.7），

　　　　孙正（7.3）

附　录：戚瀚文

代序
经历是人生的一种财富

古人云"十年磨一剑",距离《拉萨建筑文化遗产》一书的出版(2005年东南大学出版社出版)已经过去十几年了。在这十几年里,西藏自治区在城市建设、道路交通、人民生活和经济建设上发生了历史上前所未有的巨大变化。当年我们做过测绘和调研的著名寺庙、宫殿、园林、民居都得到地方各级政府和宗教、文物部门的精心保护和维修,党的宗教政策得到很好的落实,寺庙成为西藏文化传承和宗教信仰的场所。回首往日,我们为此所做的工作见到了成效,我们的努力融入今天的发展成果,西藏文化遗产保护得到提升在国内外有目共睹。合作共事过的老朋友正在西藏文化保护的各级岗位上发挥自己的才干,我和学生们的西藏经历很愉快,令人回味,历久弥新,成为无法磨灭的永恒记忆。

本次出版的《西藏藏式传统建筑》《拉萨藏传佛教建筑》《西藏藏东乡土建筑》《西藏苯教寺院建筑》合计4本,连同《拉萨建筑文化遗产》一书形成"西藏藏式传统建筑研究"的系列丛书。此系列书的出版圆了我和学生多年的梦,只是出版间隔的时间长了一点。从1999年暑期进藏,测绘拉萨的罗布林卡(成为申报世界文化遗产增补名录的图纸资料)、山南桑耶寺的调研和测绘,到今天2019年丛书的出版,算算已有20年的时间。当年一起进藏的学生已经人到中年,成为单位的技术骨干;在高校工作的博士、硕士也已经成长起来,独立开展研究工作,好几位拿到了国家自然科学基金项目资助,如同20年前的我,在西藏这块土地播下研究的种子、洒下辛勤的汗水,收获丰硕的学术成果。

本丛书利用了多年来我们与西藏文物部门合作调研和测绘成果,其中有第三次全国文物普查的资料,有拉萨老城区的调研资料,更多的是研究生的硕士和博士学位论文的总结。从现场踏勘、测绘草图再转化为电脑图纸,汇集了一手资料。基于集体和个人的努力,蹒跚负重,师生们风尘仆仆,一路走来,深入青藏高原腹地,山南边境、藏东三江,西行阿里,北上那曲,几乎走遍了西藏的重要城镇和文物古迹,在宫殿、寺庙、宗山、园林、民居的调研中既领略了高原的湖光山色,也体验了不一样的人生。后期的研究工作我们未敢懈怠,一步一个脚印,十几年积累下来,最终转化为几十篇研究生论文,为本丛书的撰写奠定了基础。

我是徽商的后代,父亲是读书人,依靠自己的努力,后来成为高校数学教师。小的时候,家里兄妹多,条件差,没有机会外出旅行,只能从古人旅行的诗词中去体会、感受不一样的经历,梦想有一天会走出家乡,周游世界。长大以后,经历"文革"、上山下乡,在1977年恢复高考后,成为77级本科建筑学专业学生。大学求学期间受到中国营造学社梁思成、刘敦桢前辈的启发和影响,走上中国建筑史学研究的道路。我的本科毕业设计选在苏州太湖东、西山,做古村落调研和撰写相关论文;在硕士研究生时选择明代建筑琉璃、南京大报恩寺琉璃塔研究作为论文选题，在山西乡间调研建筑达 3 个月，当时，正值隆冬严寒，缺衣少食，回到南京，体重减了 10kg，其中甘苦是今天的年轻人不可想象的。毕业后在高校从事中国建筑历史理论教学和研究，这使我有了更多走出去的机会，进而更深入地做文物保护工作。教学和研究拓宽了自己的眼界和视野，有机会去看看祖国的名山大川、古都老城、名人古宅、寺庙道观，旅行也逐渐成为个人的一种爱好、一种生活。与学生一起旅行、一块读书，进而在一起做研究，查资料写论文，成为自己信手拈来所熟悉的一种治学方式。南京晓庄师范的创始人陶行知秉承的"知行合一"的理念对我也有一定的影响，"读万卷书、行万里路"便成为人生的座右铭。

在西藏经历的 20 年是自己人生最为丰富的 20 年，算下来我带学生去西藏前后加起来已有 20 多趟，加上喜马拉雅南坡的印度、尼泊尔 10 多趟，还有斯里兰卡、缅甸、泰国、柬埔寨等东南亚南传佛教的国家，基本上跑了个遍。通过旅行，了解西藏，透析藏传佛教建筑的精髓；通过旅行，了解印度，追寻佛教建筑的源头；通过旅行，了解东南亚，厘清部派佛教的渊源和联系。可以说，我的多半知识是在这 20 年的旅途和经历中学习的。毛主席曾经说过"读书是学习，使用也是学习，而且是更重要的学习"。一分耕耘，一分收获，20 年的经历奠定了我们在中国西藏、南亚印度、东南亚诸国建筑文化和遗产保护研究的基础。

在此套丛书（4 本）出版之际，衷心感谢西藏自治区文物局、拉萨市文物局的领导和同仁多年的合作，感谢昌都地区行署、贡觉县人民政府对我们在藏东调研时的支持，感谢东南大学出版社戴丽副社长多年的支持和积极努力申报国家出版项目。2005 年戴丽老师与我们研究生同行，考察西藏雍布拉康的宫殿、姐德秀镇的围裙织娘机坊的场景犹在眼前。感谢贺玮玮编辑不辞辛苦，精心整理与编校。最后用一首小诗，与我的学生们同贺新书的出版。

经历是人生的一幅长卷，王希孟笔下的《千里江山图》；
经历是人生的一首诗，充满乡愁和记忆；
经历是人生的一首歌，对酒当歌，人生几何；
经历是人生的一张没有回程的船票，为登彼岸难回首；
经历是个人的感悟，酸甜苦辣尽在其中。
跨过千山万水，走进青藏高原，圆了我们多年的梦想……
萨迦的夜空满天星斗，如此明亮，坚持统一，八思巴功垂青史，千古咏唱；
拉萨河畔，想当年，文成公主进藏，松赞干布英姿勃勃，汉藏友谊谱新章。
冈底斯山雄伟悲壮，芸芸众生，一路等身长头磕来，无惧风霜，只为信仰。
心中只要有理想，千难万险等闲看；
长缨在手缚苍龙，人生的追求，终身的梦想。

汪永平
初稿完成于泰国曼谷 Le FENIX 酒店，修改于南京家中

前　言

苯教文化是青藏高原最初形成的古老的文化，带有浓厚的地域特色，它与雪域高原有着密不可分的种种渊源，是构成今日西藏各种文化中不可分割的重要组成部分。据史料记载，苯教的发祥地是象雄，即今日之西藏阿里地区，其始祖出生于象雄魏摩隆仁。苯教信奉"万物有灵"论，该论断源于原始时期西藏先民对自然万物的敬畏和崇拜，经过长时间积淀，最终演化为宗教。由此可知，西藏的苯教信仰和苯教文化源头可追溯至西藏社会远古时期的原始文化，苯教及其文化是藏族传统文化的精髓。

本书将研究中心确定在以苯教文化为主的苯教寺庙建筑及其建造步骤与技术上，通过对苯教寺庙的实地调研，分析其与西藏传统建筑的相似性和其建筑自身的特点，从建筑学角度出发，对苯教文化影响下的苯教寺庙建筑进行论述。

全文共有四个部分七个章节。第一部分对西藏的文化进行论述，介绍苯教文化的产生和影响。首先为绪论，介绍本书的研究背景、研究现状和研究方法；第一章为苯教产生的地理及人文历史环境综述，包括西藏的环境气候特点、西藏人类起源及西藏古人类文化遗址等；第二章为苯教溯源部分，对苯教的起源和发展进行论述。

第二部分为第三至第四章，该部分论述了苯教寺庙建筑的群体及建筑单体等方面的特点。第三章对苯教寺庙建筑的选址进行归纳分析，并对建筑修建步骤与构造技术方面的特点进行分析；第四章对构成苯教寺庙群所必需的建筑群单元体系进行类比分析。

第三部分为第五至第六章，该部分主要论述了苯教的经院制度特点和苯教的节日与仪轨等方面的内容，并分析了苯教建筑文化的内涵体现。第五章主要介绍了苯教僧人的平时生活与经院教育体制下的修行等知识；第六章以苯教的节日与仪轨等为论述对象。

第四部分为第七章，此部分为全书重点论述部分之一，涵盖了重要苯教寺院的调研及分析。对所调研的苯教寺庙建筑进行详细的论述，包括其寺庙中心建筑单体的空间结构特点、材料特点及建筑的布局形态等。

目　录

绪论		**1**
0.1.1	课题来源	1
0.1.2	课题背景	1
0.1.3	国内外相关理论研究现状	4
0.1.4	研究对象与方法	5
0.1.5	本文研究框架	7

1　苯教产生的地理及人文历史环境综述　8

1.1	青藏高原的特点	8
1.1.1	青藏高原的形成	8
1.1.2	青藏高原气候特点	9
1.1.3	青藏高原地貌特点	10
1.1.4	青藏高原的交通特点	11
1.2	高原人类起源说	13
1.2.1	苯教卵生说	14
1.2.2	印度迁徙说	14
1.2.3	猴子变人说	15
1.3	远古时期存在于高原的人类遗址	16
1.3.1	卡若遗址	16
1.3.2	曲贡遗址	17
1.3.3	小恩达遗址	18
1.3.4	藏北细石器文化遗址	18
小结		19

2　苯教溯源　20

2.1	苯教产生于象雄	20
2.1.1	象雄历史沿革	20
2.1.2	象雄疆域范围概述	21
2.1.3	象雄魏摩隆仁	22
2.1.4	象雄"琼"部落传说	24
2.1.5	象雄文化圈及影响	26

2.2	原始苯教与雍仲苯教	27
2.2.1	原始苯教	27
2.2.2	雍仲苯教上师	28
2.2.3	雍仲苯教发展阶段	29
2.3	雍仲苯教宗教体系	32
2.3.1	雍仲苯教教义	32
2.3.2	雍仲苯教神祇	34
2.4	雍仲苯教特点	37
2.4.1	苯教服饰特点	37
2.4.2	苯教转经特点	38
2.4.3	苯教三身佛特点	39
2.5	苯教与佛教	39
2.5.1	苯教与吐蕃第一代赞普	39
2.5.2	苯教建筑雏形	41
2.5.3	佛教传入吐蕃与苯教并存	41
2.5.4	苯教第一次法难	43
2.5.5	苯教第二次法难	44
小结		44

3　苯教寺院选址及宗教建筑特点　46

3.1	选址特点	46
3.1.1	影响寺庙选址的因素	46
3.1.2	靠近神山圣湖	48
3.1.3	远离城镇	49
3.2	修建思路	50
3.2.1	苯教建筑设计思想	50
3.2.2	苯教建筑基本特点	51
3.3	结构及材料特点	52
3.3.1	基础与墙体特点	52
3.3.2	梁柱特点	55
3.3.3	楼梯特点	58
3.3.4	廊道及天井特点	59
3.3.5	楼面与地面特点	60

3.4 构件装饰特点 62
　　3.4.1 门窗装饰特点 62
　　3.4.2 梁柱装饰特点 64
　　3.4.3 屋顶装饰特点 64
　　3.4.4 墙体装饰特点 65
3.5 施工方法 65
　　3.5.1 施工工种分类 66
　　3.5.2 建筑定位及放线 66
　　3.5.3 各工序施工做法 67
小结 69

4 苯教寺庙建筑构成单元 70
4.1 教育建筑单元 70
　　4.1.1 诵经大殿 70
　　4.1.2 扎仓学院 72
　　4.1.3 辨明学院 72
　　4.1.4 内明学院 73
　　4.1.5 禅修学院 74
　　4.1.6 辩经广场 74
4.2 生活建筑单元 75
　　4.2.1 僧舍建筑 75
　　4.2.2 厨房 76
　　4.2.3 寺庙书屋 77
　　4.2.4 寺庙医院 78
4.3 精神建筑单元 78
　　4.3.1 苯教佛塔 78
　　4.3.2 苯教修行洞 79
　　4.3.3 转经殿 83
　　4.3.4 灵塔殿 83
　　4.3.5 护法神殿 84
小结 85

5 苯教经院制度 86
5.1 苯教活佛认定方式 86
　　5.1.1 世袭制 86
　　5.1.2 转世制 87
5.2 从佛教寺庙的组织制度看苯教 88
　　5.2.1 扎仓组织体系 88
　　5.2.2 康村组织体系 88
5.3 苯教僧人生活 89
　　5.3.1 僧人类别介绍 89
　　5.3.2 僧人入寺学习 89
　　5.3.3 寺庙对僧人的戒律 91
　　5.3.4 苯教僧人的一天 92
小结 93

6 苯教的节日与仪轨 94
6.1 苯教与高原文化 94
　　6.1.1 苯教与藏历 94
　　6.1.2 苯教与藏医学 94
　　6.1.3 苯教与西藏岩画 95
　　6.1.4 苯教与唐卡 95
6.2 苯教的节日 96
　　6.2.1 新年驱鬼节 97
　　6.2.2 玷庆节 97
　　6.2.3 插箭节 98
　　6.2.4 春播节 98
　　6.2.5 珠庆节 99
　　6.2.6 迎鸟节 99
6.3 苯教思想下的各种崇拜 100
　　6.3.1 天的崇拜 100
　　6.3.2 火的崇拜 100
　　6.3.3 水的崇拜 100
　　6.3.4 神山崇拜 100
　　6.3.5 风马崇拜 101

6.4	苯教仪轨	101
	6.4.1　哇曲阔	102
	6.4.2　曼扎供	102
	6.4.3　煨桑	102
	6.4.4　火供	103
小结		103

7　重要历史性苯教寺院调研　104

7.1	阿里地区的苯教寺院	104
	7.1.1　古如江寺	104
7.2	拉萨、日喀则地区的苯教寺院	105
	7.2.1　日喀则曼日寺	105
	7.2.2　日喀则热拉雍仲林寺	112
	7.2.3　日喀则卡那寺	118
	7.2.4　日喀则日星寺	120
	7.2.5　拉萨敏珠通门林寺	123
	7.2.6　日喀则白玛岗寺	124
	7.2.7　日喀则日嘉寺	125
	7.2.8　日喀则鲁普寺	128
7.3	那曲地区的苯教寺庙	130
	7.3.1　文部寺	131
	7.3.2　曲措寺	133
	7.3.3　玉彭寺	133
	7.3.4　色西寺	136
	7.3.5　扎西门加林寺	136
	7.3.6　鲁布寺	137
	7.3.7　巴仓寺	138
	7.3.8　冲仓寺	140
	7.3.9　玛荣寺	142
	7.3.10　普那寺	143
	7.3.11　布拉寺	143
	7.3.12　贡日寺	144
	7.3.13　龙卡寺	144

7.4	林芝地区的苯教寺庙	144
	7.4.1　达则寺	145
	7.4.2　尼池拉康	147
	7.4.3　吉日寺	149
7.5	藏东昌都地区的苯教寺庙	151
	7.5.1　丁青孜珠寺	151
	7.5.2　琼布丁青寺	158
	7.5.3　雍仲巴热寺	160
	7.5.4　敏吉寺	161
	7.5.5　果贡寺	162
	7.5.6　查根寺	163
7.6	国内其他地区的苯教寺庙	164
	7.6.1　四川地区	164
	7.6.2　甘肃地区	166
	7.6.3　青海地区	167
7.7	尼泊尔苯教寺庙	168
小结		174

本书结论	175
附录	176
附录一　卫藏地区苯教寺庙及分布	176
附录二　那曲地区苯教寺庙及分布	176
附录三　昌都地区苯教寺庙及分布	177
附录四　四川地区苯教寺庙及分布	178
附录五　甘南地区苯教寺庙及分布	179
参考文献	180

绪论

0.1.1 课题来源

苯教作为西藏的原始宗教，已深深地渗透并影响着藏族人民的文化、精神和生活习惯。苯教建筑的产生有其特殊的历史文化环境与地理特点，并在发展过程中出现了许多独特的文化融汇现象，苯教所蕴含的历史信息与建筑文化内涵也在不断变化。同时，苯教寺庙的分布也随着寺庙权力的更迭而改变，在西藏逐渐呈现地域边缘化的现象，这些现象需要我们做更加深入的研究。

把苯教寺庙建筑作为一种宗教建筑类型进行研究，是本课题的主要研究方向。目前国际上对苯教寺院建筑特点研究的论著不多，部分论著是将苯教建筑划分在藏式传统建筑或藏传佛教建筑内进行研究，对苯教寺庙建筑的特色分析不足，关于苯教寺院建筑的专业性研究论著几乎没有。本书以西藏苯教寺院为研究课题，基于两个原因：

首先，藏族人民的宗教信仰和宗教文化对他们的言行与生活产生很大影响。苯教是西藏的原始宗教，对苯教文化与其建筑进行研究，能够厘清西藏传统文化发展脉络、建筑中的文化影响、苯教在西藏文化历史上的发展轨迹等。

其次，笔者长期以来在西藏及其周边地区，对苯教寺庙及民居建筑进行了广泛而深入的调研工作，收集了大量资料，厘清了苯教寺院建筑的空间布局和结构特征，有了感性和理性两个方面的认识，最终形成以"西藏苯教寺院研究"作为本书的题目与内容。

0.1.2 课题背景

苯教是青藏高原古老文化的最初宗教形式，有着浓厚的地域特色，与雪域高原有着不可分割的渊源。同时，苯教也是西藏宗教文化历史中不可分割的一分子，它的详细起源时间尚无定论，只知其起源于古象雄时期，但象雄的历史上限至今学者无法确凿，但其历史下限可以确定为公元7世纪藏王松赞干布时期。从西藏保存下来的远古岩画中所绘制的雍仲符号，可以推断在象雄时期，其文化主要以苯教文化为主。虽然雍仲符号不是青藏高原所独有的特点，但它可以反映藏族先民在当时的一种文化交流方式。雍仲符号有右旋（卐）和左旋（卍）之分，右旋雍仲在西藏是藏传佛教的象征（图0-1），而左旋雍仲则是苯教的体现（图0-2）。在西藏的阿里地区、那曲地区和青海藏族聚居区是原始岩画发现最多的地方，这三个地方的岩画各有特点，形成了西藏岩画的一个体系（图0-3）。"在这个体系中，羌塘草原的岩画中出现的雍仲符号最多，至今发现的16处岩画中雍仲符号出现49例；阿里地区至今

图0-1 佛教雍仲符号，图片来源：戚瀚文拍摄

图0-2 苯教雍仲符号，图片来源：戚瀚文拍摄

图0-3 那曲地区岩画，图片来源：戚瀚文拍摄

发现的岩画有31处之多，其中出现了47例雍仲符号；青海地区至今发现13处岩画点，其中出现了5例雍仲符号"[1]。从现有资料来看，多数雍仲符号出现在早期和中期的岩画里，以苯教左旋雍仲为主要素材，而早期和中期的岩画都是公元7世纪前的文化，因此可以推断在那个时期雪域高原所流行的文化以苯教文化为主。

苯教的产生和发展来源于高原生灵，以万物有灵论为主导，认为世界万物都是有灵性的，包括蜿蜒曲折的流水、高耸入云的雪山、挺拔常青的翠柏及碧绿连天的芳草等。该思想始于西藏初民对天地、山川、日月、星辰等自然变化所不可理解的敬畏，对灾祸、瘟疫、疾病、风雨、雷电等现象的恐惧，逐渐演变为一种以尊重自然规律为主的苯教文化，并且深受高原民众信服。西藏苯教信仰和文化是西藏传统文化的精髓，其源头可追溯至西藏原始文化时期。苯教对藏族的起源有独到的见解，即"卵生说"。该学说最早出现在苯教文献中，苯教认为：世界形成于地、水、火、风、空等五大精华中，此精华形成一枚巨大的卵，卵外边的蛋壳生成白神岩；内层的蛋清变成了海螺一样白的白海；卵中间的精华生成了六道友情。此卵随后又分裂生成了十八枚卵，其中一枚白卵就是人类的胚胎。关于藏族人类的起源还有其他几种说法，比较知名的是"印度迁徙说"和"猴子变人说"这两种学说，有关该问题将在第一章进行详细论述。可以看出苯教已渗入藏族人生活的各方面，它不仅影响着藏族人民的物质生活，而且还触及藏族人民的精神生活范畴，表现为藏族人在漫长的生产与劳作过程中，通过对宗教的理解逐渐形成了属于自己的崇拜与信仰观，并随之产生了特定的节日，其文化之源往往沉积在历史最深层，包括宗教、农业及生活三个主要的母题。作为西藏的原始宗教，苯教经历了三个阶段，即以原始苯教为主的笃苯时期和以雍仲苯教为主的恰苯及局苯时期。初期的原始苯教以充实的节日内容、繁琐的节日仪轨为特点，此时的节日是在原始祭祀的基础上，伴有相关的神舞及宗教活动等，原始宗教祭祀下的烟祭及血祭被苯教徒不断地神圣化，因而使得整个节日更加神秘威严。苯教发展至恰苯时期，出现了替代神灵传话的巫师，随后巫师越来越受到当时民众的爱戴与追捧，这种现象的出现形成了西藏节日的又一特点，局苯时期的苯教在教义及仪轨内容上均有很大发展，有了较规范的佛事活动流程，早期所用的祭祀牺牲等均用糌粑取代（图0-4）。

苯教在西藏的传播过程并非顺畅，历经了一个由主导—消隐—融合的过程。从文化传播学来看，该过程体现了文化交融双重性的特点。文化在其传播途径中，传播源既是传播的主体也是接受的客体；接受源是接受的主体，同时也是传播的客体。西藏历史上，佛教在吐蕃的初传，是完全的外来文化传播，是传播源；西藏本土文化在当时是以苯教为主的，是接受源。这正如扎洛先生所说："接受者对传入文化不仅具有政治、经济上的迫切需求，而且还具备接受新信息的能力，并且按照本民族的传统文化所形成的接受模式对传入文化进行选择、吸收和重构。"[2]苯教发展史上的重大转折点，发生在藏王赤松德赞执政时期，此期间赞普在宗教上的态度是兴佛抑苯，之后苯教在西藏的发展一直趋于低迷状态。佛教在西藏的传播处于主导地位后，并没有急于排挤苯教，而是采取了借鉴和等待的态度，对于大多数佛教信徒来说，过去一直接受苯教的影响，苯教的仪轨形式已经深入他们心底，不可能马上全盘接受一种新的外来文化，后来佛教通过吸收苯教的一些宗教内容，逐渐取代苯教在基层民众心中的位置。苯教在此过程中虽然处于劣势，但要保持自身的发展，就要不断地进步，这一点在苯教后期学习与借鉴佛教经院教育制度等方面有所体现，最终达到佛教与苯教互融的状态。佛教由原本不太被接受的文化客体转变成为西藏的主体文化，苯教由主体文化逐渐演变为客体文化。

寺庙是宗教信仰的具象表达，也是承载其文化内涵的物质载体。有何种宗教信仰，就会产生与之相适应的建筑类型，原始苯教时期多以仪轨为主，其建筑较为简单，类型以神坛、石阵和修法堂等为主，从西藏民间流传的一部英雄史诗《格萨尔王传》的残余记载中可略知。苯教在吐蕃初传时期也有寺庙建筑，据《〈贤者喜宴〉摘译》中记载，聂赤赞普敬奉苯教，修建了苯教寺庙雍仲拉孜寺，当时有12位苯教智者弘扬了苯教[3]。可见在佛教传入吐蕃之前，苯教就已经有了修建寺庙的活动。另据《西藏王统记》记载："苯教突于聂赤赞普，衰于止贡赞普，又盛于不

图0-4 糌粑捏制的贡品，图片来源：戚瀚文拍摄

德贡杰（嘉赤赞普），衰于赤松德赞。后有苯教大师聂钦·李乌噶然自藏区复燃苯教余烬，重入卫藏，开拓苯教所有密藏，建立日幸、大定、格定、安嚓喀、桑日、约塘等苯教寺院。"[4]依稀可见苯教在西藏历史发展中的一个缩影。但这些书籍中只提及苯教寺庙名称，未曾谈及其寺庙建筑的形式与规模。当佛教取代苯教后，苯教势力开始衰退，致使大批苯教寺庙被迫改宗为佛教。西藏的寺庙，不论是佛改苯，还是苯改佛，它们之间都没有进行得那么彻底，随着历史的发展与延续，它们已经共同形成了西藏的宗教文化。

笔者于2010年8—11月到藏东昌都地区进行寺庙及民居建筑调研。2011年5—7月到日喀则扎什伦布寺进行建筑修缮的测绘工作，并于同年8—9月到藏东昌都丁青县，对苯教寺庙孜珠寺进行更为深入的调研，住在孜珠寺近月余，对孜珠寺的建筑布局、平面和细部特征进行研究，与苯教僧人建立了工作上的联系，并对苯教僧人的生活习俗和日常习惯进行考察与记录。其后又对丁青县内寺庙如丁青寺、日追寺、雍仲巴热寺、敏吉寺、果贡寺和洛隆县的扎果寺、格鲁寺、硕都寺等进行了相关的调研工作。2012年7—9月期间赴日喀则，对其苯教寺庙进行测绘研究，并住宿在梅日寺进行研究十余日，之后又对林芝地区与那曲地区的苯教寺庙进行调研。2013年4—7月到西藏那曲地区，进行了更

加全面的佛教与苯教寺庙的测绘与研究工作。2014年5—6月去西藏南部的尼泊尔加德满都，对尼泊尔的苯教寺庙进行调研。调研期间获得一些相关资料，为本书的写作和完成提供了充分的依据和保证。

0.1.3 国内外相关理论研究现状

（1）国外研究现状

对西藏文化的研究，国外学者多以西藏的历史、宗教和艺术等方面内容进行研究。意大利著名藏学家朱塞佩·图齐（Giuseppe Tucci），写作了三卷《西藏画卷》并在罗马出版，国内学者翻译了其中部分内容，出版了《西藏中世纪史》（又名《第十三至十八世纪中部西藏简史》）一书。图齐的研究方向以西藏考古及艺术方面的内容为主，研究对象有一定的局限性，为国内学者提供了一定的参照。伯戴克教授是继图齐教授之后为国内学者熟知的藏学家之一，他主要研究公元14至18世纪西藏历史问题，并出版多本论著，其中有两本译成汉文：《元代西藏史研究》和《十八世纪前期的中原和西藏》。在这两本书里，伯戴克以元朝时期为主，对许多问题进行总结与分析。

西方学者对西藏文化研究虽然起步较早，但以建筑为主题的研究专著很少，对苯教寺庙建筑的系统研究更是凤毛麟角。只能在早期学者的游记中发现零星记载，且对苯教的论述多是从宗教文化的角度进行，如：德国藏学家赫尔穆特·霍夫曼（Helmut Hoffmann）著《西藏的宗教》，意大利的图齐和德国的梅西希（W.Hcissig）合著的《西藏和蒙古的宗教》等。

从建筑方面论述西藏寺庙建筑的书籍有：挪威的 Knud Larsen 与 Amund Sinding-Larsen 出版的《拉萨历史城市地图集》，其内收录了拉萨早期手绘地图和照片；Samten G. Karmay 于2008年在印度德里出版的 *A Survey of Bon Monasteries and Temples in Tibet and the Himalaya*（《西藏和喜马拉雅一带苯教寺庙研究》）一书，对西藏的苯教寺庙建筑进行了介绍，重点从历史上分析苯教寺庙的发展与现状，并没有对苯教寺庙的建筑特点进行相关的论述。

法国藏学家石泰安（R.A.Stein）著有《西藏的文明》一书，全书分为五章，在第四章西藏的宗教和习俗的第三节，对苯教进行了相关的论述，文章对苯教的教义及仪轨方面进行论述，但涉及苯教寺庙建筑的论述几乎没有；印度的萨拉特·钱德拉·达斯（L.C.Das）著有《拉萨及西藏中部旅行记》一书，书中记录了作者在旅行中的所见所闻；意大利图齐（翻译者将作者名译为杜齐，本书统一为图齐）的《西藏考古》一书对西藏的历史和艺术风格方面进行了论述；图齐的《喜马拉雅的人与神》一书中，对苯教的历史发展及苯教的"羌姆"舞蹈形式进行了探讨。这些书籍采用写实和考证的记叙方式，向读者展示了藏族社会的文化及内涵。

（2）国内研究现状

我国对西藏历史的研究，在近些年明显处于上升趋势，国内多家出版社相继出版了多版本的西藏通史，研究范围从西藏的奴隶社会到西藏和平解放这一时期。

近些年，国内学者对于西藏文化方面的研究较多，以汉地和西藏文化的交流为主线，对藏文化进行了论述。藏学研究者丹珠昂奔所著《藏族文化发展史》一书，分为上下册，于2001年出版。该书以西藏社会的历史为出发点，从精神文化、宗教文化和物质文化方面进行论述，以唯物史观的辩证法为判定标准，采用整体把握与局部分析、比较归类与系统分类的研究方式，对西藏文化的发展进行了论述。同时该书指出，应该对西藏文化进行可舍弃的选择，从而推进西藏文化的更新与发展。

纵观西藏发展史，宗教始终存在并有明显地位，可以被认为是西藏文化的核心。从源于自然崇拜的苯教，到后来的佛教，无一不对西藏社会产生过重要影响。本书的写作基础，需要从宏观上了解西藏宗教文化发展历史，也要从微观上了解除苯教外其他教派的宗教文化。随着近几年对苯教研究的兴起，研究的范围也在逐年扩大，从苯教在西藏宗教文化领域的研究，延展到对西藏社会发展和对其他地区的影响等方面。

在建筑研究方面，早期由于环境、交通、语言以及政治等诸多方面的影响，国内学者对西藏建筑的研究一直未得到突破。随着近些年西藏外部交通环境的改善，国内学者对西藏传统建筑的研究成果有所增多，国内已相继出版多部关于西藏传统建筑研究的专著和学术论文。2004年6月由徐宗威主编的《西藏传统建筑导则》一书出版，书中较为系统地总结了藏式传统建筑的建造技术和建筑艺术风格，并将寺院建筑单独视为一种建筑类型，从平面、立面、结构、装饰、材料、色彩等方面进行介绍和论述；2003年由杨嘉铭、赵心愚、杨环合著的《西藏建筑的历史文化》一书，以建筑实例为基础，论述了藏式建筑的发展历程，从建筑分类、建筑施工、建筑文化等方面对西藏传统建筑进行分析；2005年由汪永平主编的《拉萨建筑文化遗产》一书，对拉萨地区传统建筑的分布、构成要素等方面做了详细分析，并以大量建筑实例为论述对象，为西藏传统建筑的保护与发展，提供了大量实物资料；2007年陈耀东的《中国藏族建筑》一书，从建筑施工技术到建筑风格，按照不同的建筑类型对西藏传统建筑做了较系统的分析与总结。

我国在藏学研究方面的期刊有《中国藏学》《西藏研究》等，多年来刊登了一系列关于西藏研究等方面的论文，内容涵盖了建筑、经济、宗教、文化、节日等方面。如西藏大学杨永红在《西藏研究》中，以西藏传统建筑军事防御特点为研究方向，发表了系列文章，其中一篇《西藏古寺庙建筑的军事防御风格》对西藏较典型的寺庙建筑进行分析，并对西藏古代寺庙建筑的军事防御风格、特点和形成原因进行论述。此外还有在中国期刊网上搜索的内容，包括才让太发表的《杂廓地区的苯教与夏尔杂修行地的形成及其影响》《苯教塞康文化再探》《七赤天王时期的吐蕃本教》《本教文献及其集成》《论半个世纪的本教研究》《苯教历史三段论之由来及剖析》《苯教的现状及其与社会的文化融合》，诺布旺丹所发表的《藏族原始文化：苯教》《苯教大圆满的起源、形成及发展》，刘志高的《沉淀于藏文化中的苯教特征》，万玛的《从佛教与苯教的比较看佛苯的相互渗透与影响》，多吉才旦的《苯教在民间的实践活动及其文化背景》，李家瑞的《关于苯教的几个问题》，罗桑开珠的《略论苯教历史发展的特点》，诺吾才让的《论雍仲苯教的生态伦理观》《藏族原始宗教——雍仲苯教》，格勒的《拜访苯教故地》《藏族本教的巫师及其巫术活动》，孙明光、李志刚的《苯教名刹孜珠寺》，柏景的《藏区苯教寺庙建筑发展略述》，洛加才让的《论苯教和佛教的宇宙审美观》，拉措的《也谈苯教的名义和起源问题》，顾邦文的《苯教的衰落和变革——兼论宗教发展必须和社会相适应的规律》，吴均的《论本教文化在江河源地区的影响》，万代吉的《苯教祭祀文化初探》，诺日才让的《论苯教的宇宙观》等文章，这些著作和文章的研究成果使我们对苯教的认识有了进一步的理解，为本书的写作提供了许多帮助。

0.1.4 研究对象与方法

（1）研究对象

本书研究对象为苯教寺庙建筑，时间跨

度较大,主要以公元7世纪后的苯教寺院研究为主,包含两大方面的内容。

首先,是历史方面的研究,即研究佛教与苯教在藏族社会历史上的发展问题及后期苯教寺庙的发展趋势,总结分析苯教寺庙在西藏社会长期发展中其宗教地位所发生的变化;其次,是苯教寺庙建筑方面的研究,主要以苯教寺院的选址布局及寺庙内建筑的组合关系和建筑单体方面的研究为主,并对西藏不同地区的苯教寺庙建筑进行详实的论述。

(2)研究方法

① 文献查阅与实例调研结合法

在对苯教寺庙建筑论述进行文献资料收集的同时,对寺庙建筑进行实地考察,并对当地工匠进行访问,以了解寺庙的创建过程及僧人的想法。

② 比较研究法

a. 将佛教文化与苯教文化进行类比分析。

b. 将处于同一地区的佛教寺庙建筑与苯教寺庙建筑进行比较。

③ 动态研究法

用历史和辩证的眼光客观评析在青藏高原的大环境下,传统文化形式对苯教寺庙建筑的影响,并以发展的眼光,从城市发展的角度分析苯教寺庙的发展问题。

④ 系统研究法

借鉴西藏传统建筑形式的设计方法,与苯教寺庙的产生过程及时代背景有机联系起来加以研究。

⑤ 分期研究法

事物的发展总需要一个过程,西藏文化也不例外,它是在以苯教文化为影响的背景下,逐渐地接受佛教的部分文化,并形成了今天的藏文化。在不同的发展阶段,宗教文化内涵及影响力的变化,将波及作为物质载体的寺庙建筑的变化;发展的前一阶段也会对后续的发展产生关联性的影响。所以,分析苯教寺庙形成发展的不同阶段是研究其建筑最终形式的前提。

⑥ 分类研究法

苯教寺庙从最初的能够满足僧人修行用的修法堂发展到今天的大型建筑群,主要因为宗教活动的要求日益提高,促使建筑的使用功能也随之复杂化,建筑类型也更加多样化。将功能相似的建筑作为同一类进行研究,可以有效地发现其建筑类型的主要特点。

⑦ 定性研究法

以建筑使用功能为参照,明确寺庙中的建筑分类,将每类建筑的主要特点加以归纳总结 分析其形成发展的影响因素,再纳入到寺庙完整的建筑系统之中。

⑧ 分区研究法

苯教寺庙发展到今天,已经失去了在西藏文化中的主导地位,原来的传播者变成了现在的接受者。但这未能改变其向外传播的途径,在向外传播的过程中,由于不同传播区域的本土文化存在差异,苯教文化也随之产生交融变化,寺庙建筑在其影响下会产生地域性差异。

0.1.5 本书研究框架

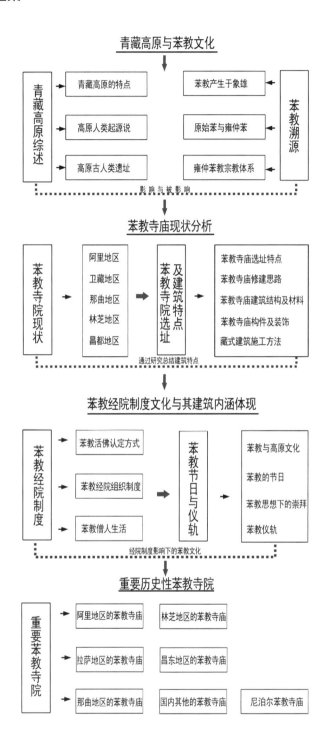

图 0-5 本书框架图，
图片来源：戚瀚文绘制

注释：
1 张亚莎.西藏的岩画[M].西宁：青海人民出版社，2006.
2 扎洛.菩提树下：藏传佛教文化圈[M].西宁：青海人民出版社,1997.
3 巴卧·祖拉陈哇，黄颢.《贤者喜宴》摘译[J].西藏民族学院学报,1980(4):23.
4 索南坚赞.西藏王统记[M].刘立千，译.北京：民族出版社,2000.

1 苯教产生的地理及人文历史环境综述

1.1 青藏高原的特点

1.1.1 青藏高原的形成

西藏自治区位于我国西南边陲，面积达120多万平方千米，约占我国领土面积的12.8%。北面与青海省、新疆维吾尔自治区接壤，东面与四川省隔江（金沙江）相邻，东南面紧邻云南省。南面及西面和尼泊尔、缅甸、不丹及印度等国家毗邻（图1-1）。南北跨度约1 000 km，东西跨度约2 000 km，国境线全长约4 000 km，是我国西南边陲的天然屏障。

青藏高原是世界上海拔最高、面积最大的高原，平均海拔高度在4 000 m以上，素有"世界屋脊"之美名，海拔高度在7 000 m以上的山峰有50多座，海拔高度在8 000 m以上的高峰就有14座。其中有世界第一高峰，海拔高度8 844.43 m的珠穆朗玛峰，有7 776 m的南迦巴瓦峰。由于特殊的地理位置，青藏高原又被人们形象的称为"地球第三极"。

关于青藏高原地形成，可以参考德国气象学家魏格纳[1]于20世纪初写成的《海陆的起源》一书。书中比较系统地阐释了大西洋两岸的海岸轮廓、地质构造与生物群落的相似性；论述了南半球各大陆古生代后期冰碛层的分布；还说明了环太平洋山系及阿尔卑斯、喜马拉雅山系的形成等问题。有关这方面的探讨还有我国著名地质学家郑锡澜所编写的《世界屋脊的崛起》一书。

我们所说的喜马拉雅山原先是位于南半球的冈瓦纳大陆的一部分，这方面在《世界

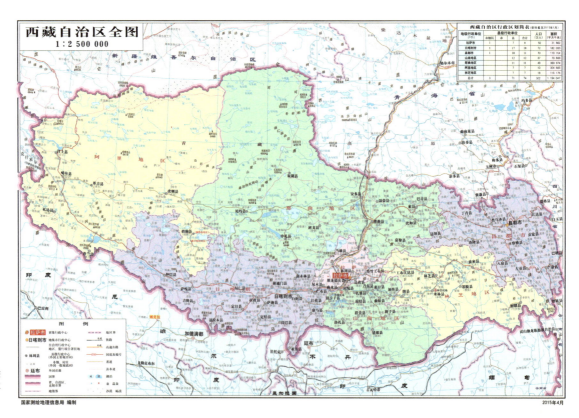

图1-1 西藏区位图，图片来源：国家测绘地理信息局（2015年4月）

屋脊的崛起》中曾提到："根据地质构造特征，古生物和地质发展历史的研究，证明喜马拉雅山地区在历史上是南半球的冈瓦纳大陆的一部分，而不是像今天这样属于欧亚大陆的一员。根据板块构造理论的研究，冈瓦纳大陆在中生代发生了破裂，之后的大陆块向四面移动，印度大陆向北漂移，在第三纪早期，距今大约四五千万年前，同欧亚大陆发生直接碰撞。喜马拉雅山就是在这种漂移、碰撞的运动中才逐渐挺身而成为当今群山之冠——世界屋脊的。"[2]我们可以初步了解在地球发展的45亿年中，直至一亿多年前的中生代，冈瓦纳大陆才开始由于地质运动而破裂，印度板块才开始向北漂移，并与北半球的欧亚板块相撞，整个喜马拉雅山脉，作为印度板块的前沿，在与欧亚板块碰撞的过程中隆升起来，而雅鲁藏布江沿线，则是印度板块与欧亚板块的边界。

青藏高原在整个地质运动的过程中，曾经历了三次隆升及两次平移过程。第一次隆升使得青藏高原的高度上升至海拔2 000 m，随之在地质运动中逐渐被剥蚀而降低，第二次隆升造就了喜马拉雅山脉并一度被剥蚀，第三次隆升使得青藏高原的平均海拔高度达到了今天的4 000 m。

1.1.2 青藏高原气候特点

（1）空气稀薄、太阳辐射强

空气稀薄、海拔较高是现在青藏高原的特点。因为海拔高，所以紫外线经过的大气层路程短，故而使得青藏高原的太阳辐射量较其他地区要大。根据相关资料显示，藏族聚居区每年太阳总辐射量的分布趋势自东南向西北依次递增，藏东南地区为低值区，藏北高原、阿里地区的年总辐射量为高值区。尤为突出的是，青藏高原由于海拔高度的影响，空气干洁，对空气有污染的尘埃粒子几乎没有。因此，晴天条件下，太阳的散射辐射值较东部地区要小许多。青藏高原太阳的散射辐射量高值区多出现在戈壁荒漠、风沙较多、阴云较多的地区，如那曲、玉树等地，而低值区出现在海拔较高、干燥少雨的地区，如阿里地区和藏北高原等地。

（2）平均气温较低、日温差大、年温差小

年平均气温较低，是青藏高原气候主要特征。位于藏北高原和青南高原的可可西里年平均气温在零下4摄氏度左右，为青藏高原温度最低的地区，亦是北半球同纬度气温最低的地区。青藏高原有一半的地区年平均气温在零摄氏度左右，其他地区年平均气温在3~5摄氏度。青藏高原白天气温温差比较大，在某些地区可达到17摄氏度左右，即使温差较小的地区白天温度变化也可达到14摄氏度左右。

（3）降水少、地域差异大

青藏高原年降水量自藏东南地区向藏西北部地区逐渐减少，最多降水量约是最少降水量的200多倍。以雅鲁藏布江河谷为例，降水量极为丰沛，是我国降水较多的地区之一。由于高耸的喜马拉雅山脉呈东西走向，而缅甸西部的那加山脉呈南北走向，这样就构成朝西南开口的马蹄形地形，每当夏季从孟加拉湾吹来的温暖气流冲入该地形后，迫使气流转变成气旋性弯曲，极易造成降水。沿雅鲁藏布江向北，直至高原腹地，降水量开始逐渐减少。在喜马拉雅山北面山脚与雅鲁藏布江之间，有一狭长的少雨区，年降水量少于300 mm。这是因为喜马拉雅山的屏障作用所导致的，南来的暖湿气流北上，气流翻过高大山体，下沉降温，相对湿度变小，不易形成降水，是西藏较为干旱的地区。而东念青唐古拉山以北地区，则降水较多。雅鲁藏布江下游与怒江下游以西地区，是青藏高原年平均降水量较多的地区。青藏高原东部的三江流域横断山地区降水偏少，比较知名的是怒江河谷，出现具有亚热带干暖河谷特征的灌丛。西藏其他没有河流经过的地区，像日喀则的吉隆、聂拉木、亚东等地，由于受到印度洋暖湿气流的影响，年降水量比较充裕。

（4）高原气候特征明显

青藏高原气候类型目前可分为高原亚寒带、高原温带及藏东南海拔较低处的亚热带山地和热带北缘山地这几种气候类型，根据水分分布状况又可将高原气候带进一步划分为湿润、半湿润、干旱、半干旱等多个气候类型区。

西藏境内的冈底斯山、念青唐古拉山、巴颜喀拉山东段一带，为高原温带与高原亚寒带的气候分界线，是青藏高原的一条重要的气候界线，这条界线南北的气候具有明显的差异。该界线北面为高寒地区，南边为高原温带气候，气候差别十分明显。高原温带地区主要包括青藏高原的东部边缘，金沙江、澜沧江、怒江等流域的部分地区，中喜马拉雅山以北，及雅鲁藏布江、拉萨河、尼洋河等部分流域。这一带地形地貌复杂，高差起伏较大，平均海拔高度约2 700 m。

1.1.3 青藏高原地貌特点

青藏高原地形复杂多变，多高山及丘陵地带。在地貌上基本上可分为平原、丘陵、低山、中山、高山、极高山等几大类型，部分地区亦有冰原、岩溶、风沙、火山等地貌。西藏地区又可分为喜马拉雅高山区、藏南地貌区、藏北地貌区及藏东高山峡谷区等地貌。整个西藏自治区的地貌，是被其内的很多山脉所围合而形成的，它们包括南缘的喜马拉雅山脉、北缘的昆仑山脉、东北部的唐古拉山脉、东南部的横断山脉等，下面就分两部分来介绍，首先介绍青藏高原的山脉走向及特点，然后再对几大地貌区的特点进行介绍。

1. 青藏高原山脉特点

喜马拉雅山脉：喜马拉雅山脉位于我国西南边陲，是我国与印度、尼泊尔等国家的天然国界线，喜马拉雅山脉全长约2 400 km。因为海拔很高，山脉终年被白雪覆盖。整个山脉由几条平均海拔在6 000 m以上的支脉构成。世界上海拔高度超过7 000 m的山峰大多位于该地，海拔高度超过8 000 m的高峰就有10余座，分布在喜马拉雅山脉之中，它们的高度如表1-1所示。喜马拉雅山脉海拔高度自西向东逐渐降低，故而西部地区气候干燥寒冷，东部地区气候温暖湿润。喜马拉雅山脉南北两侧的气候与地貌也有明显变化。

表1-1 喜马拉雅山脉中的山峰及高度

山峰名称	海拔高度（m）
珠穆朗玛峰	8 844.43
干城章嘉峰	8 585
洛子峰	8 511
玛卡鲁峰	8 481
道拉吉里峰	8 172
库汤山	8 156
乔乌雅峰	8 153
南迦帕尔巴特峰	8 125
安那普那峰	8 091
希夏邦马峰	8 012

昆仑山脉：昆仑山脉呈西北向东南的走势，其北面有阿尔金—祁连山脉，南面有巴颜喀拉山脉和唐古拉山脉。昆仑山脉平均海拔高度在5 500 m以上。昆仑山脉南边为西藏的藏北高原，北边与柴达木盆地和塔里木盆地相邻，青藏高原就在昆仑山脉与喜马拉雅山脉之间。

喀喇昆仑山脉：喀喇昆仑山脉位于新疆与克什米尔交界处，平均海拔高度在6 000 m以上，其东部延伸部分在西藏的阿里地区境内。

冈底斯—念青唐古拉山脉：冈底斯山意为"众水之源"，念青唐古拉山意为"大亲眷光明之神"，这两座山脉之间没有明显的分界线。冈底斯山脉在喜马拉雅山脉以北，藏北高原以南的位置。念青唐古拉山脉山形走势平缓,其最高峰海拔高度在7 000 m左右。

2.青藏高原地貌区域介绍

(1)藏南地貌区

藏南地貌区位于冈底斯山脉和喜马拉雅山脉之间(图1-2),即雅鲁藏布江及其支流经过的地方,藏南地貌因为地质构造的不同又可以分为喜马拉雅山区和藏南山原湖盆宽谷区。喜马拉雅山区是以喜马拉雅山的主脉及其余山脉构成的地貌区,也是青藏高原南端最高的地貌区。藏南山原湖盆宽谷区是指喜马拉雅山以北、冈底斯山和念青唐古拉山以南,并以噶尔—雅鲁藏布江为纵线的高原南部地貌区,其地貌特征是以湖盆宽谷及与之毗邻的低山、高山地貌为主。这里有很多知名的河谷与湖盆谷地,河谷有年楚河、拉萨河、尼洋河等;湖盆谷地主要有札达盆地、马泉河宽谷盆地及羊卓雍错高原湖泊区(图1-3)等。

(2)藏北地貌区

藏北地貌区位于昆仑山、唐古拉山和冈底斯山—念青唐古拉山之间(图1-4),由于藏北地貌区保存了较为完整的两极高原面,所以该地貌最能体现高原地貌的特点,并与西藏其他地貌有着明显的差异。该地貌区包括南、北羌塘山原湖盆地和昆仑山区三个区域,占西藏总面积的2/3,主要由一些高度较矮的丘陵组成。丘陵间形成盆地,常储水成湖,藏北地貌区的特点使其成为西藏主要的畜牧区。

(3)藏东地貌区

藏东地貌区位于横断山脉处,该地区以高山峡谷居多(图1-5)。该地貌区是西藏高原地形较为特殊的一个地区,它向北与青海高原相连,向南可连接至滇缅北部的高原;西面和唐古拉山脉、念青唐古拉山脉交接,东部与川西平原毗邻。该地貌区位于那曲地区以东,其山脉特点由东西走向渐变为南北

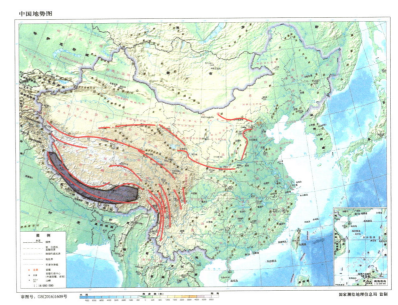

图1-2 藏南地貌区范围示意图,底图来源:国家测绘地理信息局(上)

图1-3 羊卓雍错掠影,图片来源:成瀚文拍摄(中)

图1-4 藏北地貌区范围示意图,底图来源:国家测绘地理信息局(下)

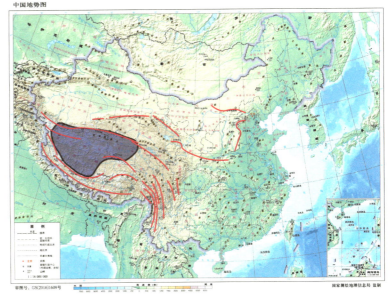

走向,由伯舒拉岭、他念他翁山和芒康山组成东西走向的山脉。海拔高度由北向南逐渐降低。

1.1.4 青藏高原的交通特点

由于高山大川的阻隔,西藏的交通十分

第1章

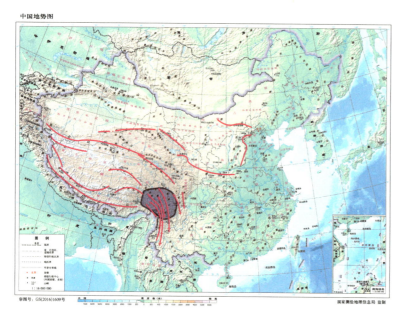

图1-5 藏东地貌区范围示意图，底图来源：国家测绘地理信息局

不便。冬季大雪封山，夏季多雨滂沱是青藏高原特有的气候。过去从青海、四川或云南进藏只能走驿路，交通工具只能依靠骡、马、牦牛或者徒步行进，若遇到河谷或江河则要借助铁索桥、溜索、牛皮船或竹筏等工具过江。并且要带足路上所需的粮食或其他生活用品，这样大概3个月左右便可到达拉萨。从青海入藏，虽然山势不算陡峭，但平均海拔较高且要经过很多的沼泽地带，沿途多高寒天气，也不能够及时补充物资，交通极为不便。从四川、云南入藏，气候较青海要好一些，但要经过横断山脉，道路十分艰险。西藏和平解放后，国家对西藏进行资助，修建成了川藏公路、青藏公路、新藏公路、滇藏公路、仲尼公路，及2006年7月1日正式开通的青藏铁路，使得西藏的交通运输有了质的飞跃。下面仅针对西藏在吐蕃（公元629—公元841年）及元朝（公元1271—公元1368年）至清朝时期西藏与外界的通路进行简单介绍。

1. 唐朝时期西藏的通道

（1）唐蕃道

唐蕃道顾名思义是从吐蕃的逻婆（拉萨）至唐朝的道路（图1-6），该道路从拉萨出发经过墨竹工卡、澎波至青海玉树，然后沿着乌苏大道北上经过赤岭（今青海日月山），经鄯州（青海乐都县）、金城（甘肃兰州）到达长安；或者由吐蕃进入玛曲（黄河源及九曲地区），经河州（甘肃临夏县）、洮州（甘肃临潭县）然后到达长安。唐蕃古

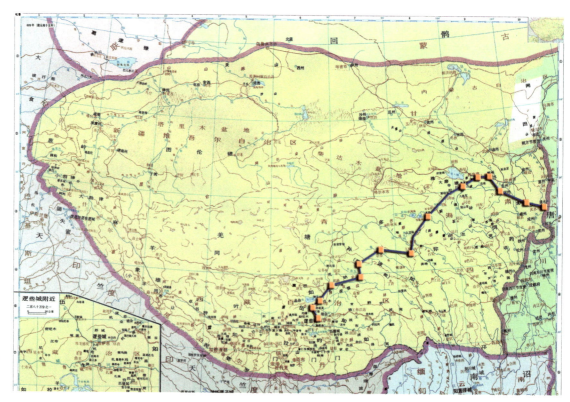

图1-6 唐蕃古道路线示意图，底图来源：《简明中国历史地图集》

道是当时我国与印度、尼泊尔、阿拉伯国家及地中海周边国家通商和传播文化的交通要道之一。

（2）藏尼道路

藏尼道路是连通西藏与尼泊尔的道路，也被称为南丝绸之路的吐蕃道。它的路径是从拉萨经南木林县、拉孜、定日，沿朋曲河经过吉隆，然后进入尼泊尔和印度，唐朝时期的大臣王玄策于公元643—661年三次出使印度就是走的这条通路。唐蕃古道与吐蕃通往尼泊尔的古道连接起来，就成了唐朝通往南亚和阿拉伯国家的南丝绸之路的组成部分。

2. 元朝至清朝时期西藏的通道

元朝时期的西藏，已经成为中华版图的一部分。元朝统治者在原唐蕃古道的基础上设置驿站，并且设置了"吐蕃等处宣慰司都元帅府"等政府机构来管理，其管辖的范围为今天的甘肃南部、青海东部和南部，以及四川西北部的某些地区。该都元帅府所管理的辖区是元朝大都从内地进入西藏的必经之路，也是达官贵人或藏僧俗首领的必经之路，也被称之为"正驿"。这条驿道沿线经过洮州、河州、玛曲、果洛、玉树、墨竹工卡，最后至圣城拉萨。其他进入西藏的线路在当时有川藏、青藏、康藏及新藏等四条主要的通路。

（1）川藏道

该通路可以追溯到宋朝时期，宋时的西夏崛起，控制着西北通往吐蕃的道路，于是宋朝便开辟了很多条通往藏族聚居区的"边茶古道"，相继在雅州（近四川雅安）、黎州（四川汉源）及碉门（四川天全县）等地设立"茶马互市"，从而形成了由川西经甘孜、昌都至吐蕃的茶道。时至明朝初期，每年都会有法王、国师等大德高僧到明朝国都应天府（南京）朝贡。明永乐帝迁都北京后，康区的土司、活佛等仍然沿此路经川陕到北京朝贡。这样使得川藏道一直保持畅通。

（2）康藏道

康藏道主要是由四川到达昌都，然后经由昌都到达拉萨的道路，该公路又可分为康藏中路、康藏南路及康藏北路等三条线路。康藏中路是由昌都途经恩达、硕般多、边巴、嘉黎、太昭、德钦（今达孜）等地到达拉萨。该路段全长约960 km，沿途要经过34站，需要翻越"夏贡拉""陆贡拉"等大雪山；康藏南路是由昌都经邦达、松宗、波密，然后沿雅鲁藏布江上行到拉宗，再经达孜至拉萨，该线路全长约1 200 km，沿途共经31站；康藏北路是由昌都经恩达、丁青、沙丁、墨竹工卡至拉萨，该路线全长约1 100 km，沿途共33站，该路段要比上述两路段平坦，但沿途人烟稀疏，基本上为商贾运输道路。

（3）青藏道

青藏道从西宁到拉萨，这条道基本上是沿唐蕃古道而来。清朝在西宁派有驻藏大臣，统管青、甘一带少数民族的事宜，并兼顾支援西藏。因此这条通道在清朝仍是一条军政要道，由西宁经日月山、黄河沿、玉树、黑河、澎波然后至拉萨。

（4）新藏道

新藏道是由新疆至西藏的道路，该路有两条通路。一条由新疆的于阗，翻越昆仑山脉的吉利雅山口进入西藏阿里地区的日土县、噶尔县。另一条是从新疆的若羌开始，翻越昆仑山脉的喀拉米兰山口，进入西藏那曲羌塘的双湖及文部等地。

1.2 高原人类起源说

关于藏族人类的来源问题，在过去的历史典籍中存在西羌说、南来说（印度传入说）和猕猴与罗刹女结合衍生等说法。根据大量的考古发现和文献记载，目前中外学者普遍认为藏族人类起源于以青藏高原为主的原始土著先民，且是一个多元化的民族。

1.2.1 苯教卵生说

存在于西藏的苯教是以藏族聚居区及各原始部落的最初宗教信仰为基础,经过对这些信仰的整合而形成的存在于西藏的历史最悠久的宗教。有如下特点:一是已经超越了氏族部落的狭隘界限,其神灵以及有部落的神灵转变成能让更多人共同信仰的对象;二是初步的对宇宙形成的原因、世界构成等人们不可获知的事件进行了解释。

苯教对藏族的来源有自身的一套说法,即卵生说。该学说最早出现在苯教文献中,苯教认为:世界形成于地、水、火、风、空等五大精华中,此精华形成一枚巨大的卵,卵外边的蛋壳为圣城白神岩;内层的蛋清变成了海螺一样白的白海;卵中间的精华生成了六道友情。随之大卵又分裂生成了十八枚卵,其中一枚白卵就是人类的胚胎。

成书于14世纪的藏文书籍《朗氏家族史》曾记载:"五大(地、水、火、风、空)之精华形成一枚大卵,卵的外壳生成天神的白色石崖,卵中的蛋清变成白海,卵中精华分别产生六道友情。卵又分裂成十八块,变成十八枚卵,其中一枚中等大小的系色如海螺的白卵,从中出现一个令人羡慕的人的胚胎,它虽无五识(眼、耳、鼻、舌、身),却有思维之心,认为应有能观察之眼,遂出现慧眼;思虑到应有能识别香臭之鼻,遂鼓起嗅香味之鼻;想到应具备能闻之耳,遂耸起听受声音之耳;思忖到应具有牙齿,遂出现断除五毒之齿;认为应具备尝味之舌,遂生出品味之舌;他欲望有手,遂长出安定大地之手;他希求有脚,遂出现神变行路之脚。总之,一有希求遂立即实现……他娶秋佳杰姆为妻……从此传出人间世系。"³

当代著名藏学家法国人石泰安在自己编撰的《西藏的文明》一书中也提及到"卵生说",并认为该学说受外来文化的影响:"苯教经文集中还包括有许多其他不同的说法和宇宙起源论的故事,其中具有明显可见外来影响。从未创造的生物中冒出了一丝白光,从白光中又出来一只完善的和发光的卵。从中钻出一个人来,这就是'世界变幻之王',他整治了世界和调整了时间前进的规则……有人认为从这些故事中发现了摩尼教或诺斯替教派的影响,这是完全可能的。然而,还必须补充说明,这种宇宙起源论(非生物>生物>卵>由其各部分组成的世界)早在印度的某些古老文献(婆罗门教经文和《奥义书》)中就已经出现了。"⁴

《土观宗派源流》中也有这样的记载:苯教"有主张一切外器世界与有情世间,均由卵而生的一派"⁵,这是说世界上一切物质都是由卵而生的。可见,苯教的卵生说是在沿袭藏族先民本原物质说的基础上发展起来的,并通过自己的观察和判断,把宏观世界(天地)看成一个卵的形状,并按照自己教派的需要用神灵世界观虚构出一个与现实世界相对立的虚幻世界;同时又从微观的角度出发,把一切生物也看成是卵生的。

随着卵生说的发展,苯教继续产生出了"本无空寂"的宇宙生成观,认为:"世界最初是本无空寂,由空起有,由有略生洁白之霜,由露略生似酪之露……"⁵ "本无空寂"的宇宙观把"空"这一具有最高概括性的哲学范畴作为世界的本原,去探索宇宙的起源、自然本体之类的哲学问题,突破了藏族原始宗教和神话的形式,是古代藏族抽象思维能力发展的一个重要例证。

1.2.2 印度迁徙说

印度迁徙说这一学说具有很大的推测性,其中心思想是认为吐蕃王室可能最初是由印度皇室人员由于种种政治上的原因迁徙而到西藏的。在《西藏通史·松石宝串》中记载:"印度著名学者智铠在《书生神赞注释·吠陀故事》中说：'净劫初期，白净王五子与十二支敌军交战，白净王不敌，茹巴底王率百僚，穿着女装逃到雪山之中，繁衍成现今的蕃族'。这里把茹巴底及其随从做了藏人的族源。"[6] 成书于公元 14 世纪的《红史》一书也有记载："喜饶郭恰大师所著《殊胜天神礼赞》的注释和拉萨大昭寺发现的《史间柱》中说，释迦种族的释迦钦波、释迦黎扎比、黎迦日扎巴三支传到最后有名叫杰尊的国王，他的小儿子领着军队穿女人服装逃往雪山之中，后来世代为西藏的藏王。《霞鲁教法史》中说，印度国王白沙拉恰切的儿子为聂赤赞普。"[7] 同样成书于 14 世纪的藏文史籍《西藏王统记》亦有相关记载，"柱藏书《遗训首卷录》云：'自天竺释迦日照族之法王阿育王出世，其后裔世代相承至孪生子嘉森及马甲巴二人时，争夺王位不合。马甲王有三子，其最幼者，颇具德相，未得王位，乃遵神指示，令其改作女装，流放至于藏地云。'布顿大师之《善逝教法源流史》，则谓此人乃拘萨罗国胜光王之吾师裔。'或谓系坚形王之第五世裔。或谓系勃萨罗国出光王之子。总之是一大圣哲具足德行者云。'以上诸种说法皆系同指聂赤赞普而言也"[8]。

以上几种书中的观点都是支持印度迁徙说的，由巴卧·祖拉陈哇所著、成书于 16 世纪的《贤者喜宴》的内容有不同观点。"《贤者喜宴》是 16 世纪问世的一部极其珍贵的历史典籍。……值得一提的是，《贤者喜宴》的作者对一些重大的历史问题以超出佛教徒的感情、尊重史实为本，直书不讳，如藏族族源和聂赤赞普来源于印度一说，经《赞普宝训》《布顿教法史》两部权威著作肯定后已成定论的情况下，他不讳'圣人'，以令人信服的史料，指出了'印度说'的谬误，可以说他是古代第一个反对'印度说'的史学家"[9]。我国现代著名藏族学者更敦群培先生也对这一说法提出了反驳，"有人依据此预言或凭主观臆造，讲述聂赤赞普氏族时称：'憍萨罗[10]国王连得五子，当做不吉利的象征，将第五个儿子弃于河中，冲到吐蕃获救后，被拥立为王，称聂赤赞普'等等。尽管讲连生五子当做不吉利象征的习俗在远古年代的吐蕃曾盛极一时，但无论从哪方面看，在其他地域非但没有此种习俗，且还将般荼婆[11]五王子奉作祥瑞象征。何况众所周知，世中哪有一条自印度倒流入西藏的河流？连如此最起码的常识都不具备，还将那些无端异说当成确凿证据来吓唬我们"[12]。

通过以上论断我们不难看出，印度迁徙说也只能作为高原人类起源说的一个论点，并不能为据。该学说未曾在藏族社会广泛传播，该学说可能是在佛教传入西藏之初，作为信奉佛教的统治阶层所编撰出来的一种信服民众的说法。

1.2.3 猴子变人说

此种说法是藏文史籍记载中最为广泛也是比较符合逻辑的传说，在《红史》中写道，"以前的各种史籍史说，西藏地方最先并没有人……伺候由观世音菩萨的化身神猴菩萨和度母的化身岩罗刹女生出西藏的人类。以后依次由玛桑九兄弟、二十五小邦、十二小邦、四十小邦统治。此后，乃有天神降世来为人主。"[13] 记载比较详细的是《西藏王统记》上的叙述："观自在菩萨，为一灵异神猴授具足戒，令其往雪域藏地修行。神猴遵命，至扎若波岩洞中修道。彼修习大慈大悲圣菩提心，且于空性甚深法门方生胜解，尔时忽有宿缘所定之岩山罗刹，来至其前，作种种媚态蛊惑诱引。继而女魔又变为盛装的妇人，谓猕猴言：'我等二人可结伉俪。'猴言：'我乃圣观自在菩萨之持戒弟子，若作汝夫，破我戒律。'女魔答言：'汝若不做我夫，我当自尽。'于是倒卧猴前。……圣者赐言：'汝可作岩魔之夫。'彼时怒纹佛母和救度佛母二位尊者，亦自空中语云：'如是甚妙。'于是圣者并为神猴岩魔，赐予加持，使成为夫妇。……自神猴与岩魔结为夫妇后，既有六道友情死后前来投胎，产下六猴婴，六婴秉性彼此各不相同。由友情地狱趣来投生者，面目黧黑，能耐劳苦。由饿鬼趣来投生者，容貌丑陋，贪啖饮食。由畜生趣来投生者，愚蠢冥顽，形色恶劣。由人趣来投生者，聪俊慧敏，内心慈善。由阿修罗趣投生者，粗犷凶暴，而多妒忌。由天趣投生者，温良和蔼，心向善品"。

"此六幼猴，由父猴菩萨送于甲错森林多果树处中，放置三年。迨满三岁，父猴菩萨，前往观之。乃由业力繁衍成五百小猴。然果实已尽，又无其他食物。……（圣者）从须弥山缝间，取出青稞、小麦、豆、荞、大麦，播于地上。其地即充满不种自生之香谷。于是父猴菩萨引领猴儿，来于其地，并授予不种自生之香谷，命其食之。因此其地名遂为灼当贡波山。幼猴等食此谷实，皆得满足。毛亦渐短，尾亦缩短，更能语言，遂变成为人类。从此即以不种之香谷为食，以树叶为衣。"

"如是此雪域人种，其父为猕猴，母为岩魔二者之所繁衍，故亦分为二类种性：父猴菩萨所生种性，性情驯良，信心坚固，富悲悯心，极能勤奋，心喜善品，出语和蔼，善于言辞。此皆父之特性也。母岩魔所成种性，贪欲瞋恚，俱极强烈，从事商贾，贪求营利，仇心极盛，喜于讥笑，强健勇敢，行不坚定，刹那变易，思虑烦多，动作敏捷，五毒炽盛，喜窥人过，轻易恼怒。此皆母之特性也。……有聂赤赞普者出，来为吐蕃之王，从此始有臣民之分焉。"[14]

猴子变人的传说比较贴近社会发展的正轨，进化论也只是达尔文的推测，时至今日，现在的科学尚不能完全揭开人类是由猿进化而来的，所以传说就变得生动而美丽。

1.3 远古时期存在于高原的人类遗址

虽然藏族人类起源于何时我们不得而知，但通过大量的考古证据及发现，可以判断在新石器时代的西藏，主要有三种由不同生活方式与文化所组成的人类族群。他们分别是：以农耕文化为主的卡若居民群体，该群体主要以在藏东河谷区生活的居民为主，包括东部黄河上游地区南下的羌系居民群体；以从事种植业和渔业为主的曲贡居民群体，该群体主要居住于雅鲁藏布江中、下游地区；以游牧文化为主的藏北游牧居民群体，该群体主要活动于藏北地区。这三大居民群体奠定了现代藏文化的根本。下面就对存在于雪域高原的先民遗址进行介绍。

1.3.1 卡若遗址

笔者于2010年夏季对卡若遗址进行过调研。卡若遗址位于昌都县西南12 km处澜沧江西南岸卡若镇附近的昌都水泥厂附近（图1-7），从昌都车站坐车大约15分钟便能到达（图1-8），海拔约3 100 m，遗址面积约10 000 m²。卡若文化遗址是目前西藏地区

图1-7a 卡若遗址位置，图片来源：昌都文化局提供（上左）

图1-7b 卡若遗址总平面示意图，图片来源：昌都文化局提供（上右）

图1-8a 卡若遗址现状照片，图片来源：戚瀚文拍摄（下左）

图1-8b 卡若遗址建筑平面图，图片来源：昌都文化局提供（下右）

文物发掘资料能够提供的相对较早的建筑遗址，这一地区也是文献记载中主要的原始苯教诞生地。卡若文化遗址存在的年代"距今2 700~4 000年"[15]。卡若遗址的发掘可以证明，"这一时期用于氏族集会、议事、宗教活动等的社会性公共建筑出现并存在的可能性已经较为明显"[16]。这个时期的建筑比较简单，建筑形式以半地穴、地上棚屋及早期干栏式建筑为主。由此可对该时期的苯教建筑形式进行粗略的推断。

卡若遗址虽然紧靠澜沧江等鱼类丰富的江河，但从出土的遗物中并未发现鱼骨和与捕鱼有关的网坠等工具，有的考古学家推测卡若原始居民可能有不食鱼的习俗，或视鱼为氏族的图腾，对此侯石柱先生认为："卡若遗址的先民是属于不同系统的原始民族共同体。"[17]如今在藏族聚居区的某些地方，村民们依旧有禁止食鱼的习俗，这种习俗可能与卡若遗址有一定的渊源。卡若遗址的先民在创造自己地方特色的土著文化的同时，也接受和学习周边地区的文化。例如，卡若遗址的半地穴红烧土房屋、彩陶花纹、陶器造型等和黄河中上游地区的原始文化有过一定的联系，从卡若遗址发现的贝饰看，有可能同中原或华南原始文化有过接触。遗址中发掘出土的陶罐、钵、盆等器物组合（图1-9），小口高颈平底、陶器纹饰以刻纹为主要特征，与云南元谋大墩子遗址所代表的原始文化有渊源关系。而粟谷被大量发现，说明了卡若先民通过甘、青地区接受了中原地区的原始农业。因为中原地区是世界上粟米的最早发源地。

从卡若遗址所发掘的建筑类型分析，早期建筑类型以半地穴窝棚式建筑（图1-10）为主，逐渐发展为后来的擎檐式、碉楼式建筑，后期建筑类型是现在我们所见藏式建筑的雏形，其建筑结构和建筑施工等方面较之前有很大提高。其特点为建筑一层标高由半地下向地面发展，建筑高度逐渐增高，建筑平面布局完善与建筑施工技术逐渐复杂。

图1-9a 卡若遗址出土彩陶罐，图片来源：昌都文化局提供（上左）

图1-9b 卡若遗址出土双体兽形罐，图片来源：昌都文化局提供（上右）

1.3.2 曲贡遗址

曲贡文化遗址位于拉萨北郊5 km处的河谷边缘地带（如图1-11），平均海拔3 700m，曲贡藏语翻译为"水塘"，"曲"指河，与那曲的曲有相同的意思，"贡"是堰塘的意思。曲贡村因其内的一处水塘而发展兴盛，如今水塘早已干涸。中国社科院考古研究所于1990年至1991年期间与西藏文管会联合发掘时，在该处发现了一些墓葬和灰坑。在出土的遗物中以打制石器数量最多，

图1-10 卡若遗址窝棚建筑房屋示意图，图片来源：昌都文化局提供

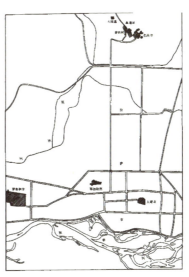

图1-11 曲贡遗址位置图，图片来源：拉萨市文化局提供

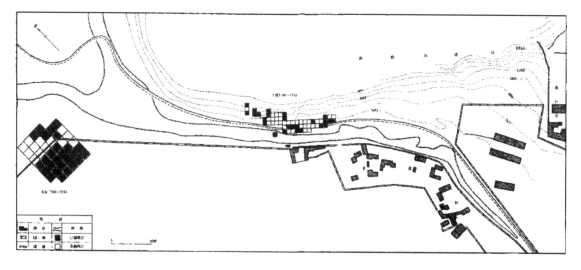

图 1-12 曲贡遗址总平面示意图，图片来源：拉萨市文化局提供

也有少量精美的磨制石器和玉器，以及少量的细石器。

曲贡遗址总平面呈狭长形（图 1-12），其内主要以窖穴建筑为主，并未出现房屋等建筑遗址，可以推断原始先民在这里定居的时间较短。从出土的双肩石铲、石磨盘分析，在当时畜牧业已占有很大比重。曲贡遗址中出土了大量人类与动物的骨殖，如在灰坑中发现了狗和秃鹫的骨架，在其他灰坑中发现了完整的人体骨架（图 1-13）。

1.3.3 小恩达遗址

小恩达遗址位于藏东昌都县北 5 km 处的昂曲河东岸（图 1-14），在小恩达乡小恩达村（图 1-15）内。如今的小恩达遗址早已荡然无存，取而代之的是在其基址上修建的小恩达小学（图 1-15）。

小恩达遗址从年代上可分为两个时期，距今年代约 3 000—4 000 年。上世纪 80 年代初，西藏自治区文管会曾组织培训专项人员组成普查队，首次对遗址进行了调查与挖掘。发现该遗址内存在地上、半地上等建筑类型，并发掘出土石器和陶片等日常生活用品。早期房屋遗址多以木骨泥墙为主。对出土的石器进行碳 -14 测定分析，小恩达遗址是新石器时代晚期的遗址。从小恩达遗址与卡若遗址的位置分析，其与卡若遗址可能存在着某种形式的联系。

1.3.4 藏北细石器文化遗址

考古发现表明，从中石器时代开始，到整个新石器时代，青藏高原还存在着一种以藏北高原为中心，分布极为广泛的细石器文化。现已发现的细石器遗址点有将近 30 处，

图 1-13 曲贡遗址出土墓葬，图片来源：拉萨市文化局提供

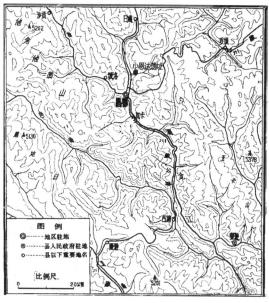

图 1-14 小恩达遗址位置图，图片来源：昌都文化局提供

这些地点除了日喀则聂拉木、吉隆县及昌都的卡若遗址，其余的均分布在冈底斯山和念青唐古拉山以北的羌塘地区。尽管羌塘草原十分辽阔，但发现的细石器都有相同的特点。"如申扎、双湖一带的细石器与黑河（那曲）、聂拉木以及阿里地区发现的细石器都有相同的文化特征。"[18] 我国知名的考古学家贾兰坡教授经过对旧石器文化及细石器文化的起源、传播的系统研究，推断广泛分布于中国许多地区的细石器起源于中国的华北地区，西藏的细石器也属于从华北起源传播而来，从细石器以刮削器为主来看，当时藏北的居民是以狩猎或畜牧为主的。

小结

本章主要对青藏高原的形成和高原文明进行介绍，包括青藏高原气候特点、地貌特点和交通特点等。论述了存在于高原的人类起源认识和学说，即苯教卵生说、印度迁徙说和猴子变人说这三种学说，使读者能够对高原文化及特点有一个清晰的轮廓，同时对存在于高原的几处主要的古人类遗址进行论述，分析了它们各自的特点，尤其以卡若遗址为主要论述对象，分析了其建筑平面布局特点与建筑材料特点。通过分析论证，分析当时人们的生活环境特点，以及对后来雪域高原文明所产生的一些影响。

图1-15 小恩达村现状，图片来源：戚瀚文拍摄

注释：
1 魏格纳(A.L.Wegener,1880—1930)是德国气象学家、地球物理学家、天文学家，大陆漂移说的创始人。
2 郑锡澜.世界屋脊的崛起[M].拉萨：西藏人民出版社,1983:113-114.
3 大司徒·绛求坚赞.朗氏家族史[M].赞拉·阿旺,佘万治,译.拉萨：西藏人民出版社,2002:3-4.
4 [法]石泰安.西藏的文明[M].耿升,译.北京：中国藏学出版社,1999:293-294.
5 土观·罗桑却季尼玛.土观宗派源流[M].刘立千,译.拉萨：西藏人民出版社,1986:196.
6 恰白·次旦平措,诺章·吴坚,平措次仁.西藏通史·松石宝串[M].拉萨：西藏古籍出版社,2004:13.
7 蔡巴·贡嘎多吉.红史[M].陈庆英,周润年,译.拉萨：西藏人民出版社,2002:27.
8 索南坚赞.西藏王统记[M].刘立千,译.北京：民族出版社,2000:33.
9 多杰才旦.西藏封建农奴制社会形态[M].北京：中国藏学出版社,1995:388-389.
10 憍萨罗：憍，读jiao，憍萨罗，又译居萨罗或拘萨罗，古印度一国王名，译为友善。
11 般荼婆：荼，读tu，般荼婆，古印度一国王名。
12 更敦群培文集精要[G].格桑曲批,译.北京：中国藏学出版社,1996:16-17.
13 蔡巴·贡嘎多吉.红史[M].陈庆英,周润年,译.拉萨：西藏人民出版社,2002:27.
14 索南坚赞.西藏王统记[M].刘立千,译.北京：民族出版社,2000:30-32.
15 中国社会科学院考古实验室.放射性碳元素年代报告(八)[R].考古,1981.
16 江道元.西藏卡约文化的居住建筑初探[J].西藏研究,1982,(3):103-104,144.
17 侯石柱.西藏考古大纲[M].拉萨：西藏人民出版社,1991:41.
18 侯石柱.西藏考古大纲[M].拉萨：西藏人民出版社,1991:65-66.

2 苯教溯源

2.1 苯教产生于象雄

2.1.1 象雄历史沿革

象雄是存在于青藏高原的古老王国,它起源于何时我们尚不清楚,但它的历史下限被认为在公元7世纪的藏王松赞干布时期。早期几乎整个青藏高原疆域都为象雄王国所掌控,但到了晚期由于象雄王国自身发展的问题,其范围划定在今西藏西部等地区。"象"在藏语中是地方或者山沟的意思,"雄"代表了古象雄时期一个部落的名字,象雄译为"大鹏鸟之地"。

象雄发展最辉煌的时期是象雄"十八国"时期,这十八个王国在苯教的文献《瞻部洲雪山之王冈底斯山志意乐梵音》[1]中的记载:"1.具金甲茹之赤威尔拉杰谷郎[2];2.具高贵琼甲茹之震王;3.具冈噶水晶甲茹之释多苯师王;4.具宝光甲茹之雷扎古格王;5.具虹光甲茹之俊亚尔穆廓王;6.具海螺甲茹之季勒古格王;7.具珊瑚光甲茹之邦炯杰尔王;8.具岔蔓光甲茹之尼洛威尔雅王;9.具索木香铁甲茹之达那斯基王;10.具火光甲茹之佐玛尔贴邦王;11.具大日光甲茹之顿杜威尔王;12.具大月光甲茹之黎威杰尔王;13.具佐玛尔光甲茹之大师石多王;14.具琉璃光甲茹之利木尔南喀王;15.具绿松石光甲茹之穆威尔财富王;16.具莲花光甲茹之萨世苯王;17.具雷锋甲茹之尼洛威尔雅王;18.具宝石光甲茹之穆木尔霹雳王。"[3]第一个王国位于冈底斯山脚下,以嘎姜[4]玉洛宗喀尔城堡为中心,相传这个王国还修建过一座苯教建筑。南喀诺布教授推断这个王国的君主曾经与苯教大师顿巴辛饶有过渊源,他认为这个王国的地点就在如今的噶举派寺庙姜扎寺[5]。第二与第三个王国、第五与第六个王国的地理位置与第一个王国相同。南喀诺布教授认为第四个王国的地理位置在以白银城为中心的琼隆地区[6]。第七与第八个王国在以达乾安宗为中心的阿里普兰地区。南喀诺布教授认为第九个王国为今苯教神山达纳荣山脚下以达纳威城堡为中心的一个王国[5]。第十个王国与第九个王国在同一个地方。第十一和十二两个王国在象雄达若。第十三与十四两国的位置在象雄达郭。南喀诺布教授认为第十五个王国位于在冈底斯山与玛旁雍错湖一带[7]。第十六个王国南喀诺布教授认为在古格一带。第十七个王国在今印度的拉达克。第十八个王国在今阿里的日土县境内。

我们可以看出,象雄王国多以甲茹为标志,"甲"在象雄语中译为"鸟"的意思,在这里我们可以理解为"琼鸟",而"茹"在象雄语中译为"角"的意思,甲茹合起来可以理解为"琼鸟角"的意思。"琼鸟角"的标志经常作为一种装饰在象雄王的帽子上出现。"从藏文文献看,甲茹材料质地的不同表示他们的王权和社会地位的不同,在古代象雄,除了国王以外,苯教大师们的帽子上也有琼鸟角装饰,以此来表示他们修行的程度和社会地位的不同,像苯教历史上就有被称为'得到甲茹之八辛'的8位苯教大师。显而易见,金甲茹、琼甲茹是高贵和威力的象征,而海螺或者铁甲茹等则次之。但是,从目前的资料来看,还很难知道这些名目繁多的甲茹之间的实际次序,甚至有没有一个实际次序也是个未知数。虽然随着象雄王国的灭亡再也没有人用这种琼鸟角做装饰了，但在遍布藏族聚居区的塔和矛柱⁸尖上仍能看到甲茹的影子。虽然关于甲茹的最初起源尚无定论，但其中显然具有中亚美索不达米亚文化的痕迹，中亚出土的许多地方的王冠上就有藏史中描述的甲茹。"⁹

在象雄十八国时期，"上之辛饶们尊贵，下之国王们威武。在圣山冈底斯有一百零八位隐士，在山腰有一百零八个聚集地，山脚下有一千二百户信徒的村落"¹⁰。从该文献我们可以判断，辛饶在当时是苯教的国师，而且苯教已经具有一定声势，其地位很高。直到吐蕃王朝初期，吐蕃赞普仍然延续之前的传统，他们从象雄迎请苯教古辛，他们在当时是全社会崇尚和尊敬的精神上师，具有很高的地位。

象雄王国的衰落是在国王李弥夏时期。松赞干布在位的时候，为了巩固与象雄之间的关系，将其妹赛玛噶嫁给象雄王，同时迎娶象雄妃李特闷为妻，吐蕃与象雄结成联盟，以和亲达到互不侵犯之目的。

公元644年，松赞干布之妹赛玛噶遭到象雄王李弥夏的冷落。在给其兄松赞干布写信的时候，通过信件抒发了自己内心的不满和惆怅，并在信中写明了象雄王的具体出行时间安排。同时寄给王兄松赞干布一块镶嵌有绿松石的头巾，暗喻王兄若能征服象雄，可率兵前来，头饰绿松石，代表男子汉的勇气，若畏象雄，则头戴头巾，以示弱。在皇妹激励下，松赞干布发兵攻打了象雄，是年，吐蕃发兵杀了象雄王李弥夏，将所有象雄部落均收为吐蕃治下。至此松赞干布统一了整个青藏高原。

2.1.2 象雄疆域范围概述

象雄王国的首都是琼隆银城，这一点在苯教文献《瞻部洲雪山之王冈底斯山志意乐梵音》中有过相关的记载。有关琼隆银城的具体位置现在学者还在进行讨论，如美国学者约翰·文森特·白莱嚓认为琼隆银城的原址在今西藏阿里地区噶尔县郎乾沟¹¹。"象雄"的名字可能得名于这个山沟。

关于象雄王国疆域范围的论断，意大利学者图齐认为："在吐蕃帝国建立之前，象雄是一个大国（或可称为部落联盟），但当吐蕃帝国开始向外扩张时，它便注定的屈服了。象雄与印度喜马拉雅交界，它很可能控制了拉达克，向西延伸到巴尔蒂斯坦（巴基斯坦）及和阗，并且把势力扩展到羌塘草原。总之，包括了西藏的西部、北部和东部。"¹² 在相关的历史文献中，对于象雄的疆域范围有说法是将整个象雄的区域划分为上、中、下三个部分，上象雄是指大食的魏摩隆仁，中象雄指大食，下象雄指以琼隆银城为中心的青藏高原。这个说法将大食和象雄的地理概念混淆和重叠，无法考证其地理疆域，因此未受到普遍的关注。但这个说法中的下象雄实际上便是象雄自身，可将其划分为三个地理概念，即以琼隆银城为中心的上象雄、以当惹雍错湖和达果雪山为代表的中象雄和以琼布孜珠山为代表的下象雄（图2-1）。这种疆域划分方法及其地理概念能够找出许多历史文献和实物为佐证，因而更加受到重视。但笔者在访问时，很多苯教僧人对该地域的划分感到失落，他们认为象雄应该作为

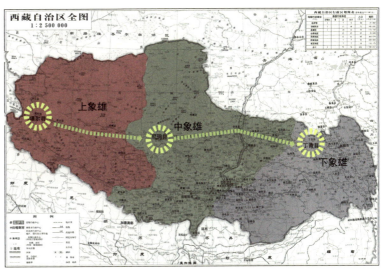

图2-1 象雄区域划分图，底图来源：国家测绘地理信息局（2015年4月）

图 2-2a 琼隆银城现状，图片来源：汪永平拍摄

图 2-2b 喀尔东城堡遗址，图片来源：汪永平拍摄

图 2-3 那曲琼宗遗址，图片来源：戚瀚文拍摄

图 2-4 达果雪山，图片来源：戚瀚文拍摄

图 2-5 琼布孜珠神山，图片来源：戚瀚文拍摄

一个整体而存在，不能将其疆域划分为几段。但为了叙述详细，在此便按照上面的地域划分进行分析。

首先是上象雄，上象雄的范围在如今的阿里地区噶尔县境内，这块地域的中心是琼隆银城（现仅剩废墟，图 2-2a），在冈底斯山以南大约 60 km 处。这个遗址在当地被称为喀尔东，"喀尔"是城堡的意思，在这里指琼隆银城，"东"是山梁的寓意。因为琼隆银城修建在一个高约 100 m 的巨大的平台上，人们来到此地首先映入眼帘的是托举着城堡的山梁，上去后才能看见遗址，故以此得名（图 2-2b）。如今的城堡也仅剩废墟和残垣，留给人们的是对历史的猜测和追寻。琼隆银城除了是上象雄的中心以外，还是公元 8 世纪著名苯教大师占巴南喀大师的诞生地。其次是中象雄，这块疆域的范围是以当惹琼宗为中心的那曲地区尼玛县境内，这个古代城堡的遗址坐落在当惹雍错湖东岸的一个叫做琼拉山的山顶上（图 2-3），这里环境优美，湖光山色尽收眼底，地势险要且易守难攻。公元 7 世纪松赞干布攻陷象雄后，象雄最后一代君王李弥夏就在该地被囚禁，最终在该遗址不远处的一个湖旁被弑。当惹琼宗除了是中象雄的中心外，还是很多苯教掘藏师发掘过伏藏的地方。每当朝圣的时节，来该处转经的苯教信徒络绎不绝，因为这里的神山达果雪山是苯教代表的神山（图 2-4）。最后便是下象雄，该地区在以琼布孜珠山（图 2-5）为中心的藏东昌都地区丁青县境内，丁青在之前被称为琼布丁青，是琼部落从古代象雄动迁途中留下来的最大的聚居地，丁青县和那曲的巴青县都属于这个范围之内，如今巴青县是整个西藏唯一全部信奉苯教的县，保存有浓厚的苯教文化。

2.1.3 象雄魏摩隆仁

魏摩隆仁既是一个地理名称，又是一个具有宗教意义的地方。前者关系到青藏高原具体的一个历史地名，后者关系到苯教信徒的最终信仰。从苯教的相关文献记载中看，魏摩隆仁有两个，即存在于象雄的魏摩隆仁和存在于大食的魏摩隆仁。象雄的魏摩隆仁为地理中心，大食的魏摩隆仁为文明的中心。

根据苯教书籍《世间总堆》记载，象雄的魏摩隆仁是雍仲苯教始祖顿巴辛饶的驻地，其位置在阿里冈仁波齐[13]山脚下（图2-6），与玛旁雍错圣湖毗邻（图2-7），并且是马泉河、象泉河、孔雀河与狮泉河的中心。该书成书于公元8世纪前后，可以说至少在公元8世纪，人们对魏摩隆仁作为古代象雄文明中心的概念就已经有了一个非常清晰的认识。我国学者群培多杰在1982年就指出："魏摩隆仁就是阿里一个至今被称为沃摩隆仁的山谷。"[14] 当代学者丹增旺扎在阿里地区工作，退休之后在琼隆银城旁的一个著名修行洞修行至圆寂，由他主编的《阿里地区宝典》认为："如今的喀尔东就是古代沃摩隆仁的核心地区琼隆银城的遗址。"[15]

有关大食的魏摩隆仁在佛教后弘期的文献中有更多详细的描述，根据苯教经书的记载，大食的魏摩隆仁有几个特点，即中心有雍仲九层山，积雪封顶，白雪皑皑。旁边有玛旁雍错湖和馨香山，四周有四条河流的源头（图2-8），这四条河流且有明确的名称，即从雍仲九层山西面的貌似大象的山岩的口

图2-6 冈仁波齐神山，图片来源：汪永平拍摄

图2-7 玛旁雍错圣湖，图片来源：汪永平拍摄

中流出的象泉河，又称徙多河；从该山南面的貌似孔雀的山岩的口中流出的孔雀河，又称恒河；从该山东面貌似马的山岩口中流出的马泉河，又称布拉马普特拉河；从该山北面貌似狮子的山岩口中流出的狮泉河，又称为印度河。这四条河流从雍仲九层山的四个方向最终汇入大海。根据描述我们可以推测上述地区应该在今天的以阿里地区冈仁波齐山为中心的区域。常年被积雪覆盖的皑皑雍仲九层山只可能是冈仁波齐山，因为除了外形相似外，其许多特点都离不开冈仁波齐山

图2-8 神山圣湖位置关系及主要河流流向示意图，底图来源：Google Earth

a. 根据大象形象制作的基座　　b. 根据雪狮形象制作的基座

c. 根据孔雀形象制作的基座　　d. 根据风马形象制作的基座

图 2-9 羌姆石窟内神兽基座，图片来源：戚瀚文拍摄

的影响。馨香山被认为是一个长有众多珍贵药草、馨香扑鼻的地方，冈仁波齐山正好是药草异常丰富的地方，至今藏医院和藏药厂均位于冈仁波齐山山脚下。玛旁雍错湖和四条河流的描述更是非常明显，根据阿里当地学者次仁杰布所著《古格次仁杰布论文集》来理解，象泉河即是徙多河，其发源于今天的冈底斯山以西，即今之阿里地区噶尔县梦采尔地区宁玛派寺庙敦曲寺旁，经托林、绒琼等地，流向印度并最终南归大海，总长 1 450 km。象泉河是孕育了远古象雄文明的母亲河之一，著名的琼隆银城、达巴城、卡尔泽城堡、碧帝城、古格杂让城等遗址都在该流域。孔雀河即恒河，流经喜马拉雅南麓成为孕育古代印度文明的著名河流，流经孟加拉，然后经孟加拉湾注入大海，总长约 2 700 km。孔雀河流经普兰县、南喀琼宗、东噶尔城、拉达城、杰迪城等古代象雄文明的著名遗址，孕育了古象雄的文明。狮泉河的源头为冈底斯山北麓的桑多和贡青，流经巴玛尔城堡、颇若城堡等古代遗址和众多的门田、门石柱和门城堡等神秘的文化遗迹地区，流域的景色异常美丽。狮泉河出境后称印度河，流经克什米尔，最终注入阿拉伯海，总长度约 3 200 km。马泉河发源于冈底斯山东面的一个叫做洁玛雍仲的地方，该河流的名称因流经的不同地域而不同，从源头到仲巴县和萨嘎县的这一段被称为马泉河，从拉孜县以下的河段称为雅鲁藏布江，出境后称为普拉马普特拉河，流经孟加拉国，注入孟加拉湾，总长度达 2 900 km。笔者于 2012 年对定结县的羌姆石窟进行调研时，发现石窟内的佛像基座上，有用象征这四条河的神兽造型所雕刻的底座（图 2-9）。

关于大食魏摩隆仁的说法不一，苯教学者卡尔美·桑木丹博士指出："目前还没有足够的文献或者碑文能够证明在 10 世纪以前存在过沃摩隆仁这个地理概念。"[16] 时至今日，魏摩隆仁作为苯教的溯源已经成为一种烙印深入到苯教徒的心中，且其形象愈发鲜明。

2.1.4　象雄"琼"部落传说

象雄在藏语中译为"琼隆"，这里曾出现在苯教史中有影响力的琼氏氏族。关于琼氏起源及其后裔的发展，苯教学者才让太先生在《苯教史纲要》中写道："作为千劫万佛之苯的普贤菩萨教化众生，在空乐智之法界变幻为一个神鸟叫做琼，降落在象雄一个叫卡佑的地方。这个琼鸟产了三枚卵，从中孵化出普贤之三个化身即身之化身拉琼噶尔布、言之化身鲁琼沃姜和心之化身弥琼木波。象雄王的一个牧羊人目睹了这一过程并禀告了象雄王。象雄王迎请弥琼木波并请求他作为这个王国的上师，将他奉为至尊并称其为'托拉巴尔'。在琼氏没有诞生之前，这个地方的主人属于扎氏领地，国王把扎氏的领地赐封给琼郭托巴尔，这就是被称为琼扎噶尔的原因。从此，琼郭托巴尔就成为象雄国王的上师，娶恰佳木噶尔布为妻，后代尼辛祖普苦修成正果，成为象雄之国师。其后琼之上师被历代国王所尊崇，四十代象雄王统与琼氏国师们的历史相始终。后来聂赤赞普从象雄王国迎请了八位雍仲苯教大师，在吐蕃开始了雍仲苯教的传播，其中，琼氏塔米杰尔乾是译文重要人物，从此，琼氏在吐蕃的苯教传播方面占据了举足轻重的地位。"[17]之后，琼氏部落开始在扎氏的领地上繁衍生息，成为古象雄非常重要的氏族。

琼氏氏族为苯教在西藏腹地的传播做出了贡献。据《阿里历史宝典》记载，琼氏后裔在西藏建造的苯教寺庙及修行处已经超过百余[18]。比较著名的如那曲地区的索雍仲林寺便是其中之一（图2-10）。在西藏的很多地方也有以"琼"字开头的地方或庙宇，如藏东昌都地区的丁青县就被称为琼布丁青，青海贵德县的琼毛寺、青海热贡地区的琼布顶和琼布拉噶村等均以"琼"字为首。

琼氏氏族在其自身的发展历史上曾出现过东迁现象，加快了苯教在西藏东部传播的进程（图2-11），这也是如今苯教在康区和安多等地能够得以发展的原因。据苯教的有关文献记载，这次东迁的主要目的是为了传播苯教佛法与教义，琼氏在东迁的过程中，也并非只是传播苯教，他们在不同的历史时期，扮演过不一样的角色。例如琼布·邦赛素哉曾经担任过囊日松赞和松赞干布两代赞普的大臣，在囊日松赞时期，他用计征服了藏地玛尔蒙使其归顺赞普。公元8世纪的琼布·杜木促曾经担任过赤松德赞赞普的大臣。在琼氏的后裔中，有的皈依佛门，成为佛教大师，并留名青史。琼布·郁赤因规范了藏

图2-10 索雍仲林寺现状照片，图片来源：戚瀚文拍摄

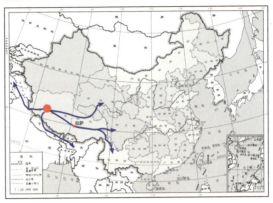

图2-11 苯教传播路线图，底图来源：国家测绘地理信息局，审图号：GS(2016)1600号

图2-12 苯教琼神，图片来源：戚瀚文拍摄

文乌坚体而被世人知晓，他制定的字体史称琼氏字体。五世达赖喇嘛在位时期曾在哲蚌寺用琼氏字体临摹了一套佛教《大藏经》，使得琼氏字体在藏族文化史上曾辉煌一时。琼布·奈觉尔先修习苯教，后皈依佛教，多次云游印度学法，并创建了香巴噶举派。

琼氏氏族的发展是在原扎氏部落原有的

领土上进行的,但扎氏并没有完全退出历史舞台,他们作为一个小的支系在藏族聚居区生存和发展着,如今在康区的某些地方仍能够找到扎氏的踪迹,有些扎氏后裔成为重要的苯教僧人喇嘛等。关于琼氏部落传说除了有琼鸟孵化诞生了琼部落并东迁传播苯教外,还有一点要说明,那便是"琼"不仅是鸟的名字,在苯教中还是一个护法神(图2-12),有些苯教徒终其一生修行琼神。在苯教徒眼中,琼神被认为是各种疾病的克星,若是得了一些顽疾、传染病、遗传病等,人们就专门迎请一些常年修行琼神的修行者来做法事驱病。这种做法在藏传佛教中也是存在的,因为琼神的信仰在藏民族的文化中历史久远且根深蒂固,琼的形象在苯教和藏传佛教寺院等建筑中随处可见,尤其是活佛法座的靠背顶端常常刻有琼鸟(图2-13)的形象,以示威严。

2.1.5 象雄文化圈及影响

象雄文化圈其实就是以冈底斯神山为主体的高原文化,冈底斯山在藏语中被称为冈仁波切或冈仁波齐,"冈"加上藏人的尊称"仁波切"表现了藏族人对神山的敬仰之情,冈底斯神山也被称为冈仁波齐神山。冈底斯山位于在今阿里普兰县境内,海拔高度约为6741m,在这里发生的一个佛苯斗争的传说,即米拉日巴(图2-14)大师与苯教国师曾在该处斗法,并最终将其降服,故而大多数藏族群众将冈底斯山作为佛教属性的一个标志,但这种认识并不完全,藏族对冈底斯山的信仰与崇拜与其说成是对佛教的信仰,不如归功于藏族的先民在全民信奉苯教的时期所形成的一个亘古至今的古老信仰。对冈底斯山的崇拜是对他们原始信仰的一种传承与延续,这种原始信仰并未因为宗教权力的更迭而消止。从公元7世纪佛教初传入吐蕃后,一直受到苯教的抵制而使得佛教无法在吐蕃得到有效的传播,直到公元8世纪赤松德赞赞普在位时这个现象才产生了变化。其中原因是因为赞普极力推荐佛教,并从印度等地迎请了当时的佛教大师莲花生来吐蕃传播佛教。另外,赤松德赞在位时曾对苯教进行了抵制和打压,为此特意举办了一场佛教与苯教之间的辩论,辩论的结果是苯教失败,这样赞普就可以使得佛教在吐蕃传承下去。

冈底斯神山崇拜所创造的文化在历史上

图2-13 苯教活佛座椅,图片来源:戚瀚文拍摄

图2-14 米拉日巴大师,图片来源:戚瀚文拍摄

的贡献是不可磨灭的，冈底斯山在很久以前就被耆那教、佛教、印度教和苯教等众多教派认定为世界的中心而信仰。虽然这些教派对其解释各不相同，但在他们各自的教义中，都将冈底斯神山认定为神山之首，使得冈底斯山更加具有神秘感。耆那教的宗旨与苯教和佛教相似，都是强调能够使得众人离苦得乐，其教义内容与佛苯两教相通，主张世界是一潭苦海，人们应该通过修行从苦海中得到解脱。据传说耆那教第一位祖师"曲却"曾在冈底斯山修行，后来入道成佛。耆那教把冈底斯山视为获得解脱的神圣之地，至今耆那教教徒还是以冈底斯山与玛旁雍错圣湖作为他们心目中最圣洁的信仰之地来朝拜。藏传佛教认为冈底斯山是佛教宇宙的中心，认为冈底斯山与其周围的群山构成了密宗所描述的须弥山。冈底斯神山与佛教也有某些方面的渊源，据说佛祖释迦牟尼的生肖属马，这与冈底斯神山的生肖相同。所以每逢马年会有很多来到冈底斯山转山的信徒，在该年围绕神山转一圈所积累的功德是其他年份的十三倍。印度教视冈底斯山为大梵天神的居所，将玛旁雍错视为是喜马拉雅之女的化身，在这里大梵天神进行着永恒的修炼。

冈底斯神山作为多种宗教信仰的汇集点，吸引着不同的民族、不同肤色的人们年复一年前来转山朝拜，必然会产生文化的交流与学习，使得周边地区的文化可以在以冈底斯山为中心的象雄地区得到长远而深刻的发展。

2.2 原始苯教与雍仲苯教

2.2.1 原始苯教

远古时期的西藏，聚居于此的藏族部落有不同的信仰，这些原始信仰同世界各个地区的原始信仰相似，其内容大都是一些驱邪治病、定心安邦和祭祀天神的原始宗教仪式。在西藏统一之前，这些原始宗教是可以共生互存的。在此环境下，原始苯教的意识形态发挥了积极作用。对于藏文中"苯"这个字，藏文传统文献和一些学者都有不同的解释。有的学者认为："'苯'作为西藏一种古老的宗教，历来有不少传说，使人很难从中找到一种足以信赖的说法，因而致使研究西藏历史和西藏宗教史的人，一接触到'苯'这个问题，就觉得麻烦、头痛，其主要原因，就是文字的资料少得可怜，更不用说资料的可信度或好与坏。"[19] 成书于公元8世纪的苯教文献《世间总堆》中认为"苯"具有反复念诵之意。原始苯中的苯教是以家族世袭的方式继承的，后来随着寺院文化的不断发展，这种世袭方式逐渐淡化，时至今日在偏远的地区仍然存在。

笃苯时期苯教，时间约从吐蕃第一代赞普聂赤赞普（约公元前4世纪）起至第八代赞普智贡赞普（约公元前2世纪），这个时期也被认为是苯教的前弘期。笃苯时期苯教，在藏文典籍中记载如下："不过当时的苯波教，只有下方作征服鬼怪，上方作祭祀天神，中间作兴旺人家的法术而已。"[20] 表明该时期的苯教带有较明显的巫术性质。

有关这段时期的苯教历史记载并不是很多，大部分苯教历史书籍都是成书于11、12世纪之后，并且书籍的内容以苯教的神话和传说为主。总的说来，笃苯时期的苯教以鬼神崇拜为主要特色，"万物有灵"的思想是支持那个时期苯教信徒的精神支柱。在古人的心目中，是先有了天地高俊，而后孕育人类[21]。纵观笃苯时期的苯教，其形态属于以自然宗教为主的宗教范畴。对于笃苯时期苯波教的教义思想，东噶·洛桑赤列教授在他的《论西藏政教合一制度》一书中做了简短说明："它是在原始宗教的思想基础上产生的，认为有五大神祇，地方神、家神、战神、舅神等各种不同的神灵，经宰杀牛、羊、鹿等牲畜祭祀它们，并认为人死以后转生为鬼或神，而神鬼死后也转生为人，因而承认有前世和后世。它在历史上又被称为白苯波教，我还没有见过专门记载它的教理的书籍。"如今的西藏寺庙内所举行的仪轨已经用涂有红色颜料所捏制的糌粑来代替血祭这一环节。笔者在尼泊尔调研期间，发现尼泊尔的寺庙内至今仍保存有血祭这一原始祭祀，故此推测，血祭在西藏应该真实存在过一段时间。

2.2.2 雍仲苯教上师

关于雍仲苯教的起源，苯教徒认为它的创始人是古象雄国的顿巴辛饶，又称辛饶米沃（图2-15）。在藏语中写作"ston-pagshen-rab"，又译为"东巴先饶"或"丹巴喜饶"，东巴一词在藏语中有祖师、弘法、大师之意。苯教文献中有三种篇幅长短不一的顿巴辛饶生平的故事经。最短的一部叫《集经》，只有一卷二十一章；最长的一部叫《无垢威光经》有十二卷六十一章；中等的一部叫《塞米经》，有两卷十二章。这三部经书完成的年代各异，最早的应该是《塞米经》，成书于11世纪左右，其次是《集经》，成书于12世纪左右，最后是《无垢威光经》，成书于14世纪中叶。这三部书都记载了雍仲苯教祖师顿巴辛饶亲自到吐蕃传播自己的苯教，而且还到过林芝等地方（图2-16）。但顿巴辛饶的身世没有具体的年代可以考证，于是存在很多的矛盾和混乱，以致有学者怀疑他在历史上的真实性。

据藏文文献记载，在什巴叶桑天国有达巴、塞巴、希巴三兄弟，他们三人都拜苯教神灵"邦赤洛吉杰金"（意为亿万电光之知具有者）为师，并在他的指导下潜心修学，经多年劳苦终于修成正果，并接受苯教大神辛拉俄噶的指示，为了解人世间的苦难，先后降世。老二塞巴降世成为辛饶，师傅转换成苯教的本尊神，继续在人间对他们的弟子进行帮助。辛饶降生在魏摩隆仁，成为一位王子，自幼年起即开始承担传播苯教和解救世人的重托。与他同时存在的是恶魔恰巴拉仁（此恶魔又成为《格萨尔王传》中凶恶的北方妖魔头子），他们一生都在不停地斗争。恶魔的存在加强了辛饶的决心，增长了他克服困难的勇气，扩大了跟世人的接触和联

图2-15 苯教上师顿巴辛饶，图片来源：戚瀚文拍摄

图2-16 顿巴辛饶大师在林芝所种橡柏，图片来源：戚瀚文拍摄

系，更加凸显出辛饶超人的智慧、勇气和毅力。恰巴拉仁恶魔千方百计地破坏和阻止辛饶传播苯教，变换各种假象来迷惑辛饶的女儿，以致后来女儿跟随恰巴出走。但恰巴最终无法战胜辛饶，胜利的辛饶将其家人送到魏摩隆仁。通过与辛饶的争斗，恰巴被辛饶的本心所感化，于是决定追随辛饶。辛饶在三十一岁时放弃了一切现有的荣耀，正式成为一名游僧，带领恰巴拉仁开始了漫长的传播宗法之路。

有关苯教的史料记载和画于苯教唐卡上的"辛饶十二功绩"都不约而同地提及辛饶所撰写的经典《大胜道藏十二部》中所讲的九承次第，并首先创造了"五明"中的"工巧明"，即建造寺庙、神像、经文、灵塔等技艺。还厘定了恰、朗、垂、斯四因乘；格、仗、阿、益四果乘及无上乘等苯教的九乘次第；辛饶的周身还能发出万道光芒，以数百万个化身教化数百万的地域，以化身六仙人教化六道众生，以"四辛"教化四洲，以三十三个仙士化身教化魔域等。

辛饶一生传播苯教，所言所行，被后来的弟子们记录成文，大概分为两大类。第一类为"四门一库"，即四条通路和一个宝库。四门，即白派苯教，神秘教义和咒语；黑派苯教，苯教故事和仪轨、模式；彭域苯教，寺院的节律、修学的规矩；邦塞苯波神定。一库即顶点，就是苯教修学的最高峰，有如宝库。苯教修学要求通过这四条道路达到宝库即最后成就的顶点。这四门之中，白派苯教与佛教的密宗相当，彭域苯教与佛教的显宗相应。第二类即九乘经论统一苯教的经典和派别：前四部为因乘，后四部为果乘；第九部是大圆满禅定法。虽然辛饶创建的雍仲苯教中有原始苯教的宗教内容，但两者却有十分明显的区别，有关这方面的内容将在下一节进行详细论述。辛饶创建的雍仲苯教从自然宗教向人为宗教过渡，到了吐蕃王朝后期，对佛教内容进行借鉴，使苯教的发展日趋完善。

2.2.3 雍仲苯教发展阶段

（1）恰苯时期

这个时期大约从吐蕃智贡赞普（约公元前2世纪）至松赞干布（公元7世纪）期间，该时期苯教对西藏社会的发展起重要作用。在《土观宗派源流》中记载，智贡赞普"乃从克什米尔、勃律、象雄等三地请来三位苯波教徒，举行超荐凶煞等宗教活动（图2-17）。其中一人依凭除灾法术、修火神法，骑于鼓上游行虚空，发掘藏密，还以鸟羽截铁等显示诸种法力；一人以色线、神言、活血等作占卜，以决祸福休咎；一人则善为死者除煞，镇压严厉，精通各种超荐亡灵之术。"可知，智贡赞普在位时曾对周边地区的文化进行过学习与吸收。

图2-17 苯教法器，图片来源：戚瀚文拍摄

第 2 章

图 2-18a 苯教徒对经文进行整理，图片来源：*BON IN NEPAL*

图 2-18b 某处伏藏地点，图片来源：*BON IN NEPAL*

对于智贡赞普的身世，在《汉藏史集》中有一段这样的记载："赛赤赞普之子为智贡赞普，当他出生时，便请老祖母给王子取乳名。因老祖母年迈故耳朵听不清楚，就起了'智贡赞普'这个名字。"智贡赞普是音译，藏文原意为"死于刀下之国王"，因此，这个不吉利的名字预示着王子在不久的将来必定死于刀下。果然，智贡赞普长大继承王位后，死于大臣的刀下。在《西藏王统记》中描述得更为栩栩如生，"智贡赞普为魔蛊惑，忽对其臣洛昂达孜言曰：'汝可作余格斗敌手。'洛昂答言：'大王何为？我乃臣下，曷敢与主敌对。'强之，不获免，乃备战。择氏宿亢宿日为斗期。王有一变化神犬，名宁几拉桑。王遣其往洛昂处刺探。但已被洛昂所觉，遂诡言：'后日王来杀我，不领士卒，王头束黑绫，额系明镜，右肩挂狐尸，左肩悬死犬，挥剑绕头顶，复以灰袋置红牛背上而来，则我不能敌也。'犬归，以告于王。王竟依所言设备。及至后日，如言装束，往杀洛昂。

忽有狂啸声起，红牛惊逸，灰袋碎地，扬尘障目，狐尸使战神被秽而遁，犬尸亦使阳神被秽而逃。舞剑盘顶，至天绳为断。尔时大臣洛昂对王额上明镜放出一箭，王遂中箭身亡"。诸如此类的记载，均源于古代苯教徒的口述资料，其真实性有待考证。从上面的记载来看，智贡赞普的死因其实是统治阶级内部王室与贵族大臣之间的矛盾和权势纷争引起的。这个矛盾的焦点是如何对势力过大的苯教利益集团进行裁决，后来智贡赞普决定对苯教势力进行打压，触犯到该集团的利益，最终使赞普丢掉性命。从另一个角度分析，智贡赞普之所以这样做，是为了使苯教更能适应社会发展的需要。

（2）居苯时期

吐蕃赞普赤松德赞在位期间，赞普和王室成员极力推行佛教，这样就使得苯教的发展在吐蕃王室阶层内受阻。苯教方面也不甘滞后，对自身教派的发展进行梳理，着手规范经文典籍，并初步形成一套以文字为主的苯教理论书籍，弥补自身理论方面的不足，这段以编纂论著为主的时期，被称为苯教的居苯时期。

居苯时期是雍仲苯教发展的第二个阶段。据《土观宗派源流》记载："居苯者，分为三期。早期的居苯，传说有绿裙班智达者将邪法埋藏地下，自行掘出，杂入苯法而成此派的；中期居苯，当赤松德赞王时，曾下令苯波教徒改信内教，有一人名为杰维绛曲（佛菩提），王遣其从仁钦乔学佛法，他不愿学，但又怕受到藏王的罚责，因此心怀恼恨，遂勾结苯波教徒，将一些佛典，改译成苯波教的书，此事被赤松王知道了，王权传敕，若有擅改佛经为苯波教书籍者杀而无赦。当时因为此事，被诛者甚众。苯波教徒大为惊惧，乃将未译完的书籍，秘密藏在山岩之间，后来又从伏藏中掘出（图 2-18），遂名为苯波教的伏藏法；后期居苯，自从朗达玛灭佛以后，藏娘堆有一人名为贤古鲁迦，在卫地苯波教的圣地达域卓拉，将大量佛经改为苯波教经典。如《广品般若》改为《康勤》，《二万五千颂》改为《康琼》，《瑜伽师地抉择分》改为《苯经》，《五部大陀罗尼》改为《白黑等龙经》。别立各种不同的名相及诠释，标其异于佛教。这些经书埋藏在揩昂哲邬琼的岩山下，后来又由他假作掘发伏藏的样子，将其掘出。贤古之后又有琼波苯波教徒等，亦改篡了不少的佛经。这一早初中后期的翻译苯波教名为巧噶亦名为果苯。"[20] 以上的论断是由藏学著名学者土观·罗桑却季尼玛先生对居苯时期的苯教所进行的评价，迄今为止有很高的学术价值。

居苯时期的产生与藏王赤松德赞有关，赞普赤松德赞在位时信奉佛教，在他的支持下，佛教在西藏有了自己的第一座寺庙——桑耶寺（图 2-19）。桑耶寺的创建标志着佛教在西藏上层统治阶级中正式得到一席之地，也标志着佛教正式在西藏立足。这个时期的苯教在表面上并未受到打压，但实际上这只是赞普采取的缓兵之计，待时机成熟，对苯教进行彻底打压，为佛教的发展创造条件。正如"在赞普的一项命令中，多少可以看到两种宗教（佛教和苯波教）共存的一些迹象。赞普让他们为他建立葬礼的纪念物。他指令佛教徒为他建立一座佛塔；让苯波教徒按照苯波教和古代西藏的惯例在传统的藏王墓地琼玉河谷建立一座墓碑。当赞普感到确有把握时，他为佛教徒和苯波教巫师组织了一场大规模的辩论"[22]。可见，赞普赤松德赞为了彻底消灭苯教势力，采取辩论这种比赛模式，而辩论正是苯教徒的弱点。结果佛教徒在辩论中占了上风，苯教趋于劣势。正如"使佛教与苯波教辩论，以苯波教理趣浅陋，遂将苯波教教法或藏于札玛等处，或投掷于河中，然此时亦仅能暂时排除违缘而已"[23]。辩论失败的苯教已经处于残喘的境地，亦如西藏佛

图 2-19a 桑耶寺整体照片，图片来源：汪永平拍摄

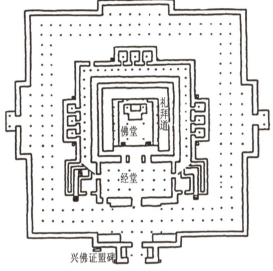

图 2-19b 桑耶寺乌策大殿平面示意图，图片来源：汪永平等测绘

学家东噶·洛桑赤列教授所述："在双方争执不下时，赞普决定让佛教与苯波教辩论，获胜者可得弘扬，失败者要被禁废。藏历纪年前释迦灭寂 1303 年土猪年（唐肃宗李亨乾元二年，公元 759 年），在墨竹苏浦地方江布园宫室前，举行了佛教与苯波教的辩论，结果苯波教徒失败，赞普把苯波教僧侣流放到阿里象雄地方，把苯波教经籍全部收集起来，或抛入水中，或压在桑耶寺一座黑塔下面，禁止苯波教杀生祭祀为活人和死人举行祈福仪式，只准信奉佛教，不准信奉苯波教。赤松德赞在禁止苯波教时，保留了苯波教的祈祷吉祥、禳解、火葬、烧烟祭天焚魔等，后来被佛教徒改变其意义保存其形式而加以利用。另一方面，吐蕃王朝崩溃后重新兴起的苯波教——'居苯'，也把佛教的内容全部改造成苯波教教义，成为一种有教理教义的新苯波教。这表明佛教与苯波教经过相互斗

争,为了适应斗争需要从对方吸取某些东西,保留其形式,改造其内容,这是佛教与苯教的新发展。"[24]可见,赞普赤松德赞在推举佛教的整个过程中,始终没有对苯教采取全盘否定的极端行为,而是对苯教采取了"筛选"这一合乎逻辑的手段。一方面,禁止以杀牲祭祀等带有原始野蛮性质的宗教行为;另一方面,很好地保留了苯教中合理的能被广大藏族群众所接受的宗教礼仪。

任何事物都有其起源、发展、兴盛及衰落的过程,西藏苯教的发展也不例外,居苯时期可以说是苯教的后弘期,在此时期佛苯两教都发生了明显的转变。在政治上,苯教在西藏上层社会的主导地位逐渐被佛教所取代;在经济上,由于赞普的打压,苯教经济明显劣于佛教;在教义上,佛苯两教互相取长补短,因为苯教有很好的信众基础,故佛教在某些教义仪轨上吸收苯教的内容,而苯教从佛教那里不断学习与翻译佛教的经书。到了吐蕃最后一代赞普朗达玛灭佛期间,佛苯两教均遭到了严重的打击,自此,苯教一蹶不振,并从西藏历史中隐退。

2.3 雍仲苯教宗教体系

2.3.1 雍仲苯教教义

雍仲苯教的基本教义为"四门一库",根据《苯门注释》一书记载,四门者为《黑域斯巴传承苯》《白域威猛咒言苯》《蕃域十万经》和《上师秘诀传承苯》,一库为《洁净无上之库》。

《黑域斯巴传承苯》里面的内容其实就是从原始苯教的"恰""斯""郎""楚"四辛里面总结和归纳的,这四乘也是苯教九乘中四因乘的内容;《白域威猛咒言苯》是修炼密宗前必须要学习的基础;《蕃域十万经》主要论述了苯教显宗方面的知识;《上师秘诀传承苯》是修炼密宗的精髓部分,详细地介绍了修炼本尊神的具体内容;《洁净无上之库》的内容是与苯教大圆满法相关的。

第一乘为"恰辛",其又分为两个部分,即"朵"和"基"。因冷热不均而导致的各类疾病一般要通过"基"和药物来治疗,而因邪魔等造成的障碍就要通过占卜和"朵"仪轨来进行驱逐,也就是说因为日常生活所患身体上的病痛要通过"基"来治疗,而精神和心理上的疾病就要通过"朵"来进行治疗。根据目前的藏医理论,"基"的具体内容包括放血、针灸、火灸和药浴等基本方法。而"朵"纯粹是属于宗教仪轨的内容,根据苯教典籍记载,"朵"又可以分为三百六十种方法,但这些方法基本上已经失传。

第二乘为"郎辛",分为四个吟诵,然后又分为四十二个酬谢仪轨。这四个吟诵仪轨分别是供奉神灵仪轨、净洁和洗浴的仪轨、塌和绿仪轨、恰央仪轨。朗辛是一门专门从事祭祀祈祷的门类,藏族人民通过举行"朗辛"的各项活动来达到祈福避祸的目的。从事这项活动的僧人"拥有一面用刺柏木制成的小鼓,依凭小鼓可以在长空中自由飞翔。这些苯波教徒以五色装饰的羊毛线为自己的标志,他们的专长是负责祭坛法物和牙斯;他们头戴一种羊毛缨子;他们具有从事巫术活动的经验,由此而委托他们从事这种仪式的人能增加幸福和财富。那些为促进幸运和吉祥的仪轨也属于他们的活动范围"[25]。由此可以发现,"朗辛"中的部分仪轨吸收了比较多的原始苯教成分。

第三乘为"垂辛",又称神幻贤派。该仪轨是为了保护雍仲苯教教义,凑集肉血等必要供品来进行征服魔鬼和恶鬼等鬼神的仪式。从事该仪式的教徒"具有战胜敌人的能力,无论是苯意上的敌人还是怀有第一的魔鬼势力。他们打着装饰以老虎的旗幡,身穿虎皮围裙和戴着同样原料制成的帽子，虎爪和虎牙用作他们的装饰物。但他们举行驱魔仪式时，便向神奉献虎肉。这是带血的供品，但它们可以确保家庭的连续性"[25]。由此可见，"垂辛"与"朗辛"一样保持了原始苯教的思想观念和宗教仪式。

第四乘为"斯辛"，又称时间贤派。其内容土观·罗桑却季尼玛指出："斯贤有三百六十种超荐亡灵法、四种丧葬法、八十一种镇邪法。"[20]我们从中可看出，"斯辛"是一种为死者超度、为生者驱邪保护灵魂的专门法术。从事该仪轨的教徒"还可以确保死亡的人继续过一种愉快的生活。当然，这一切均未被详细的描述过。无论如何，是他们主宰死者的命运，甚至还可以关闭死神以及助手的大门。他们全副武装，举行殡葬仪轨和建墓的任务也落到他们的头上"[26]。简言之，该派的主要内容是人们比较关心的丧葬仪轨。

以上四乘就是苯教九乘的前四乘，也叫"因苯"。在此四乘的理论框架基础上才有了后面的五乘。苯教九乘的后五乘也被称之为"果苯"。若因苯是顿巴辛饶发展苯教的理论基础的话，那么果苯就是在这个基础上继续发展后的新事物。虽然其产生的时间尚无具体定论，但能够确定的是其存在的时间要比佛教时间稍长。苯教九乘里面的有些内容类似藏传佛教的思想要素，关于佛教和苯教的相互影响及发展本章暂不讨论，故而继续介绍苯教的后五乘。

第五乘为"善业"，即为众生解脱而从事善业者为善业乘。该乘的主要内容便是修善业。而这种善业是修习理论最基本的内容，没有什么戒律可以恪守。其内容包括读书写字、磕头转经、念诵经书、修建宗教活动场所、发放布施等。当人们进行这些活动时，必须是思想与心念两者合二为一的，也就是做这些善业的时候心中必须要想到是为了众生的解脱而做，并不是为了个人的利益得失而做。

第六乘为"仙人乘"，不谄不诳、公正持身的修行者为仙人乘。要求修行者遵守一定的戒律，其内容涉及衣食住行等，包括不偷窃、不杀生、不欺骗等方面的要求。

第七乘为"阿噶尔乘"，以苯教的"阿"字为核心的密宗修习者为阿噶乘。该乘是专门以密宗为目的的修行乘。修习这种乘需三个方面的内容，第一方面为入门要素，第二部分为修习本身，第三部分是修习者。首先，入门要素由六部分组成，即盟誓坚贞、灌顶、禅定、观点、行为和操作。其次，就是修习本身部分，入门时的六大要素掌握之后才允许进入第二步，也就是修习本身部分。修习本身又分为几个步骤，一是念诵修习本尊咒语步；二是操持四业步；三是修行步。第一步念诵修习本尊咒语，苯教的本尊一般有九位，在修习第二步前应将第一步重复念诵万遍以上。第二步主要是操持四业，这四业分为息业、增业、怀业和伏业。"息"是以修持菩提心为主的业，"增"是为亡灵修持的业，"怀"是传承灌顶之业，"伏"则是以焚烧、填埋和投掷等威猛之法诛灭制伏怨敌邪魔之业。第三步就是修习，主要包括生起次第和圆满次第。修习者自身做到身、语、意三方面全面投入到修行当中，在该步骤中修行者所要修行的神分为猛神和静神，且这里的修行者是具有一定修行基础的密宗宗师。

第八乘为"叶辛乘"，该乘主要以悟真谛之乘为主，主要修行的内容就是修行基位、道位、果位。基位，指抉择正见；道位，指修习行持；果位，指见证菩提。基位是菩提之心，它是众生皆有的一种本性，只是由于各种孽障把这种本性给掩盖住了，所以，首先要认识到众生都有这种潜在的菩提本性存在。而在基位上可以出现成佛的菩提心也可以染上陷入轮回的孽障之根。认识到有这么一种本性，就要求修行者本人该通过何种方

图 2-20 萨赤尔桑神像，图片来源：戚瀚文拍摄

法在修行中将各种孽障排除而保留自己本身的菩提本性。如果认清了自身的菩提之心，自己的身躯就是佛体，心就是菩提之心；如果没有悟出这个道理，自己的身躯就是普通的血肉之躯，心就是时间轮回之心。要悟出这个道理需要进行严密的修行活动，包括拜师、学习、修行等。

第九乘为"无上乘"，该乘为苯教修炼的最高乘，其上没有乘可以再修炼了，像笔者走访过的孜珠寺，其内就有禅修学院，里面修炼的僧人大都已修至第九乘，其时第九乘已经没有什么具体的内容，而只是象征性的一个含义。

2.3.2 雍仲苯教神祇

雍仲苯教以万物有灵论为其理论思想，且其神祇名目繁多。根据苯教典籍，可以将苯教的神祇分为如下几大类：静神和猛神、世间神和出世天神、护法神和本尊神。这几种分法之间也没有明确的界限，比如在静神中也会有出世天神，在猛神中也会存在本尊神。所谓的静神就是指比较温柔祥和的神，在造型上只有单头双臂。相反，猛神是比较凶猛恶狠之神，从外在佛造像上一般会有三头六臂的形象，更有甚者会有九头十八臂的形象出现。所谓世间神是指那些神山或者圣湖，他们中有的属于年神，有的属于赞神，而有的则属于鲁神。出世天神是指具有一定造诣的神，一般都比其他神的身份要高一些，他们具有菩提道的境界，可以帮助人们修炼更高层次的密宗，这种神大都属于苯教密宗的本尊神。下面就单独举例说明苯教的神祇。

（1）静神

四十二位静神中，最主要的要数四位如来神。这四位如来神以一位女性神为主，并由其他三位男神共同组成。这位女性神就是苯教女神萨赤尔桑，其他三位神为辛拉沃噶、顿巴辛饶和桑布奔赤。在苯教的有关典籍中，把后面的三位神称之为拉、辛和斯巴。有关这四位主神的具体化身在苯教典籍《赛米》一书中有详细的记载，每位神都有不同的化身，且每个化身有不同的颜色和名字。

萨赤尔桑（图 2-20）在苯教典籍里面被尊称为"伟大的母亲"，是苯教智慧之神，根据苯教徒解释，"萨赤"两个字是古象雄词，意为智慧。在某种意义上说她是其他三位神的母亲，而他们四位神又是千万个苯教大神的原形。相关典籍介绍萨赤尔桑神像被描绘成金黄色的身子，右手持刻有五字真言的雍仲符号，左手持有一面镜子，她盘腿坐于双狮架起的莲花座上，是双头双臂神。

辛拉沃噶（图 2-21）中的"辛"在苯教中是很凸显地位的一词，这个词在很多时候都与"苯"字寓意相同。基本含义是指从事苯教仪式和仪轨的祭司。在苯教盛行的远古时代，在国王身边最重要的两个人物便是大臣和苯教的古辛。辛拉沃噶的"沃噶"是"白光"的意思，在苯教的壁画和唐卡中经常把他画为白色，双手并放在双腿上且盘坐于双象架起的莲花座上，通常将辛拉沃噶当成智慧神的象征。

桑布奔赤（图 2-22）被认为是世界形成之神，也是很有地方特点的一个苯教神。关于他的名字所包含的意思我们目前尚不清楚。

据传说他在西藏远古创世神话中叫耶猛王，扮演着非常重要的角色，其身色为白银色，右手握着宝幢，左手仰放在双腿上，盘坐于双琼架起的莲花座上。琼是苯教远古神话故事中不可缺少的一个神圣动物，在上文中我们也讲过它的具体形象是以琼鸟的形象出现的。跟琼有关的地名在古象雄时期比较盛行，比如有琼隆银城、当惹琼宗等。

关于顿巴辛饶在上一节已经讲过，故在此不再赘述。

（2）猛神或本尊神

苯教的本尊神有很多，本尊神是密宗修炼和法师活动中不可缺少的主供神（图2-23），他们的境界比护法神要高一些。这些神的造型看起来比较威武，大都是多面多臂，而且都是阴阳双身造型。苯教的密宗分为"父系"和"母系"两大类，"母系"本尊神里最主要的是玛举桑却塔土，意为超密宗母系之神，天蓝色身，七头十六臂。七个头的排列为五个头并排，上面依次向上再累加两个头。并排的五个头的颜色分别是青、白、绿、黄和蓝色，再上面是红色，最顶上的头为白色。其上身披着魔皮、大象皮、狮子皮等，其下身缠着虎皮，系着蛇腰带。左腿稍弯曲，右腿伸直，站立在八个狮子顶起来的莲花宝座上。右边八只手握着八个神的头颅，左边八只手握着八个曜星之头颅。"父系"本尊神则是以五位神殿之神为主导，五位神殿之神即瓦塞昂巴、拉贵托巴、佐却康金、普巴和瓦钦盖阔。

瓦塞昂巴意为"火之猛神"，是苯教徒普遍供奉的本尊神。其身体为蓝色，有朱红色的头发，九头十八臂；上身披鲜魔皮，下身缠着虎皮；左腿稍弯，右腿伸直，站立在狮子、大象、马、龙和琼共同顶起来的莲花宝座上。他的九个头的排列顺序是上、中、下依次三层。下面并排头的颜色从左至右为白、深蓝和红色，中间排列为虎头、狮子头

图2-21 辛拉沃噶佛像，图片来源：戚瀚文拍摄

图2-22 桑布奔赤佛像，图片来源：戚瀚文拍摄

图2-23 苯教本尊神举例，图片来源：戚瀚文拍摄

图 2-24 苯教护法神，图片来源：威瀚文拍摄

和豹子头，顶部并排的三个头是龙、琼和摩伽罗[27]。十八只手分别持有不同的器皿。首先，两手在胸前合握一个天杵。然后，右边八只手分别握着幢、宝剑、砍刀、飞幡、矛、标着琼像的战旗、火虎和天生铁；左边八只手分别握着弓箭、绳套、铁钩、抓肉铜钩、铁链、单钵等。

拉贵托巴是威猛之神，也是苯教重要的本尊神之一。其有深蓝色身，朱红色头发，四头八臂；上身披着天魔皮，下身披着豹皮；站立在狮子、大象、马、龙和琼共同顶起来的莲花宝座上。他四个头的颜色从左至右依此为白、深蓝和红色，顶部的一个头为红色。右边的四只手分别握着宝剑、火矛、榔头和斧子，左边四只手分别握着绳套、铁链、钳子和天杖。

佐却康金意为"飘在空中的神"。其身为深蓝色，深褐色的头发飘向空中，三头六臂。三个并排的头的颜色从左至右依此为白、深蓝和红色。左腿稍弯，右腿向后伸直，站立在由神兽共同顶起来的莲花宝座上。右边三只手分别握着幢、宝剑和斧头，左边三只手分别握着弓箭、绳套和铁钩。

瓦钦格库为"大猛神格库"的意思，苯教典籍里介绍其居住的地方便是冈底斯神山。其身为深蓝色，头发为金黄色，九头十八臂。九个头分为上、中、下三层，并且每层为三个，他们的颜色从左至右分别为白色、深蓝色和红色。其上身披着大象皮，下身缠绕虎皮；左腿稍弯，右腿向后伸直；站立在由狮子、大象和马等神兽托起的莲花宝座上。十八只手中握着不同的兵器。两手在胸前握着男女妖魔，右边八只手分别握着宝剑、斧头、法轮、天生铁、火星、砍刀、棍子和转轮，左边八只手分别握着弓箭、绳套、铁锤、铁链、铁钩、尼则、岩羊角和沸腾的神水[28]。

（3）护法神

苯教的护法神在性质上与佛教的护法神基本一致，但是苯教护法神的数量非常多。除了通用的护法神外，还有很多地方神作为苯教的护法神。雍仲苯教的护法主要供奉的有色巴迦姆、尼邦色、阿色、扎巴僧格、崩热米堆、杰布西扎、霍尔巴等（图 2-24）。

色巴迦姆意为"宇宙女王"，是所有苯教护法神之首。她的造型为三头六臂，颜色为深蓝色。通常状况下她有两个坐骑，即红色的骡子和黑色的骡子。所以人们将其简称为"红骡斯甲"或"黑骡斯甲"，在苯教的神舞羌姆上是不可或缺的。

尼邦色为"太阳神"的意思，尼邦色是苯教大圆满法修炼时必须供奉的护法神之一，据传说公元 8 世纪左右象雄地方有一位苯教大师叫吉崩·朗西罗布。他终身修炼大圆满法，为了让后续僧人继续修炼大圆满法，他降服了尼邦色，并把其教化成为苯教的护法神。尼邦色的身色为白色且头缠白色头巾，手握白绸缎绳，骑一匹白马。

扎巴僧格是苯教护法神中诸多自然神的一个代表，被苯教大师降服后才成为苯教护法神的。扎巴僧格是从近代历史人物的亡灵中变幻而成护法神的。据传说在公元 1792年，十世红帽喇嘛曲扎加措因卷入了廓尔喀（尼泊尔）入侵西藏一事而被西藏地方政府取消了转世资格，并没收红帽喇嘛的所有财产，随后曲扎加措圆寂。他圆寂后并没有得到超度，而是转变成了一个危害众生的魔，后有苯教大师用法力将其降服，并把他驯服成了苯教的护法神，取名为扎巴僧格。

因为苯教护法神很多，故只能列举几个主要的护法神进行阐述，一是因为其数量之多；二是因为作者对苯教神祇体系尚缺乏本质的认识，故该节所论述的有关苯教神祇方面的内容可能会存在偏颇之处。

2.4 雍仲苯教特点

2.4.1 苯教服饰特点

西藏僧人的僧服大致可分为三个主要部分：一是僧服，二是僧帽，三是僧鞋。僧服以红色为主。普通僧人的着装较简单，上身披一件无袖的坎肩，下身围一条紫红色的僧裙，最后用一块紫红色的长方形布料有规律地披在身上。查散宽约70 cm，长是身长的两倍半，披时裹叠于上身，裸露右肩，长及脚面。夏天的时候很多僧人用查散盖过头顶来遮挡强烈的阳光，诵经祈祷时，在查散上披一袭巨大的紫红色披风"达喀木"。

西藏僧人的服装因等级和职位高低不同而在衣料质地、颜色、式样上有所差别，如坎肩的材料有绸黄缎子、赤黄缎子、赤红或深红毛料、金黄毛料、氆氇等，普通僧人身穿红氆氇或毛料居多，身穿黄绸缎和披黄色

绸缎的大都是德高望重的活佛或高僧。苯教服装（图2-25）在其普通僧人坎肩的收肩处，镶有蓝色的布边，因为苯教认为蓝色象征蔚蓝的天空，然后在外面披红色的长布。

西藏僧帽种类多，因不同教派和不同地位所戴的僧帽各不相同，常见的有贝霞（莲花帽），如宁玛派僧人多戴莲花帽。其制作以氆氇为料，帽顶尖长，帽檐向上翻且前面开口，形如莲花。班霞意为"班智达帽"，班智达帽有一个高高的尖顶，象征佛法至高无上的中道观，两块延片代表二义谛。班智达帽由阿底峡传入藏族聚居区，班智达帽代表最高学位，各大寺院、各教派的赤巴、堪布、上师可戴此帽，其他僧人则不能戴班智达帽。苯教僧帽也有其自身的特点，如以蓝色和黑色为主，僧帽顶端为尖角形状（图2-26）。

除上述僧帽外，历史上一些著名大德高僧还有一些特有的标志身份和地位的帽子。比如，噶玛噶举派的活佛噶玛巴所戴的金边黑帽是第二世噶玛巴时由蒙可汗所赐。噶玛

图2-25 苯教僧服特点，图片来源：戚瀚文拍摄

图2-26 苯教僧帽特点，图片来源：戚瀚文拍摄

图 2-27 苯教僧鞋特点，图片来源：戚瀚文拍摄

噶举红帽派的红帽也是元帝所赐。宗喀巴的弟子降钦曲杰·释迦益西担任明帝国师时，明帝赐给他一顶黑帽。莲花生所戴的帽子叫做白玛同垂帽，这种帽子里外共两层，帽子还有三个尖，象征佛的三身；帽子的五种颜色象征果五身；帽子上的日月图案象征智慧；蓝色的帽檐象征誓言永不改；金刚顶饰象征禅定坚不可摧；鹰羽装饰象征至上的佛法。此帽又称萨霍尔班智达帽，据说是当年萨霍尔王献给莲花生大师的。

西藏的僧鞋大多是以整块牛皮为底的红色长筒靴，一般僧人所穿的僧鞋被称为"夏苏玛"，该鞋鞋底和鞋帮用一整块熟皮做成，鞋尖上翘。苯教僧人的僧鞋也是如此（图2-27）。地位高的僧人穿厚底锦缎鞋。在念经祈祷时，从普通僧侣到高僧，一律不准穿鞋进入大殿，以表示对佛祖的虔诚。

2.4.2 苯教转经特点

转经是西藏以及川、滇、青、甘藏族聚居区特有的一种佛事活动，即参加转经的信众会绕一条固定的转经道路来回转经，信众们通过转经来消除自身的业障，从而达到一种精神上的慰藉。藏传佛教格鲁派采用"卐"符号，该符号称为万字符，为顺时针方向旋转，有吉祥如意之意。而苯教的符号为"卍"，此符号称之为雍仲，为逆时针方向旋转，有坚固、永恒不变之意。现在大部分人对苯教的了解并不是非常全面，认为苯教的雍仲是为了凸显自己的个性而与佛教对立的，但笔者认为这种说法过于牵强。从苯教的历史发展来看，苯教在藏族聚居区的发展是要早于佛教的，即佛教还未传入西藏之时，苯教就已在这片土地上生根发芽。依据苯教的讲法，绕佛及转经起源于一万多年前，其实绕佛、绕塔左转和右转都是可以的，因为左转和右转两大法轮是成就佛的两条路线，左转法轮是智慧的路线，右转法轮是慈悲的路线，这两种转法所要达到的目标是相同的，即都是众生离苦得乐，往生极乐世界和成就佛果的。

在西藏不同教派的每一个佛像、佛塔，及转经筒里面，都要在其内部放许多自己教派的经文和经书，苯教也一样，苯教所放置经文的顺序决定其转经的方向，这种方式苯教徒认为是智慧的，即智慧是从内心向外发散的，所以在放置经文的时候，将字面内容向内放置。左转是希望把智慧和善良传到世界每个角落，使信徒脱离苦海。

在佛教或苯教中，经轮或法轮是永远不会停止转动的，因为保持转动代表佛法善念的力量不会停息。认为通过绕佛或者绕塔进行转经这种活动，是可以加快消除自身的业

障，实现得道成佛的途径之一。

2.4.3 苯教三身佛特点

雍仲苯教分为三身佛与三世佛，三世佛为过去佛"多加印钦"，现在佛"顿巴辛饶"和未来佛"唐玛美祝"；而格鲁派的过去佛是"无量光佛"，现在佛"释迦牟尼佛"和未来佛"强巴佛"（表2-1）。苯教的三身佛也有其自身的特点，下面笔者就所了解到的资料作简单的论述。

表2-1 苯教与佛教三身佛对比

苯教	佛教
法身佛	过去佛
报身佛	现在佛
化身佛	未来佛

表格来源：根据网络戚瀚文制

苯教法身佛"衮德桑波"，藏语名为"苯古衮德桑波"，是雍仲苯教所尊奉的苯初佛，汉译为"法身普贤佛"，法身佛苯教真言为"阿嗡吽，啊阿噶萨列奥阿央嗡德"。"苯古"是"法身"，"衮德"是指三世普及，常谓之"普"；"桑波"是妙善，谓之"贤"。也就是说衮德桑波佛具有为大众所望的贤德，又名普贤王佛。他的形象和顿巴辛饶佛有些相似，头上长着肉髻，但不穿袈裟，青色裸身，多数还是双身的。显宗的衮德桑波是独身，密宗的衮德桑波拥抱着一位白色的明妃，明妃叫衮德绒母。《苯教解脱轮回经》中说"苯古衮德桑波，不着袈裟，全色白色，裸体，双身平等"等，衮德桑波的几种身色，在苯教寺壁画和唐卡上较多。

苯教所成就的佛是苯古，因为一切众生成佛，心必须要成就法身佛，身语变成色身佛。《般若密多》中说："利自成得苯古，利他成得色佛。色佛分为报身佛和化身佛，称为一人成得三身佛位。"

苯教报身佛为"辛拉沃噶"，报身佛的真言为苯教八字真言"嗡嘛知牟耶萨列德"。报身佛身体颜色为白色。报身佛是慈悲与智慧的象征。据说修习报身佛的功德，能够消除修行者三世的孽障，增添福报，智慧开发，善业宏大，救度六道众生，并将众生成功引渡到极乐世界。

苯教的化身佛为"顿巴辛饶"。化身佛的真言为苯教十五字真言"阿嘎阿麦德智思，纳波希希嘛嘛索哈"。据说修习化身佛的功德，能够使自己明世间的善恶，最终可得道。

2.5 苯教与佛教

2.5.1 苯教与吐蕃第一代赞普

目前根据所掌握的文献分析，一致认为聂赤赞普是吐蕃王朝的第一代赞普（表2-2），聂赤赞普在山南雅隆登基。关于赞普的具体来历在藏文献中说法纷纭，主要概括起来分为两大类，即佛教说法与苯教说法。这些典籍都记载了吐蕃第一位赞普出身的神话故事。佛教史学家认为吐蕃第一位赞普聂赤赞普来

表 2-2　远古吐蕃时期及唐蕃时期赞普王系表

吐蕃远古时期赞普世系表				
天赤七王	1 聂赤赞普	2 牟赤赞普	3 丁赤赞普	4 索赤赞普
	5 梅赤赞普	6 德赤赞普	7 赛赤赞普	
上丁二王	1 智贡赞普	2 布德贡杰		
地贤六王	1 埃肖列	2 德肖列	3 梯肖列	4 库肖列
	5 仲西列	6 俄肖列		
德字八王	1 萨南木森岱	2 岱朱南木雄赞	3 色诺韩岱	4 色诺保岱
	5 岱诺南木	6 岱诺保	7 岱甲保	8 岱珍赞
赞字五王	1 甲德日龙赞	2 赤赞南木	3 赤扎邦赞	4 赤脱杰脱赞
	5 拉脱脱日年赞			
下赞四王	1 赤年松赞	2 仲年岱乌	3 达日年塞	4 南日松赞

吐蕃王朝时期唐蕃王世系对照表			
唐朝		吐蕃王朝	
姓名	年代（公元）	姓名	年代（公元）
高祖李渊	618—627	松赞干布	629—650
太宗李世民	627—649	芒松芒赞	650—676
高宗李治	649—683	都松芒波杰	676—704
中宗李显	684		
睿宗李旦	684		
武后则天	684—705	赤德祖赞	704—755
中宗复位	705—710		
睿宗复位	710—712		
玄宗李隆基	712—756	赤松德赞	755—797
肃宗李亨	756—762		
代宗李豫	762—780		
德宗李适	780—805	牟尼赞普	797—798
顺宗李诵	805	赤德松赞	798—815
宪宗李纯	806—821	赤祖德赞	815—836
穆宗李恒	821—825		
敬宗李湛	825—826		
文宗李昂	826—841	达玛邬东赞	836—841
武总李炎	841—847		
宣宗李忱	847—859		
懿宗李漼	859—873		
僖宗李儇	873—888		
昭宗李晔	888—904		
哀宗李柷	904—907		

表格来源：根据《西藏地方通史》制作

自佛教诞生地印度，而且属于释迦氏族。这种说法具有浓厚的佛教观点；另一种说法便是苯教说法，吐蕃第一位赞普聂赤赞普是从天界下凡到人间的，他从天而降的地方不是他后来登基的雅隆，而是东边贡布地方（今林芝地区）的江托神山。该山目前是林芝地区境内的一处旅游风景区，也是苯教徒所供奉的一座神山。《第吴宗教源流》一书详细地记载了吐蕃第一赞普自天降到贡布地方后沿雅鲁藏布江来到雅隆河谷的全过程，其中提到其行程中曾经到过的27处地名（表2-3）。这个神话传说要比释迦氏族后裔的传说更具有说服力。该传说立足于西藏的本土文化，这种文化要比佛教文化早很多。而吐蕃第一个赞普出世的时间要比佛教传入西藏早32代。显然，早期的土著神话或后来的新神话从内容和形式上都有着本质的区别，但由于佛教在西藏政治生活中的地位不断巩固，很多与早期本土文化相关的神话逐渐被佛教文化所取代，从而出现了第一位赞普身世的多样性。

尽管苯教史籍中对吐蕃第一位赞普的出身神话也有一些不同观点和说法，但早期的史书对这一事件的描述基本一致，都认为第一位赞普出生在天界。具体内容是："聂赤赞普乃斯巴叶桑之化身，属叶王门巴之世系，雅布拉达珠之后裔，自韦色神山下凡而来。"[29] 他从天而降到人间的第一个地方叫江托神山，

表 2-3　聂赤赞普经过的 27 处地方名称

27 处地名名称		
1 玉域章康	2 玉域亚康	3 玉域巴尔多
4 夏却拉多	5 江托央托	6 拉终江多
7 那玛加藏	8 木勒终树	9 米域吉延
10 当果湖	11 红岩下	12 当玛真炯
13 多莫多念	14 聂尼加玛	15 达叶康
16 额拉亚玛贡	17 达域林区	18 扎拉果珠
19 夏拉珍隆	20 哲阿章那	21 拉隆达巴
22 鲁莫江巴	23 雅钦索卡	24 钦布果果
25 藏推松	26 赞当果协	27 怕布索让

表格来源：根据《苯教史纲要》制作

此山是苯教神山苯日神山的一部分。聂赤赞普在江托神山顶上备受苯教徒的崇拜，由12名苯教智者共同奉他为赞普，吐蕃第一位赞普就这样产生了。关于其名字中出现的"聂赤"在现代藏语中的翻译为"与人体颈部有关"的说法是没有根据的，从西藏的历史发展脉络和语言的变化联系在一起来对"聂赤赞普"这个名称进行考证，在象雄语种的"赤"字被解释为与天有关的意思，聂赤以后的几十位赞普的名字中绝大多数都带有"赤"字。他们都是吐蕃的国王，他们的名字由上层社会神职人员来取。而吐蕃早期神职人员均是苯教徒，当时的苯教与象雄王室之间关系密切，在吐蕃赞普名字里夹杂象雄词汇是正常的。

2.5.2 苯教建筑雏形

苯教发展到公元前5世纪左右才具备了比较完善的宗教制度，苯教的产生初期是由既没有组织体系又没有系统教义的"巫者"组成的，他们通过举行各种简单的宗教活动来达到他们的祭祀目的。起初条件相对简陋，没有专门举行各种祭祀和修行的活动场所，就算有被视为寺庙雏形或类似宗教寺庙的场所，也是一些极为简陋的神坛和道场。而这些神坛或道场的规模和选址也并未引起人们过多地关注，它们不是被修建在郊野的帐篷之内，就是被修建在偏僻的岩洞之中，能满足苯教巫师举行基本的祭祀活动或施行巫术活动便可以。早期的苯教徒举行活动的场所称为"杜耐"，由于年代久远，杜耐的具体形式是什么样式，现在很难加以叙述，但根据相关文献的记载，可以肯定它是早期苯教徒举行宗教活动的固定场所。后来伴随着苯教势力的膨胀与发展壮大，加之吐蕃王室的大力支持与弘扬，初期简陋的活动场所已经无法满足苯教徒及信众对活动场所的需求。于是更加规范的苯教活动场所——"塞康"

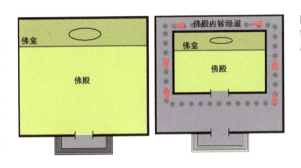

图2-28a 塞康平面形制示意图，图片来源：戚瀚文绘制

开始出现了（图2-28）。

"塞"是象雄文，是神的意思，"康"是藏文，是殿堂之意，塞康可以理解为神灵居住的地方。可以说塞康是继杜耐之后苯教徒举行宗教活动的新场所，但这二者之间也有区别，杜耐以举行苯教仪轨为主，塞康除了具有杜耐的功能，还兼有供奉苯教佛像的特点。可以说杜耐是苯教从古象雄传到吐蕃初期时候的建筑形式，而塞康则是经过吐蕃吸收弘扬之后苯教的一种建筑形式。据史料记载，从吐蕃的第一位赞普聂赤赞普开始，几乎每一位赞普在位期间都会修建一座苯教塞康。在佛教成为西藏的主要宗教后，原来的苯教塞康遭到破坏，有的彻底损毁，有的则改宗佛教。这一情况的产生是与当时佛、苯之间的斗争和吐蕃王室权力之间的争夺分不开的。在苯教史籍中，认为在智贡赞普和赤松德赞即位时期，苯教在吐蕃的传播受阻，而苯教寺庙大量改宗佛教就发生在赤松德赞灭苯期间，苯教在该时期遭到了前所未有的打击，开始逐渐失去其在西藏社会的宗教领导地位。

2.5.3 佛教传入吐蕃与苯教并存

佛教是什么时间传入吐蕃的，现在还无法给予确凿定论，但佛教大规模系统性地传入吐蕃的时间是在公元八九世纪的时候。在此之前曾出现过佛教进入吐蕃传法的活动，这种活动是小规模的，甚至是极少数佛教徒的个人行为，从严格意义上讲佛教在公元7世纪的时候已经开始零散地传入吐蕃。早期

图 2-29 莲花生大师佛像，图片来源：威瀚文拍摄

小规模传播行为给后来的系统性传播奠定了基础。佛教历史典籍中曾经提及拉托托日年赞在位时期，有少量佛教典籍中有从天而降的神话故事。这个故事反映了两方面的问题：第一，它带有原始苯教信仰思想的特点，因为苯教以从天而降的故事作为自己的神话传说来说服信徒百姓；第二，这个传说可以证明当时已经有少量的佛教徒在吐蕃活动。从这个经书从天而降的神话中隐约可以看出佛教最初传入吐蕃的时候也是经历了磨难，经过几个世纪的努力才得以在高原扎根。最初几个世纪由于苯教势力比佛教强大，所以没有大规模的教派之争，有的仅是一些小摩擦。

关于自7世纪中叶以来，尤其以8世纪佛教传入吐蕃的历史文献比较多，其中《佛教传入吐蕃之历史王室谕书》(简称《瓦歇》[30])，是目前记录佛教传入吐蕃比较详细的历史文献。据其记载，松赞干布执政期间修建了以大昭寺为主的42座佛教神殿，在神殿内主要供奉从内地和尼泊尔带来的释迦牟尼佛像。时至赞普赤松德赞在位期间，佛教因得到赞普的推崇，其寺庙数量开始增加，并且地位也在逐渐上升。

公元8世纪中叶佛教得到了吐蕃王室的支持，为了进一步发展其势力，从印度迎请佛教高僧到吐蕃传法。其中最为成功和有意义的是邀请寂护和莲花生两位大师到吐蕃传法的事情。根据佛教史书记载，首先邀请的是寂护大师前去吐蕃传法，寂护大师初次来到吐蕃时受到了很大的阻力，几乎未能在吐蕃顺利讲经传法。待到莲花生大师（图2-29）前来传法的时候，他们做了充分的准备，主要体现在如下两个方面：一是通过吐蕃内部大臣之间相互争斗，争取铲除阻碍佛教传入的大臣；二是未曾与苯教信徒作对，而是以宽容的态度把很多属于西藏本土文化内容的东西吸收到了自己的传教内容之中。

赞普赤德祖赞去世后，大臣玛尚·冲巴杰趁王子赤松德赞还年幼，一手操纵了当时吐蕃的政权。他是反对佛教传入吐蕃的强硬派代表人物。他在执掌政权的时候，公布了一条法令："赞普早逝之原因就在于传播佛教一事，此事使吐蕃出现很多不祥之兆。来世之说是个骗局，此生消灾只能靠苯教。谁要是信奉佛教就要被孤身流放到边缘地区。"[31] 命令发布后，进行了驱逐佛教的运动。支持推行佛教的部分大臣受到牵连被流放，拉萨大昭寺变成了屠宰场，小昭寺内的佛像被埋在沙滩里，山南的部分佛殿均遭到摧毁。赤松德赞正式掌权后，支持佛教的几名大臣仍坚持说服赞普支持佛教。此时他们的最大难题是如何对付大臣玛尚·冲巴杰。经过详细思虑后，郭氏大臣献上一计。他私下买通所有王室下属信差、卦师和相士，让他们在众臣和庶民面前故意泄露预言之词，说赞普将要面临劫难，只有让两位最高职位的大臣在坟地藏三年时间才能躲过此劫。然后，郭氏大臣又让大街上的游人议论"玛尚大臣身患大病，此事是否属实"等言论，故意让其听到。玛尚听到这些言语，心中产生不快。一天，有一位老大娘盯着玛尚的脸说："玛尚身负服侍赞普之重任，爱护臣民百姓。但听说您身患重病，是否属实？"玛尚闻听此言起了疑心，回到家中卧床痛哭一场，家人问出了什么事，他说在外面都在议论我身患重病。家人说："百姓所言不可信"后，他照镜子发现自己面容消瘦便认为"众人口里有真理"，于是悲痛万分。此事被郭氏大臣知晓后，一次在王臣议事的时候，让尚聂桑宣布："目前国王面临大劫，需要进行消灾仪式。哪位大臣自愿承担此次重任？"郭氏站起来说道："我是国王的大臣，子孙也必然会是大臣。没有比我大的大臣，所以，国王自然由我来伺候。"玛尚也起身争说："没有比我大的大臣，所以我也愿意伺候国王。"仪式的具体内容就是让两位大臣在一个偏僻的地方挖一个洞，在地洞内隐藏一段时间。当两位大臣一同进入了地洞后，早已准备好的郭氏大臣突然跳出地洞。等在洞口的罗德古用一块大石把洞口堵死，将尚氏堵在洞内。[32]

这样就铲除了反对佛教传入吐蕃的最大障碍。之后，赞普开始着手实施第二个方案，即再次迎请印度佛教大师来吐蕃传法。印度佛教大师进藏的主要目的和任务就是到吐蕃传播佛教，分为两个方面，即调伏本土鬼神和创建桑耶寺。

调伏本土鬼神即是与苯教的争斗，在赞普的帮助下，莲花生大师很轻易地就在几场辩论中赢得了苯教大师，并与对方立下誓言。莲花生大师在当时只让对手立下誓言，而不把他们消灭，其目的就是与本土宗教和谐相处，做到互融互通的新局面。誓言的内容无非就是两方面，一是让自己的信教可以在吐蕃传播；二是在传播新教的同时也要结合本土固有的信仰内容。莲花生大师与苯教鬼神之间的誓言应该是佛、苯的第一次融合。这种融合是在双方冲突中巧妙完成的。

桑耶寺的修建标志着佛教在西藏上层统治阶层中正式得到一席之地，并说明佛教在西藏开始立足。维修建桑耶寺一事，吐蕃王室内部曾出现过分歧，包括赞普自己很长时间内也犹豫不决。在两位印度佛教大师和几名支持佛教大臣的精心安排和策划下终于说服了赞普，并清除了苯教方面的最大障碍。经过多年经营，桑耶寺终于在公元8世纪竣工，成为西藏历史上第一座佛教寺庙。

2.5.4 苯教第一次法难

苯教第一次法难发生在智贡赞普执政期间。在此之前，苯教在吐蕃的发展一直受到赞普及王室内部的支持，如吐蕃第二代赞普牟赤赞普就有双重身份，首先他是吐蕃的赞普，其次他还是一位苯教修行者。他在位期间，从象雄迎请了苯教高僧到吐蕃传法，为苯教在吐蕃的发展奠定了基础。在牟赤赞普的带领下，苯教开始在吐蕃王室集团内部和整个西藏社会传播，最后导致智贡赞普灭苯。

根据苯教史书记载[33]，智贡赞普之前的历任赞普，都会从象雄邀请帮助其处理国家事务的"古辛"（Sku-gshen）。到了智贡赞普时期，苯教在吐蕃的地位已经极具规模，甚至出现古辛的势力凌驾于赞普之上，有些古辛开始干预朝政，这种状态对赞普的统治产生威胁。智贡赞普曾下令说："在这块土地上，容不下我的王权和你的苯权，把苯教徒全部驱逐出去。"于是以古辛为核心的苯教权力集团开始在吐蕃受到打压。

因为灭苯的原因，智贡赞普最终被笃信苯教的大臣杀害。从智贡赞普的事例中我们不难看出，若宗教的发展超过统治者所能承受的范围时，该宗教势必要遭受打压。当执政者对宗教的打压进行得太过彻底，也会遭到来自宗教力量的反抗。正因为智贡赞普对苯教的驱逐过于极端，所以导致了自己被弑的结果。在他之后的赞普布德贡杰执政期间，为了缓和与苯教的这种紧张关系，采取了折中的处理办法，既不主动接近苯教徒，也不主动抑制其在西藏社会的发展。这种做法使得西藏社会在很长一段时间里都处于稳定发展时期,且一直持续至公元7世纪初。这段时期西藏的宗教和政治处于一个平衡时期。这个时期的苯教虽然在王室内部发展过缓,但在民间受到推崇,很多苯教徒从象雄带来了先进的文化,并在吐蕃各地修建苯教塞康。

2.5.5 苯教第二次法难

桑耶寺的修建虽然证实了佛教在吐蕃的地位,但是并不能说明作为吐蕃本土信仰的苯教已经被佛教完全取代。当时的苯教已经在人民的心目中扎根发芽,而佛教真正的势力范围是在王权贵族层面,佛教的主要传播活动还局限于佛经的整理和翻译工作,桑耶寺在当时也只是一座佛经翻译中心,没有民众基础。但可以说明的是,佛、苯共存的局面已经形成,这个阶段是佛教与苯教相互影响相互渗透的历史阶段,尤其佛教为了在西藏立足在当时采取了对苯教既学习又离弃的态度。学习苯教中的某些已经在民众心中成形的仪轨样式,然后将其赋予佛教,并不断地壮大自己,将苯教彻底压垮。这样就使得的佛、苯两支教派的争斗越来越激烈,最终导致了赞普赤松德赞下令将当时苯教大师驱逐的结果,也是苯教在吐蕃所经历的第二次大法难。这次法难之后,苯教在西藏的发展势头被彻底打压,也因此苯教逐渐淡出了西藏的历史舞台。

最初佛、苯两派都想争取到赞普及王室成员的支持与认可,并利用各自的大臣在赞普面前吹捧自己教派的教义,显示自身教派的实力。赞普一时也拿不准两种教派的好坏,于是决定让佛、苯两教通过辩经来比试各自的哲学理论和教法,辩论的内容在苯教典籍中记载得较为详细,苯教史籍《扎芭岭扎》记载,"国王赤松德赞召集苯教和佛教大师后说道:'你们苯、佛两教通过较量和辩论来比法力和神力,看谁更有理。'说完,提供沃江多神殿为辩论场、扎玛真桑为斗法场"。

当时除了佛、苯两教派的人员外,还有代表官方来辅助自己教派的大臣,以及公众代表等。在辩论过程中,佛教方面实施了清除苯教势力的相关政策和计划,最终使支持苯教的大臣在赞普心中失信,导致了吐蕃王室内部的佛、苯之争以苯教的失败而结束。在此过程中不难发现当时佛、苯两教在宗教理论上是存在差异的。苯教强调人去世后的灵魂去向问题,超度亡灵仪式比较多样,也不主张剃度出家为僧,直至现在存在于那曲的苯教某些寺庙里的活佛也是可以结婚的,并且活佛的传承制度也有世袭制。佛教注重空性理论,几乎不承认灵魂不灭论,但为了长期的发展还是吸收了苯教的一些原始的因素且加入了自身的理解。

小结

苯教的起源问题长期以来一直备受各界学者的关注,本文所论述的有关苯教起源于象雄这一论断虽有失偏颇,但这一观点已经被大多数学者所接受与采纳。本章主要以苯教的发展历史为介绍对象,让读者能够对苯教的发展脉络有一个更清晰的认识。

本章主要以苯教自身的历史发展为轴线,分析了原始苯教时期与雍仲苯教时期的苯教发展状况,包括对苯教上师顿巴辛饶生平事迹的介绍以及苯教的教义和所供神明造像特点等。本章共分为五节,其中第一节介绍了苯教产生地象雄的历史及其文化影响范围等,主要包括象雄历史及疆域范围特点、象雄魏摩隆仁的介绍和产生于象雄"琼"部落的传说及象雄文化的影响;第二节主要是对原始苯教和雍仲苯教的介绍,包括初期原始苯教的建筑形态与后期雍仲苯教不同时期发展阶段的介绍;第三与第四节介绍了雍仲苯教的宗教体系与教义特点等方面的内容,包括雍仲苯教的教义及神祇特点,苯教在自身服饰上的特点、苯教在转经上的特点和苯教的三身佛特点；第五节详细分析了苯教与佛教之间的历史发展与遗留问题，包括苯教形成之初与吐蕃第一代赞普之间的缘起与初期的得势和后期衰落的原因，分析了苯教两次法难的外在环境及内在原因等方面的内容。

注释：
1 瞻部洲雪山之王冈底斯山志意乐梵音 [M]. 意大利罗马中远东研究院藏手抄本. 第 30 页。
2 谷郎，象雄文，黄金之意。
3 才让太，顿珠拉杰. 苯教史纲要 [M]. 北京：中国藏学出版社，2012:10-12.
4 嘎姜，绿松石之意。
5 南喀诺布. 古代象雄与吐蕃史 [M]. 藏文版. 北京：中国藏学出版社，1996:82.
6 南喀诺布. 古代象雄与吐蕃史 [M]. 藏文版. 北京：中国藏学出版社，1996:83.
7 南喀诺布. 古代象雄与吐蕃史 [M]. 藏文版. 北京：中国藏学出版社，1996:87.
8 矛柱，是立在佛堂或者家庭围墙内外表示地位的木柱子，顶上有甲茹，苯教寺院和家庭仍然普遍使用。
9 才让太，顿珠拉杰. 苯教史纲要 [M]. 北京：中国藏学出版社，2012:13-14.
10 瞻部洲雪山之王冈底斯山志意乐梵音 [M]. 意大利罗马中远东研究院藏手抄本，第 31 页。
11 约翰·文森特·白莱嚓（John Vincent Bellezza）. 藏北的历史遗迹（Antiquities of Northern Tibet）[M]. 德里（Delhi）：阿卓宜特出版社（Adroit Publishers），2001:47-48，注释第 17 条。
12 图齐. 尼泊尔两次科学考察报告 [R]. 第十章：象雄及其扩张. 罗马，1956. 转引自杨作山. 吐蕃与大食关系刍议 [J]. 回族研究，2000(3):12-15.
13 冈仁波齐山为冈底斯山脉主峰，为多个宗教的神山，"冈底斯"藏语为"冈仁波齐"。
14 群培多杰. 苯教在藏区传播之概述 [J]. 西藏文艺（藏文版），1982(1):50.
15 丹增旺扎. 阿里历史宝典 [M]. 拉萨：西藏人民出版社，1996(1):282~283.
16 苯教历史及教义概述 [J]. 东洋文库，1975(33):107.
17 才让太，顿珠拉杰. 苯教史纲要 [M]. 北京：中国藏学出版社，2012:16-17.
18 丹增旺扎. 阿里历史宝典 [M]. 拉萨：西藏人民出版社，1996:497-512.
19 杨化群. 西藏苯教祖师辛饶弥沃且的一生 [G]. 拉萨藏学讨论会文选. 拉萨：西藏人民出版社，1987.
20 土观·罗桑却季尼玛. 土观宗派源流 [M]. 刘立千，译. 拉萨：西藏人民出版社，1999.
21 《释名崛地》云："地，底也，言其底下载万物也。""土，吐也，吐生万物也。"
22 世界宗教资料 [J].1985(4):31.
23 索南坚赞. 西藏王统记 [M]. 刘立千，译. 北京，民族出版社，2000:121.
24 东嘎·洛桑赤列. 论西藏政教合一制度 [M]. 陈应英，译. 北京，民族出版社，1985:15-16.
25 [意] 图齐，[西德] 海西希. 西藏和蒙古的宗教 [M]. 耿昇，译. 天津：天津古籍出版社，1989:286.
26 [意] 图齐，[西德] 海西希. 西藏和蒙古的宗教 [M]. 耿昇，译. 天津：天津古籍出版社，1989:287.
27 传说中的一种水生怪物。
28 才让太，顿珠拉杰. 苯教史纲要 [M]. 北京：中国藏学出版社，2012:265-268.
29 芭·丹杰桑布. 本教源流弘扬明灯 [M]. 北京：中国藏学出版社，1991:636-637.
30 《瓦歇》由桑旺堆及格德丁波格（西德）从藏文手抄本译成英文，于 2000 年由奥地利国家社科院在维也纳出版.
31 巴俄·祖拉陈瓦. 贤者喜宴 [M]. 北京：民族出版社，1986:303.
32 巴俄·祖拉陈瓦. 贤者喜宴 [M]. 北京：民族出版社，1986:312-315.
33 芭·丹杰桑布. 本教源流弘扬明灯 [M]. 北京：中国藏学出版社，1991:136-137.

3 苯教寺院选址及宗教建筑特点

3.1 选址特点

苯教寺庙的选址根据其产生发展的轨迹有其自身的特点。藏文文献中最早关于寺庙选址的记载亦来源于苯教,据传说苯教的四位先哲曾在藏北著名神山达果雪山下的圣湖玛旁雍错湖边跟随神灵学会了相地之术,并且撰写了相关的书籍。随后的相地学说是在藏王松赞干布时期,藏王松赞干布在位期间曾经向尼泊尔、印度和汉地分别迎请了三位公主,后来由于各种原因印度公主未曾到达吐蕃与赞普完婚,仅尼泊尔和汉地的两位公主嫁到吐蕃并与藏王松赞干布完婚,两位公主的到来自然地连接了吐蕃与其他地方的文化与物质交流。其中被大家所熟知的应当是文成公主根据汉地的堪舆术所绘制的罗刹女仰卧身上的十二座镇妖佛教寺庙的故事(图3-1)。因此,"在传统的苯教相地文化的基础上,吸收了印度佛教宇宙哲学思想和中原汉地风水学等相关方面的文化,逐步形成了藏族特色的堪舆术"[1]。藏族历代高僧大德均对相地之术有所研究。例如五世达赖阿旺洛桑嘉措在《白琉璃论》中就谈到了相地文化;噶举派高僧热噶阿色也著有《相地术珍宝汇集》等论著。

人们修建寺庙的目的是为了能够使其更好地服务于广大僧众信徒,寺庙的选址问题则是修建寺庙的重要条件。选址不是一项盲目的工作,而是人类在改造自然活动中经验和知识的积累。通常影响建筑选址的主要因素是自然和社会这两大因素;但是在藏族社会中,宗教扮演了非常重要的角色,寺庙是宗教活动服务的主体,因此,宗教影响力也是决定寺庙建筑选址的重要因素。

3.1.1 影响寺庙选址的因素

(1)自然因素

建筑是人为营造的使用空间,在环境优越、适于生存的地点修建建筑是人类一种本能的选择。藏族相地术中要求在"十善之地"进行营建活动,"十善"的内容包括便利建筑修建和僧侣生存的自然要素,如土地、水、木材、石材、食物等,这是具有科学性和合理性的基本选择。

虽然各地在语言、文化上有一定的差异,对选址相地的学术定义有所不同,但是从选择基址的实际环境效果看,还是有很多的相似之处。在汉地的风水学说中,选址的基本原则就是"背山面水,负阴抱阳",力求追寻"天人合一"的无上境界(图3-2)。背山面水是指建筑在选择基址的时候,最好要在山坡的阳面且对面有水源湖泊最佳;负阴抱阳即指建筑基址后有山峰,两侧有次峰,形成三面环山之势,山上要有丰茂的植被;前面有月牙形的池塘或是有弯曲的溪流穿过;建筑群体方位最好是坐北朝南;基址位于山水环抱之间,地势平坦且有一定的坡度。在藏地,也有类似的选址原则,"修建寺院的

图3-1 十二镇妖寺位置图,图片来源:《中华遗产》

理想之地应该是背靠大山，襟连小丘，两条河流分别从左右两边流过，寺院坐落在水草丰美的谷底中央。寺院之四极亦应符合要求：东面为宽阔溪坝，南为垒起的丘陵，西为高地，北为高耸的群山"[1]。

靠近水源是每一座寺庙选址前首先要考虑的问题，若寺庙修建的位置缺水，那么必然会导致很多不便，苯教寺庙多选择修建于河流或山泉附近，如日喀则的鲁普寺修建在佩沽措旁边；日星寺的选择是根据山泉而修建的，虽然没有现代化的自来水设备，但是僧人可以背水喝；孜珠寺虽然在山顶修建，其山旁有一口可供寺庙僧人与附近村民日常饮水之用的深井，虽然距离寺庙稍远，但这刚好反映出自然环境对人类生活的重要性。

在自然环境的制约下，西藏各派别寺庙建筑的选址原则基本一致。它们具备这几个方面的特点：首先，建筑大都修建在靠近水源充足的地方；其次，主要建筑朝向坐北朝南，北面的高山可以阻挡寒风，南面能够得到充足的日照时间；第三，尽量把建筑修筑在植被葱郁且地形坚固的地方。

（2）社会因素

社会因素对寺庙的选址也有一定的影响，苯教早期在西藏盛行之时，寺庙大都修建在城市中心位置，到格鲁派时期，由于社会群众对佛教的信仰高涨，使得苯教逐渐失去支持，于是才开始改宗或者将寺庙搬迁至较偏远的地方。

由于社会大众的认可，使得藏传佛教已经深入藏族群众的生活，在日常生活中，藏传佛教的思想和仪轨更是普遍存在。为了满足信徒的需求，这些寺庙大都修建在村庄内部或距离村镇不远处，为村民提供日常佛事活动，同时可能与附近的寺庙保持相互联系，这些寺庙之间的僧人会经常进行串访。

（3）宗教因素

在西藏，基本上每一座寺庙都会有其选址传说，且主要围绕该寺曾出现过的大德高僧的事迹为主，在传说中会出现某些关于选址所呈现的征兆。例如桑耶寺在修建之初，寂护大师对其选址曾表示："东山好像国王稳坐宝座，实在佳妙；小山东犹如母鸡卵翼雏形，实在佳妙；药山好似宝贝堆积，实在佳妙；开苏山像是王妃身披白绸斗篷，实在佳妙；黑山宛如铁橛插地，实在佳妙；麦雅地方宛似骡马饮水，实在佳妙；朵塘地方如像白绸帘幔铺展，实在佳妙。这个地方就像盛满藏红花的铜盘，若在此处修建寺庙，可是实在佳妙啊。"[2] 再如甘丹寺，"宗喀巴大师虽然知道了在旺古日山山下的卓日沃且兴建一座寺院的时机已经到来，但是为消除许多人对此事的疑问和犹豫，并且不产生流言蜚语等错失，宗喀巴大师还是到大昭寺觉卧佛像前祈愿，然后依据灯火及梦境等征兆进行辨查，认定在所有的地点中以卓日沃且最好"[3]。《安多政教史》中对塔尔寺的环境也有这样的描述："天似八辐轮，地如八瓣莲；后山雄伟而秀丽，前山如麦积成堆；南面拉摩日山上，有自显莲花生像；西面高耸石崖上，有自显弥勒佛像；北面达日山之巅，有自显无量光佛像。南方三俱卢舍处，

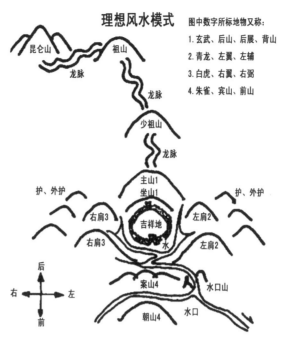

图3-2 汉地风水图，图片来源：《风水理论研究》

图3-3 当惹雍错旁苯教寺庙，底图来源：Google Earth

雪山耸峙而连绵，东南二俱卢舍处，乃是著名桑拉塘，北面群山峡谷中，湟水源远而流长。"⁴ 苯教关于寺庙的选址也都有其历史传说，但没有像佛教这样记录成册，大都以口头论述的方式为主。

在修建寺庙的时候，首先会迎请一位有名望的老僧人去实地考察建筑基地，并决定修建寺庙建筑的基址范围；其次选址的时间必须是经过卜算的吉日，气候条件必须良好，之后还要对所选择的基址进行法事活动。在佛教经典《丹珠尔》中就有如下记载："如果一块地相状与乌龟背相似，会导致死亡或贫困。如果地块北方高起，会有宗族灭绝的忧虑，东面高起而中间低洼，则修习者有毁灭的危险。应该绝对避开这样的地方。""首先，要挖一个齐膝深的坑，用同样的土回填，如果土有富余，这便赋予了吉兆。如果相反，主持者就不应开工。如果施工的话就会有损失，不能得到好的结果。""无论在什么地方，应该挖一臂长深的坑。坑由金刚法师来挖掘，并用同样的土回填，如果土有多余，说明地址很好，如果回填土刚够用，是中等地址。应该避免回填不满的地方，在这样的地方，不能动工。"⁵

3.1.2 靠近神山圣湖

苯教原始自然崇拜中对神山圣湖的信仰十分明显，从藏族流传的各种神话传说中也可见一斑，神山圣湖崇拜是藏族地区普遍流行的一种传统文化现象，它已深深根植于藏族同胞的血液之中，在该信仰的引导下，笔者走访的很多苯教寺庙的选址均都与神山圣湖有着某种不可分割的关系。

阿里地区唯一的一座苯教寺庙古茹江寺位于神山冈仁波齐与圣湖玛旁雍错旁边，虽然其规模形制不是很大，但是选址的位置十分考究，神山冈仁波齐不但是佛教属性的神山，而且还是苯教、印度教等众多教派公认的神山，冈仁波齐神山在属相上属马，每逢马年的时候来此转山的信众络绎不绝，届时会举行祭山法会等多种习俗。存在于那曲尼玛县境内的神山达果雪山与圣湖当惹雍错也是非常著名的，尤其是达果雪山只有苯教属性，围绕达果雪山与当惹雍错一圈分散坐落的苯教寺庙有文部寺、色西寺、玉彭寺与曲揩寺4座寺庙（图3-3），其中还有很多著名的苯教传说与故事流传于该区域。有西藏小江南风貌之称的林芝地区也有很多苯教寺庙，笔者通过实地调研发现其主要分布亦是沿苯教著名神山苯日神山分布的，但林芝地区的苯教寺庙规模都不是很宏伟，其中有位于苯日神山西北侧山腰处的格西拉康，还有位于苯日神山山脚下的大卓萨寺，位于苯日神山西南侧山腰处的色迦更钦寺以及位于苯日神山山顶上的拉日江多寺等著名的苯教寺庙。西藏昌都丁青县著名苯教寺庙孜珠寺的选址也是在其神山孜珠神山上修建的。日喀则地区的知名苯教寺庙梅日寺、热拉雍仲林寺等也是将寺庙的基址选择在山顶或者山脚下。日喀则聂拉木县苯教寺庙鲁普寺的选址非常优美，其西面紧邻佩沽措（图3-4），西南边是一望无尽的连绵雪山与洁白祥云。

苯教的原始崇拜中将高大的神山视为英勇健硕的男子，它们刚毅坚强地挺拔在雪域圣地，坚守着遁迹千年的神话，只为了圣湖瞬间所展现的那一抹蓝。圣湖被藏族人视为女性的象征，其以柔美的身姿将神山围绕，山湖一体便成了亘古的永恒与代代相传的佳话。在神山圣湖间升起的袅袅烟云便是令无数信徒神往的寺庙所在地，见证着神山与圣湖的依舍。

3.1.3 远离城镇

笔者调研过的苯教寺庙在选址的位置上大都远离城镇与乡村，且都消隐在城镇视线之外。这也跟如今苯教在藏族聚居区的传播有关，但在苯教盛行期间的时候却不是这种现象，苯教在吐蕃腹地盛行时期大约是吐蕃第二代赞普穆赤赞普在位期间，穆赤赞普是一位虔诚的苯教徒，并且他对苯教教义的理解与修持也已达到了一定的高度。在他执掌吐蕃大权时期，仅在吐蕃腹地就修建了37座苯教修炼道场，苯教历史上将其称之为"三十七处苯教聚集点"。吐蕃时期将其管辖范围的腹地分为四个部分，其中前藏地区有两个，即"卫茹"和"跃茹"；后藏部分有两个，即"叶如"和"茹拉"。当时苯教的37处修行处便分布在这四个部分。

根据《雍仲苯教续部》记载，卫茹有13处，分别是：阿郎热（今拉萨直贡地区）、当雪奈木（今拉萨当雄县境内）、盆域扎噶（今拉萨潘波地区）、墨竹巴热（今拉萨墨竹工卡县境内）、循之扎玛（今拉萨市西郊与堆龙德庆县交界处）、黑波扎玛（今山南桑耶寺附近）、拉萨叶巴、南之热当（今拉萨地区）、

图3-4 鲁普寺与佩沽错位置关系图，底图来源：Google Earth

纳木错岛、堆热隆（今拉萨堆龙德庆县境内）、吉雪隆纳（今拉萨河下游地区）、热甲阿朗（今拉萨地区）、甲墨卡（今拉萨地区东部）。

跃茹地区有7处：沃卡秀吉（今山南地区泽当附近）、娘域幸纳（今林芝地区尼洋河流域）、工域折纳（今林芝地区尼洋河与雅鲁藏布江汇合处）、叶隆岗瓦、雅隆索卡（今山南乃东县）、隆雪塘玛（今山南扎囊县）、墨竹错雪。

叶茹有8处：武跃萨纳（今日喀则南木林县）、香吉夏采（今日喀则南木林县）、追吉卡冬（今日喀则南木林县）、达纳江普（今日喀则谢通门县）、结吉江廓（及日喀则谢通门县）、达普中列（今日喀则谢通门县）、藏吉皆普（今日喀则萨迦县）、桑桑拉扎（今日喀则昂仁县）。

茹拉有9处：娘堆达采（今日喀则江孜县）、曲果朵仁（今日喀则江孜县）、卡钦扎卡、措阿哲穷（今日喀则定结县）、念孜塘雪（今日喀则定结县）、绰萨卡武、纳萨汤冬（今日喀则定结县）、芒卡朵普（今日喀则吉隆县）、拉域贡塘（今日喀则吉隆县）。

这些道场在苯教兴盛的时期均在城市的重要位置，后期随着苯教势力的衰弱与佛教教派的兴起，上面大部分的道场后来逐渐改宗成为佛教圣地，如今很难去分辨之前是否为苯教道场了，这也不难看出为什么如今的苯教寺庙大都选择在远离城镇的地方修建。这种现象并不是整个藏族聚居区都存在的，在苯教氛围浓厚的那曲地区巴青县境内巴青

图3-5 象征天梯的木棍，图片来源：戚瀚文拍摄

寺的选址，就在县城的中心位置，这跟整个县都是苯教信徒有关。现存拉萨尼木县唯一的苯教寺庙敏珠通门林寺，其选址位置为距尼木县县城驱车约15分钟的一座神山上。西藏昌都丁青县苯教寺庙较多，其中丁青寺的选址也是位于县城步行约60分钟的一座山坡上。可以看出，如今存在于城镇的大多苯教寺庙其在选址上与城镇还是保持一定距离的，主要因素是根据信徒的多少来决定的。

3.2 修建思路

在西藏，寺庙建筑的修建不同于普通民居。其建造规模及修建过程都要比普通民居大且漫长，因为在西藏这个全民信教的"宗教圣地"，能使其精神信仰得到突显的主要物质实体便是寺庙建筑，而修建寺庙的钱财大多是来自信仰该宗教的信徒所布施的，由此可以看出寺庙在人们心中的位置是崇高的。在西藏的寺庙建筑整体上比较类同，所不同的是其宗教信仰或其内外部的装饰纹样。在

图3-6 象征中心说的坛城，图片来源：戚瀚文拍摄

西藏修建寺庙有一套传统的设计思想，本节对其设计思想及寺庙的建筑特点进行略要分析。

3.2.1 苯教建筑设计思想

（1）天梯学说

传说吐蕃的赞普天赤七王均来自天上，他们降临到人间的时候身后都有一根无形的可以连接到天上的绳子，在他们故去之后，他们的灵魂会跟着绳子重新回到天上，所以早期西藏的赞普是没有墓穴的。直到第八代赞普智贡赞普，他在与大臣比武时被大臣刺杀于马下，所以死后就无法返回天界，吐蕃自此有了第一座赞普墓穴，从此墓穴便在吐蕃赞普间运用。以后的人们在山上绘制白色的梯子图案，并认为越往高处离天的距离就越近（图3-5）。很多重要的建筑如宗堡、宫殿等多修建在山的高处，一方面能起到很好的防御效果，另一方面也是等级身份的象征。现存的吐蕃第一座宫殿——雍布拉康就修建在山巅，而且建筑的形式也有拔地而起、直冲云霄的意境。在苯教寺庙建筑中，修建于山顶或半山腰处的寺庙非常多，在此就不一一列举。

（2）中心学说

苯教和佛教的宇宙观认为，世界的中心在须弥山，以须弥山为中心向四周展开形成了宇宙的四大洲和八小洲（图3-6）。世界以须弥山为轴心，向上可以伸展到神灵生活的天界，向下可以延伸到黑暗的地界，在苯教中这种说法又可以分为神界、赞界和龙界。这种学说其中心点是以坛城为中心的，坛城的形式在苯教的建筑中是有所体现的。在中心学说的影响下，藏族信徒认为寺庙便是世界的一个缩影，早期的帐篷和后来寺庙中的柱子都被认为是世界的中心，这也是为什么在寺庙中会有信徒向木柱敬献哈达的原因，在他们的意识中沿着该柱子可以上至天界，

也可以堕落到六道轮回的最底层。

（3）轮回学说

六道轮回（图3-7）是苯教和藏传佛教都尊崇的一套宗教理论，这种理论学说崇尚的是来世的好转，使人们尽量抛弃对金钱利益的追求，认为受到的苦难越多，来世才能够越圆满，得到一个好的归宿。他们所追求的是纯精神层面上的解脱，对物质上没有特殊要求，教徒们终其一生所追求的是其人格的净化和思想的升华。由于藏族是全民信教的民族，这种思想普遍存在于藏族人民的心目中，并通过藏式建筑体现，这也是为什么藏式建筑在造型上比较粗犷的原因之一。在此思想的影响下，藏族建筑的选址、建筑材料及用料大小等方面都受到了影响，比较自然地与雪域高原的特殊环境相互融合，充分体现了天人合一的思想观念，并对后期寺庙或民居的建设有着积极的影响。

3.2.2 苯教建筑基本特点

存在于西藏的苯教寺庙建筑与其他派别寺庙建筑的修建过程及营造手法几乎无相异之处，存在差距的也仅仅是其装饰纹样及经文等方面，因为建筑技术的高低是由生产技术所决定的。下面以苯教寺庙建筑为代表探讨藏式建筑的一些基本的特点。

（1）坚固稳定

藏式建筑最主要的结构特点是夯土墙与其内部木柱梁架结构相互支撑，夯土墙在向上层夯筑的时候墙体会逐渐收分，且墙体的砌筑采用了三种方法。第一种方法是收分墙体，墙体自下而上的倾斜角度一般在5°左右，这样使得建筑的重心就压在了下面一层，保证了建筑的稳定性；第二种方法是通过增加墙体的厚度来保持建筑的稳定性，在西藏墙体的砌筑材料是以生土和毛石为主，这些材料的应用使得建筑物十分坚固；第三种方法是做边玛草墙，边玛草墙应用于建筑的最上层，它的应用使得整个建筑的重量得到了有效的控制，减轻了上层建筑对下层墙体梁柱的压力，起到了既美观又安全的效果。由于技术上的限制，藏式建筑所使用的木梁较短，两个木梁的交接处会有一承重的短木，短木下面是斗拱，斗拱下面是承受其重量的木柱子，木柱子下为柱础石。连续使用几跨柱梁构架便形成了支撑其内部空间的柱网结构体系。这种柱网结构体系的好处是能够将建筑内部空间扩大，并且增强了建筑物内部结构的稳定性。

（2）形式多样

藏式建筑在形式上可谓变化多样，其修建的建筑大都与当地的环境与地形紧密结合，虽然其门窗套型及建筑材料的使用上并无太大差距，但不同地区的建筑都具有各自的特点，环境的差异造就了建筑的个性。从建筑选址上来看，有依山而建的建筑和在平川修建的建筑等；从建筑结构上划分，传统藏式建筑可分为土木结构、石木结构等；从屋面形式来看，有平屋顶和坡屋顶等形式；从建筑平面上分析，可分为矩形、圆形和不规则

图3-7 六道轮回图，
图片来源：戚瀚文拍摄

多边形等形式。由于寺庙所处的地方不同,其地域性特点愈加鲜明。如拉萨有用石墙围成的碉房,林芝地区有用圆木修建的木屋,昌都地区有用实木筑起的碉楼,那曲地区有用生土夯筑的平房。这些建筑类别都从不同的方面展示了藏式建筑形式多样的特点。

（3）装饰华美

与藏式建筑一样,苯教寺庙建筑的装饰也十分考究,不论是其外部装饰构件还是内部雕梁画栋,无一不精。这种装饰是西藏地区宗教文化艺术与建筑艺术融合的结果,藏式建筑在装饰方面运用了平衡、对比、和谐统一等构图手法和审美思想,其艺术造诣之高超,匠人技术水平之娴熟已经达到了一个很高的层次。传统建筑装饰中所使用的艺术手法为铜雕、石刻、泥塑、木雕和彩绘等,装饰中心以室内的柱头装饰与壁画为主,在室外以屋顶装饰为重。其中室内柱头多以雕刻和彩绘为主,室外屋顶多挂置经幡、法轮、经幢、宝伞与铜雕等能够体现宗教元素的建筑构件;室内墙壁上多粉饰以宗教题材为主的彩画;在檐口装饰上主要以石材、黏土等不同材料装饰;门饰中加以如意头、角云子、铜门环等装饰构件;总之这些装饰都是传统藏式建筑中不可或缺的装饰元素,它们的出现从另一个侧面反映了藏式建筑的精美华丽。

（4）色彩丰富

苯教寺庙建筑的外部色彩以简明的大色块为主调,采用红色、白色、黄色、黑色、蓝色,不同的颜色代表着不同的宗教含义,白色有吉祥如意的象征,黑色代表着祛除各种邪气,黄色有脱离世俗的意义,红色有护法之意。苯教典籍认为,蓝色是最为神圣的颜色,如在苯教僧人的服装颜色上会用蓝色进行修饰。这种思想在建筑上也有所发现,如在查根寺寺庙大殿房屋的屋顶处,就用蓝色进行粉饰。

3.3 结构及材料特点

苯教寺庙建筑属于藏式传统建筑范畴,藏式传统建筑的用材特点是因地制宜,就地取材。在砌筑与建造技术上以土石结构和石木结构为主,苯教与佛教的建筑在建造方法与方式上也不例外。本节主要对藏式传统建筑在建造过程中所用到的材料与建造技术等进行详细论述,然后再以此为据对苯教寺庙建筑的装饰特点进行阐述。因西藏地域辽阔,在藏式建筑共性的基础上,会有一定的差异性,由于缺乏考古资料和调查范围的局限,只能根据笔者所调研的实物及资料来进行论述。

3.3.1 基础与墙体特点

1. 基础

和汉地建筑一样,藏族建筑在修建的时候也要做基础,但位于山顶或山坡处的建筑大多不开凿基槽,只是在基础部位清除浮土直至露出坚实的山石为止,然后将基底凿平即可进行砌筑（图3-8）。在山地修建建筑一般的做法是用炸药将浮石炸碎,但这种方法并不是很妥当,在爆破的同时也会将山石层震酥,使得修建在其上的建筑从长远看并不牢固。在河谷平原地区,基槽的宽度要略大于墙体,其深度要根据不同地质的土壤状况而定。基本做法是挖好基槽后,先将底层夯实,然后铺一层较大石块的底石,再用碎石和泥浆塞缝继续夯实,然后再砌筑一层石

图3-8 藏式建筑基础照片,图片来源:戚瀚文拍摄

块，同样用碎石和泥浆夯实，待基础出地面有两层石块以后，即为室内地平层，之后再在该层以上砌筑墙体。

2. 墙体

藏式建筑的墙体按照材料来分一般有石墙（图3-9）和土墙两种，其中土墙有土坯墙和夯土墙两种做法，石材墙体与夯土墙在砌筑的时候要进行收分，土坯墙一般不收分。通常藏式墙体的内墙是没有收分的，收分墙能够使得建筑整体相对稳固。一般一层建筑的外墙最厚，其厚度在0.5~2.0 m，其中规格比较高的寺庙其外墙厚度可达到4.0~5.0m，且墙体外壁向内侧的收分角度为6°~7°，一般收分厚度为建筑高度的1/10左右，砌筑墙体全凭施工经验。在传统藏式夯土墙结构中，只有加大墙体的厚度才能使墙体的承载能力得到提高。采用这种做法一方面是能够满足墙体自稳定的需要，另一方面就是能够保障建筑物总体结构的稳定性。藏式传统建筑物内各层木架上下之间并没有相互连接，只是在每层柱子的柱位相互重叠，但有时上下柱位并不重叠。椽与梁柱之间也只是上下搭接，并没有一个可将上下固定的结构构件。采用墙体收分这种外部处理手法，有效地减轻了墙体上部重量，增加了建筑物的稳定性，提高了建筑的抗震效果。

（1）夯土墙

夯土墙（图3-10）是藏式传统建筑的砌筑手法，其特点是建筑外墙从立面上看自下至上会有一定的收分。夯土墙是由含有一定

图3-9 石块墙现场施工照片，图片来源：戚瀚文拍摄

砂石的黏土制成的，黏土本身有一定的含水量，以紧捏能成为一团，但轻轻一捏便可散开为宜。在工具的使用上有木夹板、夹具及夯杵等。夹板的宽度约为0.4~0.5 m，厚度为0.1 m，长度为1.8~2.2 m。夯杵的长度一般为1.5~1.8 m，一头的断面呈方形，另一头的断面呈圆形。在施工时首先在夹板底部等距离放置三根横木，横木的长度根据墙体的厚度确定，其长度等于墙厚加内外两夹板的厚度再加两出头的厚度，出头两端各凿孔洞，横木直径约10 cm。根据墙体的厚度，在横木上立夹板，并用夹具进行固定。每组有一根顶木，其长度等于墙厚加两夹板的厚度，其上有一根可绞紧固定两根夹木及顶木的绳索。待一切安置完成之后便可在夹板内铺土进行夯筑，一般每板分三步或四步筑成，夯筑完成一板后，再平移夯筑另一板，待夯筑完成一圈墙体之后，便可以提升夹板及夹具，到第二层继续进行夯筑。在建筑墙体的转角处夯土层上下错开互相咬合，提高转角处的整体刚性。有的工匠在上下两板之间会铺设一层小石块，其作用是能在墙体逐渐干燥的过程中避免墙体出现裂缝。

图3-10 夯土墙现场施工照片，图片来源：左图戚瀚文拍摄，右图汪永平拍摄

图3-11a 土坯砖晾晒现场照片,图片来源:戚瀚文拍摄

图3-11b 土坯砖现场施工照片,图片来源:戚瀚文拍摄

图3-12 地垄墙(古格宫殿遗址),图片来源:汪永平拍摄

（2）土坯墙

藏式传统建筑内墙主要以土坯（图3-11）砌筑为主,土坯砖的常见尺寸为 11 cm×23 cm×48 cm。且在墙体之间用外露的木柱作龙骨,内墙的墙体厚度一般在20~30 cm,与木柱的直径略同。土坯墙在砌筑上用泥浆作为黏结材料,其筑法分为顺砌和立筑。土坯墙在制作方法上通常采用湿做法,即先按照一定比例将含有一定泥砂石的材料在木模内成型,然后脱模风干即可。制作加工人数在5至7人,和泥需要2人,运泥需要2人,制坯需要1人。土坯墙的砌筑方式以一顺一丁为主,有的工匠在砌筑的时候会注意上下层的错缝问题。一般土坯墙是不直接与基础相连接的,其间会有一到两层石砌墙。砌筑做法：先砌筑一层土坯砖,然后上铺一层稀泥找平层,在找平层上再砌土坯砖,如是循环。有的墙体在两层土坯砖之间会加入一层厚约2.0 cm,长约1.0~2.0 m的木板,其目的是防止土坯砖墙在砌筑和使用的过程中产生不均匀沉降,增加墙体整体的稳定性。

（3）地垄墙

地垄墙（图3-12）一般在规模比较大的建筑中才能见到,在依山建筑中用作建筑物的基础,且其墙体要厚很多,根据建筑物的规模形制和选址情况来修建地垄墙的层数。地垄墙一般为一层,也有4至5层的。地垄墙为竖向砌筑,与外墙横向连接,这样可以增加上层建筑的荷载承受能力。一般地垄墙都要预留通风口或者在其外墙上开设小型窗户以解决通风和采光等问题。地垄墙层在通常情况下是不会住人的,主要用作储藏室。地垄空间一般为2.0 m左右的方形平面,其高度是根据建筑选址的地质与地形条件来确定的,一般比较低矮。依山建筑中一般把地垄墙作为建筑物的基础和抬高建筑整体高度的主要手段。

依山修建的传统藏式建筑地垄墙的做法,不仅可以节省大量资源,而且还可以起到挡土墙的作用。若采用整体墙抬高上层房屋的基础,那样会消耗极大的劳动力和大量建筑材料,而且在整个墙体的自重和下滑推力的作用下,很可能会导致整个建筑开裂甚至出现倒塌的危险。因此地垄墙这种形式是藏式工匠们经过多年的实践摸索与积累所凝聚成的极富智慧的建筑手法之一。

（4）边玛檐墙

边玛檐墙（图3-13）是在西藏寺院屋顶女儿墙处使用最多的一种建筑做法,边玛檐墙仅用在寺庙及大贵族庄园主楼的外墙顶部,高度在1.0 m左右,在一些大型且重要的建

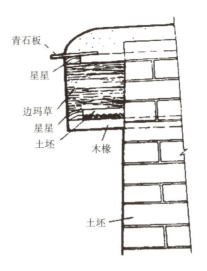

图3-13a 边玛檐墙施工照片（左），图片来源：汪永平拍摄

图3-13b 边玛檐墙构造图示（右），图片来源：《西藏传统建筑导则》（星星又叫嘎玛，位于建筑屋顶边玛草墙上方或下方，起装饰作用）

筑上，边玛檐墙可以从整个寺庙建筑顶层开始。

边玛檐墙是用晒干后的柽柳树枝捆扎后堆砌而成的。其具体的做法是将柽柳树枝剥皮晒干，用细的生牛皮绳子将晒干后的柽柳枝捆扎成直径为7.0~8.0 cm的小束，生牛皮干硬后会自然收缩，能够将这些小束捆得更加结实。整个边玛檐墙就是由一束束柽柳枝堆砌而成的，每一束边玛檐墙草捆的长度为0.25~0.30 m，最长的能达到半米左右。在施工中将每一小束之间用细木签进行穿插，使之成为大捆。然后将截面朝外堆砌在建筑的女儿墙外檐处，并用木槌敲打平整，女儿墙内墙仍然用块石垒砌。一般柽柳枝的厚度为整个墙体厚度的三分之一。由于柽柳枝的截面比较粗糙，其梢端较细，在砌筑时会产生缝隙，因此在处理的时候需要用碎石和黏土将柽柳枝和石块之间的空隙填实。最后采用当地土方法将红土、牛胶及树胶熬制的粉浆涂抹在枝条的外表面，使其颜色成为赭红色。边玛檐墙上的镏金装饰构件，直接固定在预埋于檐口中的木桩上。边玛檐墙上下都铺设有装饰木条和出挑的椽头，木条上面有垂直的杆件，杆件中间留有孔洞，在固定的时候直接用细木条插入孔洞中然后将木棍压入柽柳枝束内加固（图3-14）。在椽头两端安放出挑的薄石片，石片上边是用阿嘎土做的像馒头状突起的保护层，边玛檐墙在收分上是不做处理的。

3.3.2 梁柱特点

（1）梁架

藏式建筑的梁架组合与汉地建筑相似，都是榫卯搭接（图3-15），在受力方式上仅以上下搭接为主，在柱子的柱头处加栌斗和替木等构件来增大梁柱之间的接触面积（图

图3-14 边玛檐墙照片，图片来源：汪永平拍摄

图 3-15a 柱头处结构连接构件（左），图片来源：戚瀚文拍摄

图 3-15b 梁柱构造示意图（右），图片来源：《西藏传统建筑导则》

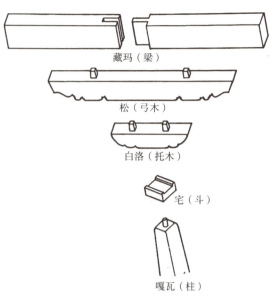

图 3-16a 藏式雀替构造示意图，图片来源：《拉萨建筑文化遗产》

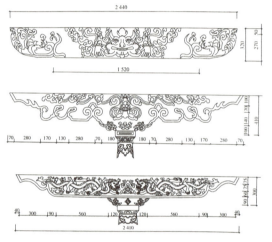

图 3-16b 藏式雀替照片，图片来源：戚瀚文拍摄

和墙体共同承重的土木混合结构（图 3-17），梁柱纵向排列组成排架，即一根柱子的房间是一柱二梁；两根柱子的房间是两柱三梁，若梁柱排架是横向排列的，则是两柱四梁，用纵架排列可以省去一根横梁，所以在缺乏木材的高原地区，一般都是以纵向梁架排列为主。一般普通民居若一个房间内有四柱或六柱的房间，则可被称为厅。寺院建筑由于规模发展，僧众增加，其梁架的结构仍在传统的纵架基础上发展。

在寺院的殿堂内，在柱头的斗上，使用两重托木，其上放置横梁，梁上放置两块稍宽于梁的木板，板上垂直于梁的方向施两重短椽，其上再置椽木，这种方式因挑出的短椽看似十分轻盈，故又被称为"飞子木"（图 3-18）。这种做法在不增加梁柱用料的基础上，使得殿堂内部的高度得到了有效的提高。在柱头及上面的托木、板等的侧面雕刻花饰、莲瓣、经叠、佛像等并施以彩绘，凸显了寺庙建筑在藏族人们心目中的美好印象。

（2）柱子

藏式传统建筑的承重体系除了外墙承重外，建筑内部由木柱与木梁来承重。藏式木柱子的长度一般在 2.0~3.0 m，其柱径

3-16）。在梁的上面放置椽子，梁与椽子靠近墙体的一段搭在墙上，这样就形成了梁柱

图 3-17a 梁与承重墙共同承重方式（左），图片来源：戚瀚文拍摄

图 3-17b 檩条与承重墙共同承重方式（右），图片来源：戚瀚文拍摄

为 0.2~0.5 m。柱子的粗细是由大殿的等级来决定的，低等级房间内柱子的柱径较细，高等级大殿房屋及门厅内的柱子所用的木料必定高大粗壮。寺庙内柱子的柱径截面形状一般可以分为圆形、方形及多边亚字形等（图 3-19）。多边亚字形木柱的做法是在方形木料四边附加矩形边料。主料和边料的连接是在相对应的位置上打上榫眼，在榫眼内镶入木销和楔子，其外围沿柱身上下用两至三条铁条箍紧，柱子自下而上是逐渐收分的。藏式柱子一般由柱础、柱身和柱顶三部分组成，其中柱顶又可分为栌斗和托木两部分。

早期藏式建筑的柱础石是露出地面的，大约在元代之后藏式建筑的柱础石在修建的时候都埋在一层地面之下，其上再放置柱身，柱础石的材料是由石料打制的（图 3-20）。在柱子的选择上以方柱为多，圆柱大多用在僧舍及民居中。寺庙建筑的门廊处一般会有几根多角柱子，因为多角柱的断面与坛城图案有相似之处，具有宗教意义，为宗教建筑所青睐，苯教寺庙的门廊处一般会有几根多角柱子支撑，以显示其重要性。其做法是用竹梢和胶水在方柱的每面加贴一两块比柱面稍窄的木板，使断面形成多角。若每面加贴一块木板则形成十二角形四棱柱，若每面加贴两块木板则形成二十角形八棱柱，一般柱子的材料均为木质，也有石柱的出现，笔者在日喀则南木林县梅日寺调研时发现其拉让大殿一层的柱子为整根石柱。

圆柱在西藏普通的民宅和僧舍中比较常见。因为它是根据木材的生长形状稍作加工就能直接使用，在放置时柱径粗的一端在下面，柱径细的一端在上面，这样不但保证了结构上的稳定性，也使得柱子本身就有了收分。

图 3-18 飞子木构造示意图，图片来源：左图戚瀚文拍摄，右图《西藏传统建筑导则》

图 3-19 藏式柱子形状示意图，图片来源：戚瀚文拍摄

图3-20 藏式柱础石，图片来源：《拉萨建筑文化遗产》

柱顶由坐斗、雀替及长弓等组成。一般柱子的柱头处都会有坐斗，其平面形状与柱子相同。在民居中有的柱子是不用坐斗的，民居建筑中坐斗的做法比较简单，在柱头下刻一道深槽，如坐斗的形状而已。寺院建筑及纪念性的建筑柱头处都会有坐斗，其大小与柱子顶部相等，坐斗与柱头之间用插榫连接。雀替在柱头坐斗之上，藏地一般叫做托木，藏语为"修"，因其形状如同一张弓，所以也被称为"弓木"。托木在柱头承托上面的枋木，增大了柱头的承接面，也确保了枋的承载能力，是藏族聚居区建筑梁柱搭接节点上必不可少的建筑构件之一。一般民居建筑内仅有一根托木，其宽度大于柱头和其上面的梁枋，其两端作曲面形状。寺院及大型建筑在柱头坐斗上一般会放置两层托木，并且下短上长。下层托木两端作曲线，外形如元宝，俗称"元宝木"。上层托木长度一般大于半个柱距，两侧面中部雕刻佛像或花饰，两端做曲线装饰，上层长托木俗称长弓，长弓上为木构连接梁

枋。梁枋的长度一般在2.0 m左右，高度在0.2~0.3 m，寺院及大型建筑的梁断面为矩形，一般民居及僧舍建筑梁断面为圆形。梁上为密排的椽子，椽子有圆形和方形两种，圆木用于普通僧舍用房，方形用于等级较高的建筑中。椽木上铺设木板或石板及树枝等，藏式建筑内增加层高的做法是梁上叠放基层梁枋木和出挑的椽头，其上再铺设椽子木，这样可以使得该层的层高得到明显的增加。为了美观，在出挑梁枋木之间嵌有木挡板。椽子与墙体交接处的处理手法是将椽子直接插进墙体，其深度为墙体厚度的2/3。

3.3.3 楼梯特点

藏式传统建筑的上下交通主要以梯子为主，梯子是承接上下层空间的自然纽带。其中主要的形式有石梯和木梯两种类型，且梯子的坡度都比较大。室内梯一般为木质楼梯，且楼梯两侧为安全起见设置有木扶手；室外一般为单根木梯或者石梯。下面就对作为交通空间组织的楼梯进行介绍。

（1）石梯

石梯用于室外台阶踏步处（图3-21），某些苯教寺庙的佛殿大堂内也用石梯，其特点是连接的空间平面高差较小。石梯的宽度一般为1~5 m。若建筑修建在山势比较陡峭或坡度较大的地方，石梯的休息平台每2~5个踏步增设一个。这些石梯及其平台多采用基础墙的做法，石阶下为墙体，墙体之间用原木密铺，原木上边为块石铺砌的平台。当建筑物依山修建的时候，这些石梯便是工匠们根据山体的走势雕凿的天然石梯，这种做法既节省经济，也使得雕凿之后的石梯经久耐用不易损坏。

（2）木梯

藏式木梯有单排、双排和三排等形式，以单排和双排最为常见（图3-22），一般住宅均用单排木梯。藏族木梯的特点是梯带和踏板很厚，均在7.0~8.0 cm以上，有的木梯

图3-21 石梯照片示意图，图片来源：戚瀚文拍摄

只有踏板而无踢板，且楼梯比较陡峭，其与地面的夹角大于45°。

木梯的做法是在楼梯的两侧开槽，然后将木踏板插入其中。为了减少磨损，在踏步木板上包贴铁皮。由于藏式木梯的坡度很大，在木梯的两侧梯带上安放扶手是其必然的选择，且扶手与梯带的距离下小上大，不与梯带平行。扶手的端头用铜皮包裹，并根据寺庙的财力情况进行外观上的装饰。有的寺庙在木梯搭接的二层出入口处安放可开启的门扇，只有从二层才能打开或关闭该门。在民居等小型建筑内其木梯为单根木头削制而成，在使用的时候直接搭接在二层房屋的屋面处，独木梯端头伸出屋面约1.0 m，便于上下梯时扶用。独木梯与地面夹角较大，一般均超过70°，上梯的时候要手脚并用才能使身体保持相对平衡，下梯的时候要面向梯子，也要手脚并用方可保障安全。

3.3.4 廊道及天井特点

连廊是连接室内空间和室外空间的过渡，也是连接各个房间的通道。藏式建筑中的连廊一般以室外连廊比较多，它可以在二层起到户外平台的作用，为一层遮挡风雨，是藏式建筑中比较常用的一种设计手法。在建筑物的底层，连廊通过廊柱的形式出现，底层外部廊与建筑物的内院相连，之间没有明显的分界（图3-23）。在内院式的藏式建筑群楼中，天井的四周每层基本上都修建有外廊，廊外的防护栏杆在藏语中称为"众角儿"。藏式连廊根据所处的位置不同可以分为檐廊、门廊和窗廊三种，且均为木质结构。

传统建筑连廊的宽度一般为1.0~2.0 m，主要依托于外侧的廊柱，其内侧的木构架与墙体相连。廊柱、栏杆及扶手等内廊构件之间以及外廊构件与主要建筑的木构件之间通过榫卯方式，多以暗梢连接，凸显了藏式建筑的特点。

图3-22a 单排木梯照片，图片来源：戚瀚文拍摄

图3-22b 双排木梯照片，图片来源：戚瀚文拍摄

图3-23 室外连廊照片示意图，图片来源：戚瀚文拍摄

图 3-24 室内采光天窗照片示意图，图片来源：戚瀚文拍摄

3.3.5 楼面与地面特点

藏式传统建筑的屋顶形式以平屋顶为主，寺庙主要佛殿的屋顶形式为歇山屋顶。按照屋顶处所使用材料的不同可将其分为石板屋面、木板屋面、阿嘎土屋面、镏金铜皮屋面等几种形式。

藏式平屋顶屋面结构分为三层。第一层是承重层，根据房屋的等级不同在屋面椽子上密铺直径 6.0~8.0 cm 的圆木或木板作承重层，高等级的房屋一般密铺整齐的小木条，等级稍次一点的房屋铺设木板，再次一点的房屋其屋顶第一层铺设的是经过简单修整的树枝和荆条，然后在承重层上铺设卵石或碎石层，防止承重层的木结构腐烂。第二层是阿嘎土垫层，其做法是在卵石层上铺设厚度为 10 cm 左右的黏土垫层，找平，闷水，然后夯筑平整。第三层便是阿嘎土层（图 3-25），阿嘎土层的厚度约为 20 cm。制作面层的阿嘎土要有一定的黏结性，其抗渗性能主要靠前期对阿嘎土的夯打密实和后期的浸油磨光（图 3-26）。阿嘎土在夯筑的过程中要不断地对其进行泼水，使其充分吸收水分。待夯筑到其表面起浆后再继续添加阿嘎土继续洒水夯筑，等面层密实后要将泛起的细浆清理干净，然后在其上涂榆树皮胶并用卵石进行打磨，最后在其上涂菜籽油或青油 2 至 7 次，以油渗透阿嘎土面层为宜，以提

通常藏式建筑在大楼的底层或从二层中部做内天井（图 3-24），直通顶部，而形成一个天井式院落，四周的建筑都可通过中间的天井采光和通风，这是解决大跨度建筑内部采光的有效手段。藏式建筑的天井分为开敞式和封闭式两种。开敞式天井用于层数比较多的僧舍及民居建筑中，天井面积通常逐层加大，即天井在每层屋顶处做退层，一般处于天井南边的建筑不做退层，天井北面及东、西面退层，且要保持天井在每层都要有连廊将其四面环绕，保持交通流线畅通。封闭的天井一般在进深相对不大的建筑中使用。

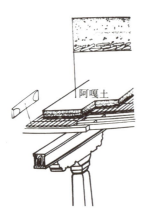
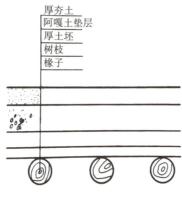

图 3-25 藏式平顶屋面构造及做法图示，图片来源：左图《西藏传统建筑导则》，右图汪永平拍摄

高面层的防水防裂性能及光洁度。一般夯筑的时间越长，阿嘎土层的质量就会越好，通常阿嘎土面层的打筑时间为一周左右。

除了阿嘎土铺设屋面外，还有用黄土进行铺设屋面的，这种做法在低等级的建筑中才用到，其做法比较简单，就是在垫层上直接铺设一层塑料薄膜，起到防水的作用，其上覆盖厚度为20 cm左右的密实黄土。

歇山屋面用在寺庙的大殿屋顶处（图3-27），其材料以木板和镏金铜皮为主，歇山屋架有三檩和五檩两种形式，三檩屋架的做法是由歇山山花两端的人字斜梁，三架梁与脊檩、檐檩端部组成三角形屋架，中间的三架梁与脊檩之间用斜枋连接。三檩屋架在脑椽与檐椽交接处有明显分折线。五檩屋架的做法是在斗拱上安放五架梁，梁上立三根童柱，分别支撑脊檩和金檩。童柱两边都有人字支撑，五架梁与脊檩之间还有纵向联系的斜枋支撑。藏式歇山屋顶屋角处飞檐做法可谓完全仿照汉地做法。其做法是，在主殿屋顶面上铺设一道与金顶平面相吻合的地梁，其上架设立柱、额枋、斗拱（图3-28）等结构构件。屋顶内的高度比较低矮，梁架交接形式比较简单，没有固定的做法，最终在外形上是歇山顶的造型，其上铺镏金铜皮，使得寺庙看上去更加得庄重与华美。

在藏式传统建筑屋面中最大的技术难度就是屋面的防水处理。为了防水，屋面阿嘎土的厚度一般在15 cm以上，高等级的建筑采用双层阿嘎土屋面，并做泛水处理。除了

图3-26 阿嘎土打制现场，图片来源：戚瀚文拍摄

大殿建筑做阿嘎土屋面，其他低等级的建筑是不做阿嘎土屋面的，若遇有大雨，首先利用泛水将雨水排放，然后靠屋顶的夯土层将雨水自然吸收，这种做法可以抵挡短时间的暴雨，若遇到长时间的雨水，这种屋顶是不防雨水的，因为高原天气的特点，大部分地区基本不会出现下雨周期很长的情况，故土屋面在使用上是可行的。但雨后土屋屋顶是不能直接上人活动的，须待到屋面稍干，要用木板拍压屋面对其进行保养。冬天下雪后

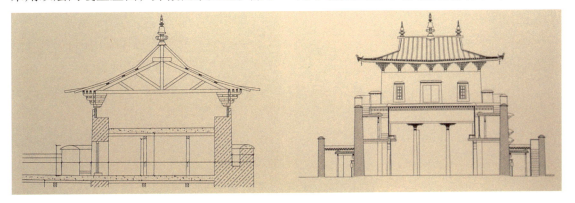

图3-27 寺庙金顶剖面及立面示意图，图片来源：《拉萨建筑文化遗产》

图 3-28 金顶下方斗拱示意图，图片来源：《拉萨建筑文化遗产》

要对屋面进行锄雪，以防止雪化之后浸湿屋面而漏水。在西藏很多建筑屋面由于长时间缺乏保养，以至于出现屋面产生裂缝及渗漏等情况。很多居民不懂得如何处理这种情况，不清除裂缝或破损的屋面，而是在屋面上重新布一层新土，或再做一层阿嘎土，多次不合理的处理，使屋顶厚度逐渐增厚，加重梁柱所承受的荷载，使梁柱出现歪闪等现象，最终导致建筑损毁。

3.4 构件装饰特点

3.4.1 门窗装饰特点

（1）门

藏式传统建筑的门窗有其自身的特点，一般寺庙殿堂的门较高大，民居和庄园的门普遍低矮。藏式大门门洞尺寸较小，一方面

有利于保温，另一方面可能与宗教有关。寺庙大门的装饰以宗教题材为主题，雕刻内容以堆经、云彩为主，绘画以莲花、云纹和动物图案为主。有的民居建筑在门头上悬挂牛头、羊头等动物的骨骼。门的材料以木材为主，部分地方用金属装饰，如铁皮和铜皮。门的形式大多为实木板门，门扇自重较大，但坚固耐用。

藏式门由门扇、门框、门枕、门槛、门脸、门斗拱、门楣、门帘、门套及门头构成（图3-29）。门框四周雕刻莲花、堆经、动物及人物等图案。门洞两边涂以黑色的巴卡，门楣处有以雕刻为主的装饰。

西藏的门没有统一标准，普通民居的大门为单扇门，门扇宽度一般在0.9 m左右，宫殿和寺庙的门一般为双扇及多扇门，且单扇门宽在0.8 m左右。

门框分内外两部分，内门框宽度一般在12~30 cm之间，用彩绘或雕刻图案进行装饰。外门框宽度一般较窄，起固定的作用。

门枕是用来固定门轴的承重构件，通常门枕为一整块木料或石料制成。在放置时一半在门框内，另一半露在门框外，在门枕中间与门框连接的地方凿有凹槽，用来插放门槛。

门槛是在门扇下紧贴地面的一条横木，门槛的高度一般小于30 cm，藏式门槛常见的有木门槛与石条门槛两种。

门脸位于门框外，一般由木料制成，厚度在15 cm左右，门脸由两部分组成，内层以彩绘或者雕刻装饰为主，外层用木头雕刻凹凸起伏的方格，组成"堆经"。

门斗拱一般用于院门或主体建筑大门处（图3-30），起到强调入口和装饰的作用。斗拱外形类似一个等腰三角形，按照结构层分为三层，第一部分为最底层的托木类似梁头，直接插入墙内，端头呈弧形状；第二部分为三层的支撑方木类似散斗形状，各层方木的个数一般为单数，不大于7个；第三部

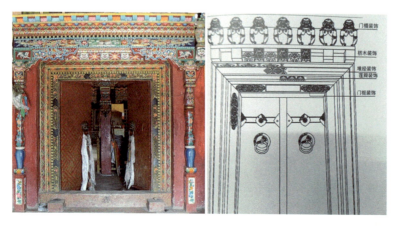

图 3-29 寺庙大门照片及各部分名称示意图，图片来源：左图戚瀚文拍摄，右图《西藏传统建筑导则》

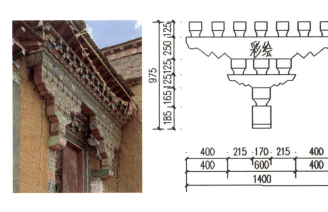
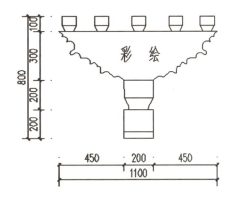

图 3-30 大门前斗拱照片及基本尺寸,图片来源:左图戚瀚文拍摄,右图《西藏传统建筑导则》

分由两块横木组成。在安放的时候一般将方木放于托木之上,其上用横木隔开,横木上面再放置方木,依次交替放置。

门楣的作用类似于雨篷,防止雨水对门及门上装饰构件的损坏,门楣在门过梁的上方,用两层以上的短木椽逐层出挑进行装饰,短椽外挑部分略向上倾斜(图3-31)。一般上层短椽要比下层多挑出一截,椽子个数比下层多两个,上下层椽子用木板隔开。最上层木板上再放一层薄石板,石板上用黏土做成斜坡以利于雨水的排放。门楣的长度一般要大于门过梁的长度。

寺庙大门门帘有两种形式,一种是门楣帘,一种是门框帘。门楣帘置于门楣盖板下,是由红、白、蓝等颜色的布料组合成带有褶皱的帘子,或是用有镂空花纹的宽度较窄的铁皮制作。门框帘一般比较大,由布料或牛毛编织而成,覆盖在整个进户门外面。

(2)窗

藏式窗户除满足室内的采光与通风要求外,还具有装饰作用(图3-32)。传统建筑窗户的特点是:洞口尺寸小,窗台高度低,窗套形式多。洞口尺寸小是因为高原气候寒冷,较小的门洞有利于保温,其次是藏式房屋层高较低,且早期各部落及地区之间纷争,较小的洞口有利于防御,第三个原因是宗教方面的,有辟邪作用。藏式窗户的窗台较低,一般在20~60 cm高,主要是受到房屋层高的限制。窗户装饰较多,以绘画为主,局部进行雕刻。窗的材料以木质为主,其开启方式

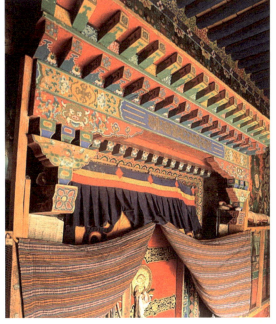

图 3-31 门楣照片,图片来源:戚瀚文拍摄

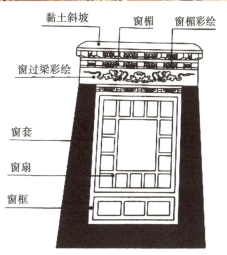

图 3-32 藏式窗户各部分名称图示,图片来源:《西藏传统建筑导则》

常见平开窗,部分为固定窗,平开窗使用的连接构件简单,制作方便(图3-33)。平开窗有外开与内开两种开启方式,以外开窗居多。固定窗在一定程度上只起到采光的作用,但构造简单,密封性能好。

藏式窗户主要由窗框、窗扇、窗楣、窗帘、

图 3-33 藏东寺庙窗户，图片来源：赵盈盈拍摄

窗套、窗台等部分组成。

窗框形状为矩形，用来固定窗扇。宽度一般在 5~10 cm 之间，在施工时常刷一层油漆，以保护窗框的使用。

窗扇是窗户的重点，也是室内外通风采光的主要部分，窗扇安装在窗框内，每扇窗扇四周均用木条固定，内装木板或玻璃，窗扇有可开闭和固定两种形式。固定窗扇一般位于窗框的上下两部分，中间部分为可开闭窗扇。

窗楣起到防止雨水的作用，一般做成短椽的形式，其构造方式与门楣相似。窗帘分为窗楣帘和窗框帘两种，窗楣帘置于窗楣盖板下，其颜色与造型也与门楣的造型相似，窗框帘与门框帘也相同，在有些寺庙中，窗框帘比较大，可将上层的窗户及下层的大门整体覆盖，起到整体遮阳的效果。

3.4.2 梁柱装饰特点

藏式传统建筑中梁的装饰以木雕和彩绘为主。梁在整个室内装饰中起到关键的作用，梁的装饰会根据其长度进行划分，工匠会在所划分区域内绘制梵文、经文，或者绘制各种花卉、鸟兽及人物等图案。梁下雀替装饰亦是精美，雀替一般由长弓与短弓上下叠合而成。雀替的形状大小会根据建筑的等级而定，在装饰上工匠一般以先雕刻后着色的方式进行，达到较好的室内装饰效果。简单的雀替形状为梯形，用于民居或建筑的底层，只起到结构的作用。宫殿或寺庙内的雀替都是精心镂刻的，尤其是雀替长弓的形状纷繁复杂，常见的形状有祥云状和花瓣状（图 3-34）。

柱子的装饰包括柱头、柱身、柱带及柱础等部位。柱头部位以彩绘和雕刻为主要装饰，图案为梵文或莲花灯，柱身用彩绘装饰，等级较高的寺庙柱身处会有雕刻。柱带装饰图案用宗教法器、兽头、花卉等纹饰。柱础以雕刻装饰为主，但大多数寺庙的柱础均埋于地面面层之下。

3.4.3 屋顶装饰特点

藏式传统建筑的屋顶装饰有宝瓶、经幢、经幡等装饰形式，寺庙建筑的屋顶常用金色。金顶是藏式宫殿寺院建筑中重要的装饰，除此之外还有经幢、宝瓶及祥麟法轮等装饰构件（图 3-35）。

金顶用在寺庙大殿的屋顶处，用镏金铜皮制作，以反映建筑的地位等级。金顶的正脊中间用宝瓶装饰，宝瓶在西藏的历史上是一个地区政教权力的象征。经幢设置在屋顶的四角处，也是寺院建筑屋顶的重要装饰物，其高度一般在 2.4 m 左右，直径宽度

图 3-34a 以动物题材为主的雕刻（左），图片来源：戚瀚文拍摄

图 3-34b 以经文与植物题材为主的雕刻（右），图片来源：戚瀚文拍摄

在 0.76 m 左右。祥麟法轮是每个寺院屋顶装饰的必要元素，祥麟能够使人们的精神世界得到净化，指导信徒坚定自己的信仰，法轮能够无休止地运转，摧毁世间的邪念与罪恶。

3.4.4 墙体装饰特点

藏式传统建筑中墙体装饰有彩绘、壁画、石刻等装饰。

宫殿寺院赭红色女儿墙上的铜雕装饰物，在藏语中被称之为"边坚"，铜雕上所用的装饰图案以佛八宝为主。石刻一般不常见，用在墙体的重要位置，有宗教寓意，也起到了独特的建筑装饰效果。

藏式传统建筑中外墙面一般为白色，寺庙建筑中主要大殿的外墙颜色为红色，也有黄色。内墙面以壁画为主，民居和一般建筑内墙面多使用彩绘。寺庙建筑内墙面绘制的彩画有七种题材，第一种是宗教题材的壁画，宗教画一般在大殿门廊处是四大天王的人物图案，在四大天王两边墙面上绘有表现宗教世界观的"坛城"画及"六道轮回"图等，这些壁画描绘了西藏宗教所传达的思想；第二种是人物传记画，这些画在寺庙大殿殿内四周的墙壁上绘制，用几十幅连续的画面，以故事的形式向人们展示宗教大师的生平事迹；第三种为个人崇拜的肖像画，以历史人物和上层高僧喇嘛为绘画对象，显示对他们的尊重；第四种为故事画，画中以藏族的起源说中猴子变人的故事最为著名；第五种为风俗画，这种画来自藏族社会生产活动，反映了藏族人民对生产、生活和娱乐等方面的态度；第六种为建筑画，藏式传统建筑中有许多宏伟壮观的建筑画形象（图 3-36），这些壁画是难得的关于藏式传统建筑营建的形象资料，具有重要的研究价值；第七种为历史画，其特点是尊重历史发展轨迹，以具有转折性的政治事件和活动为主。

图 3-35 寺庙屋顶装饰构件照片，图片来源：戚瀚文拍摄

图 3-36 寺庙墙体内以建筑题材为主的彩绘，图片来源：戚瀚文拍摄

3.5 施工方法

在长期的实践活动中，藏族工匠们在施工和技术上已经慢慢形成了自己的一套体系，能够在较短时间内，或在施工条件不理想的条件下，修建工程浩繁、技术复杂、高质量的建筑。一座大型建筑需要很多工匠来完成，其修建周期较长，而民间建筑特别是农村自建的住房，通常请几位木石匠师傅及村里的邻居帮忙便可修建完成，在支付酬金的时候只给予请来的木匠和石匠，亲友及邻居一般只需提供吃住，因为亲友及邻居所用人工是平时积累下来的"互换工"，即平时别人修建房屋等去帮忙而不收取酬劳，这样便积累下了互换工，这是农村所形成的一种常见的

互助形式。在建筑设计方面，一共修几间房，几段围墙，房主平时就已经计划详实，在施工前和工匠们一起商量决定即可。本节将对传统建筑的施工及工种进行简单论述。

3.5.1 施工工种分类

藏族传统建筑工程的工种按照专业可分为木工、石工、泥瓦工、铁工、彩画油漆及裁缝这几个工种。各工种专业的学习并没有专门的学校，而是采用传统的师傅带徒弟这种形式，一般选择一个工种就会一直干下去，经过长期的劳动及实践操作，成为能够出去接活的工匠，他们大都训练有素，技艺娴熟。其中建筑设计是由木工来完成的，木工是整个工程的总负责人，也是施工队伍的组织者。木工也是最高管理者，在藏语中被称为"切莫"，他的下级一般有两位助手，藏语中被称为"妻切"，妻切的下一级是四位技师，藏语称"捂琼"，相当于汉地施工组织中的班组长，每位技师负责管理四五位工种熟练的师傅，师傅依据个人能力带若干徒弟。其他工种的工匠们各有一位总负责人，在建设中受木工总技师的统一调度，承接自己工作范围内的事务，然后根据调度安排各自工程的进度及调整与其他工种的工序搭接等问题。

在具体修建房屋的时候，木工负责工程设计，并带领石匠、泥瓦匠完成建筑主体结构。木工负责加工制作并安装柱、梁、椽等结构构件，以及门窗、隔断、栏杆、雨篷等建筑构件及所有木构件上的雕饰等。石工负责石料的整形加工及墙体（包括檐部边玛檐墙）砌筑，安放门窗过梁、雨篷挑椽制作等工作。泥瓦匠负责内外墙体的抹灰及地面、楼层、屋顶的制作。铁匠负责门窗、楼梯、柱子等构件，边玛檐墙及屋顶上的铜铁饰件的制作及安装。油漆彩画工匠负责所有木作、内墙面及家具陈设的油漆彩画、壁画等方面的制作（图3-37）。裁缝负责制作并张挂窗帘、前廊和大窗外的遮阳篷布、檐口风帘，以及室内柱衣、悬挂的华盖等。

工匠在选择一种专业后一般终生不会改变，这对提高技艺有很大的好处，但在另一方面也使得他们比较保守，很难在技艺上有大的革新和突破。技术工人的工种相对固定，协助技工的普工则来自民间，他们没有专业技术，仅凭体力做材料的采集、粗加工和运输等工作。如何组织这些普工，让他们充分发挥能力，协助好技工的工作，是一个比较复杂的工程管理过程。

3.5.2 建筑定位及放线

一般民房是在业主选定的地段上建造房屋的，这种房屋主要的问题是朝向的选择。民房定位比较简单，因为民房只有主房、次房及院子三部分组成。在修建的时候保证院子与门前的道路相连接，主要用房在院子的后部便可，这也是最基本的组合原则。木工一般都熟悉简单的定位与朝向选择的知识，因为在高原雪域争取到最长时间的日照是一个很重要的问题，朝南的房间日照时间最长，所以在设计的时候将朝南的房间留给主房。若是遇到地势上的问题，可以选择偏东南或者西南的方向。大型公共建筑及寺院等建筑则不能由木工来完成该工作，需要专门请堪舆师选择基址和朝向，然后还要进行相关的

图3-37 工作中的画师，图片来源：戚瀚文拍摄

法事活动，方可破土动工。

在对地基进行放线之前（图3-38），木工应该先找出东西向的线。具体做法是在比较明亮的夜里根据"明珠六星"找出地基的东西向线，因为"明珠六星"无论冬夏都从正东方升起，正西方落下。当找出东西线之后，在地基上用白灰先放出主房最南面（南墙外皮）的一条东西线，然后在东西墙边的位置，用大拐尺放出东西墙外皮的南北线，再根据东西墙的长度，找出北墙外皮的东西线，之后在东西、南北线的两端稍微靠外下木桩，放白灰线，根据四周外墙的白线，找出内隔墙及柱子的位置，最后放出各个基础的宽度便可以进行挖槽与后期的修建工作。

3.5.3 各工序施工做法

（1）木工

木工一般分为大木工和细木工两类。大木工制作柱、梁、椽、枋等木构架构件（图3-39）；细木工制作门、窗、隔断、雨篷等，细木工里有专门负责雕刻的工匠。在运输木料的方式上，一般以人力为主，在材料的砍伐上也以斧、锯等手工工具居多。

木工按照要求制作出柱、栌斗、元宝木、弓木、梁、莲瓣、经叠等构件以后，要在加工场地试组装，组装合格后编号存放，等到现场安装时再按照编号将事先准备好的构件送到施工现场去组装。也就是说，木匠只要有了各部分构件的具体尺寸后，制作场地不一定要在施工现场，可以到现场进行最后的安装。

（2）石工及泥工

在西藏，石料的运输完全要靠人工来完成，有专门背石头的小工，一般以女子居多。每块石料的重量不能太大，一般在20~30 kg之间，少数的整石料像踏步石条，则是由多数人运输的。在施工现场附近有石料堆放的场地，石工在这里将石料加工成需要的规格。

图3-38 建筑放线照片，图片来源：汪永平拍摄

图3-39 制作梁枋的木工，图片来源：汪永平拍摄

砌墙石料有两种规格，一种是较为规整的砌块，另一种是填塞缝隙的小片石。块石的规格尺寸约是15 cm×22 cm×35 cm，石料仅对看面、上面和底面要求平整，其他面不做要求，可以是斜面或有大的凹凸等形状。填缝片石厚度在3 cm之内，长度可以在10 cm之内的不规则长方形片石。砌筑方法是水平分层砌筑，底层先放块石，石与石之间留有5~10 cm的缝隙，缝隙处用片石填塞紧密，使石块固定。每层砌块上下间缝约为3~8 cm，用片石找平，上下层石块要错缝。在墙角及内外墙交接处，砌筑时要注意咬茬。砌筑每层块石及填塞片石的时候，工匠要不断地对块石进行敲打，使它能够与周边缝隙中填塞的片石挤实，不能松动。藏族砌筑石墙用小片石填塞缝隙基本不用泥浆，有的地方在砌筑内墙时用少量泥浆，用来暂时固定小石片和填塞一些空隙，最后还要打砸石块，使小石片填塞紧密。

砌筑石块一般以六人为一个小组进行，内墙用泥浆则为七人。其分工是两人负责砌

图 3-40 泥工施工现场（左），图片来源：汪永平拍摄

图 3-41 铁匠施工现场（右），图片来源：汪永平提拍摄

筑，两人辅助并搬运石块，另外两人专门对石块进行打砸及修整。若用泥浆，则一人负责和泥运泥，泥工的工作是挖基槽、夯筑或砌筑土墙，做地面、屋顶及墙面抹灰等工作（图3-40）。

（3）铁匠

民间住房内用到铁件并不多，所需门窗吊扣、家用炊具、农具等在专门的市场可以买到，所以在建房的时候一般不请铁工。但一些大的寺院、宫室等所需要的铜、铁件不仅数量大、规格多，同时还需要很多特殊规格形状的金属饰件、佛像等，这些在市场上是买不到的，所以建筑队伍中需要邀请铁匠。尤其是寺庙建筑金顶的镏金制作，更需要技术娴熟的工匠。

镏金工艺分为四个步骤：首先是成形，其次是配置金泥，再次是镀金，最后是镀后处理。成形是根据设计要求，在铜板上绘制出如铜瓦、经幢等所要加工构件的图样，剪裁后用铁锤、木槌等敲打成形，并敲打成所需要的花纹图案。配置金泥是将黄金锻成金箔，剪碎，放入坩埚内，按照一定的比例倒入水银，并用木棒不停搅拌，当水银混合物沸腾并出现浓烟时，黄金基本已溶解；然后将溶剂置于冷水中冷却，成为一种乳白色的糊状物，便制作成了金泥。镀金是先用钢丝刷将屋顶进行打磨，除去需要镀金器物表面上的污垢，之后进行酸处理，用当地的一种野酸果煮成糊状，掺入水银及马粪擦洗器物表面直至光洁后，再用水进行冲洗，置入微火上烘烤，用盐水或硼砂涂抹后，即可涂刷金泥；最后是镀后处理，先用水将构件清洗干净，然后用火烘烤，当在构件表面滴入水滴，水滴发出声响并跳跃时，将构件浸入用红土和盐配成的溶液中淬火，镏金构件便制作完成。

小结

本章主要对苯教寺院的选址及其建筑特点进行论述，通过调研发现，苯教僧人在修建寺庙的时候一般会将寺庙选址在靠近神山或者圣湖的地方，且大都在人迹罕至的偏远地方，这可能与后期苯教势力在西藏的衰退有关，因为大多数佛教寺庙都选址在城镇中心处。

本章共分为五节，第一节分析了苯教寺院的选址特点；第二节论述了苯教在修建寺庙时所遵循的设计思路和苯教建筑的基本特点，这些因素都从不同的方面遵循了苯教教义方面所倡导的宗教理论，即宗教理论决定建筑设计因素；第三节总结分析了苯教寺庙建筑的建筑结构与建筑材料特点，因为苯教建筑是包含于藏式建筑中的，所以在建筑结构与材料的选择上苯教建筑并没有其专门的特点，不论从建筑结构样式还是建筑材料的选择，苯教建筑与其他存在于西藏的寺庙建筑相同，都没有唯一独立性；第四节主要从建筑装饰方面进行分析，苯教建筑在建筑装饰上体现在门窗等装饰构件的样式与内墙彩绘等方面；第五节从建筑施工的角度分析，简要论述了修建一座建筑所要经历的工序与施工做法。

注释：
1 龙珠多杰. 藏族寺院建筑选址文化微探 [J]. 中国藏学,2010(3):187–188.
2 拔塞囊.《拔协》译注 [M]. 佟锦华，黄布凡，译. 成都：四川民族出版社,1990:28.
3 恰白·次旦平措，诺章·吴坚，平措次仁. 西藏通史·松石宝串 [M]. 拉萨：西藏古籍出版社,2004:538.
4 智观巴·贡却乎丹巴绕吉. 安多政教史 [M]. 吴均，译. 兰州：甘肃民族出版社,1989:159.
5 周晶，李天. 从历史文献记录中看藏传佛教建筑的选址要素与藏族建筑环境观念 [J]. 建筑学报,2010(S1):72–75.

4 苯教寺庙建筑构成单元

任何一个寺庙建筑群都有其内在建筑单元逻辑构成体系，这些建筑单元体系有其自身特点，主要体现为地域性的不同。"助长民族精神产生的那种自然联系，就是地理的基础。我们要把那些特殊地区间的地理差别，看做是思想本质的差别，而与各种偶然性的差别截然分开"[1]。西藏不同宗教派别在寺庙修建手法上相互影响渗透，共同呈现出寺庙整体的空间布局及建筑单体特点。苯教寺庙建筑也不例外。笔者根据调研资料，将苯教寺庙建筑单元体系划分为三个单元，即教育建筑单元、生活建筑单元和精神建筑单元。教育建筑单元是以僧人入学学习为主的建筑单元，它主要包括诵经大殿、扎仓学院、辨明学院、内明学院、禅修学院和辩经广场等建筑单体；生活建筑单元主要是能够满足僧人日常生活用的建筑，包括僧舍、厨房、寺庙书屋和寺庙医院等建筑单体；精神建筑单元主要是以宗教信仰为主要的建筑单元，包括佛塔、修行洞、转经殿、灵塔殿及护法神殿等建筑单元。本章从这些建筑单元的空间布局形态及造型特点进行论述，分析构成苯教寺院内部建筑单元的本质。

4.1 教育建筑单元

4.1.1 诵经大殿

苯教寺庙初期作用是要能够满足僧人的修行，后来随着入寺学习的僧人逐渐增多，小规模的殿堂已经不能满足这种要求，大体量的诵经大殿应运而生，诵经大殿能够满足学经和供佛的双重要求，一般空间形态为三段式，即前廊、诵经殿堂和佛殿三部分（图4-1）。诵经大殿是寺庙的主要殿堂，也是寺庙内举行佛事活动的场所，既是寺庙建筑群的核心，也是寺庙重要管理机构。这种现象在吐蕃最后一任赞普朗达玛时期出现，并延续至今。诵经大殿的建筑形制趋于定型化，成为西藏所有寺庙建筑群的标志性建筑，并对藏式传统建筑的营造产生一定的影响。在佛教寺庙中，最高等级的大殿便是措钦大殿，其意义等同于汉地佛教寺庙中大雄宝殿的地位，它是全寺僧众集会的场所，很多寺庙的寺管会办公地点也选择设置在其内。因为历史原因，如今西藏苯教寺庙的规模普遍较小，僧众人数也不是很多，所以其诵经大殿的规模和形制都达不到措钦大殿那么高的等级。

苯教诵经大殿建筑层数以2~3层居多，建筑形式采用中轴对称的手法。一层以门廊、大经堂和佛殿为主；二层从平面布局上看，为"回"字形分布，中间是一层经堂上方局部突起的采光高窗，一层门廊部分的上方在二层通常会设置寺院办公室，寺庙行政机构

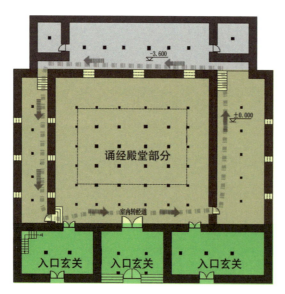

图4-1 诵经大殿分段图示；图片来源：戚瀚文绘制

和接待室通常设置在此；三层为僧人的僧舍，以活佛高僧的住处为主，其形式多为套间，中间为大室，两端有小室与之连通。建筑外立面墙体有明显的收分，主要立面入口形式惯用"两实一虚"的处理方式，利用建筑两侧白色的厚石墙体将门廊部分廊柱构成的过渡空间挤出，从视觉上一下就能看到门廊处的灰空间。建筑层数越高，窗地比越大，立面正中位置的开窗面积也较大。建筑屋顶女儿墙做法考究，使用边玛草墙，并粉刷成象征贵族的红色。屋顶的正脊和斜脊的四角放置铜质或其他材质的象征苯教的法器或装饰，如屋顶正中常见的装饰物就是一对金色的鹿和法轮（图4-2）。

图4-2 诵经大殿屋顶装饰，图片来源：戚瀚文拍摄

日喀则梅日寺的诵经大殿，是苯教寺庙在该类建筑中的代表（图4-3）。建筑依山修建，建筑高度为四层，主体建筑屋顶为藏式寺庙屋顶，两旁有高三层的小佛殿，其屋顶为重檐歇山顶。由于大殿是依山修建的，其二、三层平面满铺，一、四层只有局部。因受到山地地形的限制，其建筑东西向长，南北向短。建筑一层为仓储用房，存放酥油等杂物，层高较低矮，结构墙体厚重，为地垄层。二层有东西两个出入口，相互并不连通。由西向东依次布置了门廊、经堂和佛殿，经堂内有柱12根，规模宏大，装饰华丽；经堂之后为设有6根柱子的佛殿。三层为办公用房，规模比二层大，北面向山体内挖了一进深为4.2 m的空间，没有光线，暂时被用作仓库使用。三层南北两部分由一门廊相连。四层则是寺庙僧人的僧舍，其主入口在整个建筑的北面，需要爬一段山路才能到达（图4-4）。

图4-3 诵经大殿局部照片，图片来源：戚瀚文拍摄

除此之外，还有日喀则南木林县热拉雍仲林寺的百柱大殿，该大殿整体为两层。寺庙选址在山脚下，建筑群布局平整，平面为正方形且南北对称布局。一层中轴线上由南向北依次是门廊、经堂和佛殿，门廊开间比

图4-4 通往僧舍的山路，图片来源：戚瀚文拍摄

经堂小，两排共4根立柱；经堂内有柱36根，四面绘有精美的壁画；最北面是带有内转经廊道的佛殿，佛殿高度两层通高；经堂的东西两面是两个小佛殿，室内无装饰，柱子做法简单。建筑二层以一层经堂正中升起的空间为中心，通过一圈露天回廊将各部分串联起来，房间大小不一。屋顶四角装饰有铜幢和布幢。热拉雍仲林寺内百柱大殿是标准的中轴对称的建筑，"两实一虚"的处理手法突出了建筑入口（图4-5），建筑一层开窗较少，随着层数的升高，开窗面积逐渐增大，边玛墙的高度近乎占到了建筑高度的1/3，屋

图 4-5 寺庙建筑横向分段特点，图片来源：戚瀚文拍摄

图 4-6 孜珠寺扎仓学院内部照片，图片来源：戚瀚文拍摄

顶除了有经幢、神鹿、法轮等圣器之外，还铺设了镏金歇山屋顶，充分显示了该类建筑在寺庙建筑群中无与伦比的地位。

4.1.2 扎仓学院

扎仓的意思是"僧院"，扎仓是寺院里新入寺僧众学习的教室，僧人们所要修习的基础均在此进行。苯教有条件的寺庙都会设置扎仓学院，若条件达不到就将几个学院所要教授的课程放到一个学院里面进行，由于苯教寺庙内僧人并不是很多，所以这种做法在小寺庙里是常见的。僧众在扎仓学院的学习周期取决于僧人自身的文化基础与悟性。苯教普通僧人需要在扎仓学院学习 2 到 6 年即可毕业。

下面就以孜珠寺内的扎仓学院为例，对其造型特点和空间布局进行分析，因为孜珠寺的扎仓学院为新修建的建筑，其建筑结构为现代的钢筋混凝土结构，从建筑形式与材料上已经失去了藏式传统寺庙建筑的特点，但其室内建筑空间的平面布局与空间形态仍为藏式传统建筑的特点。扎仓学院整体为两层，局部三层，建筑高度为 12 m。建筑平面近似方形，一层由南至北依次布置了入口门廊和经堂（图 4-6），门廊有一排 4 根柱子，经堂内有 10 根柱子，其室内装饰是从外地请来的木匠将打制好的木板拼贴在混凝土的墙体和柱子上，起到传统建筑的内部装饰效果。一层经堂内有直通三层的天窗，天窗屋顶是歇山顶，屋顶材料以铜料为主，并用金粉进行粉刷。二层南边是以会客和办公为主的殿堂，其内部装饰简单，没有经堂华丽，屋顶粉刷蓝色的具有苯教象征的云纹图案。北边是一间供奉有许多佛像的佛殿，该佛殿常年大门紧闭，只有遇到苯教的节日或者特殊身份的信徒前来朝拜的时候才得以开启，寺庙由有专门的僧人掌管该钥匙。

扎仓学院主体为钢筋混凝土框架结构，梁下墙体采用空心砖砌筑，相对传统的夯土墙建筑来讲可以减少墙体的厚度和施工的周期。扎仓学院立面墙体无明显收分，外墙采用面砖贴面。门窗材料均为现代材料，大门为铁门，窗户为铝合金窗。扎仓学院的建筑已经完全采用了现代建筑的营建手段，对木材的需求量大量减少。这种将现代建筑技术应用于寺庙建筑之中的手法在笔者走访过的苯教寺庙中普遍流行。既然采用了现代建筑的手段来营造，那么怎样来体现寺庙建筑的特点呢？这就要从建筑的装饰来做文章，扎仓学院的窗户外框用木材包框，木框内装铝合金窗户，窗户外悬挂传统藏式窗帘。建筑顶部处理仿照藏式传统寺庙屋顶做法，将女儿墙粉刷成红色，然后再用寺庙建筑特有的金色屋顶及经幢进行修饰（图 4-7）。

4.1.3 辨明学院

西藏宗教学习的一大特色就是辩经。辩经是运用所学知识进行逻辑的思考，对所学知识仔细而反复地拷问，从而使僧人对所学的每一个概念都纯熟、精确。苯教有专门学习经文的学院，即辨明学院。辨明学院的学习是一个漫长而艰苦的过程，在这里学习的僧人每天都要学习经文，在不断的学习中逐渐积累自己的知识。辨明学院学习时间一般为20年，这需要僧人具有极大的毅力才能坚持下来。

孜珠寺辨明学院的建筑结构是传统的藏式夯土建筑，建筑的主要材料为夯土、木柱、木梁及木质窗框。辨明学院僧舍中庭的屋顶是采用现代结构与材料建造的，这与传统寺庙中庭屋顶的做法不同，传统寺庙中庭一般是在中庭横梁上砌墙或立柱子，在墙体或柱子之间开窗，因为木结构材料的局限性，故传统建筑的中庭面积都不大（图4-8）。

辨明学院建筑主体颜色由白、红、蓝、黄四种颜色构成，白色大面积地用于墙体，蓝色用于窗框处，红色应用于女儿墙及梁柱处，黄色应用于屋顶金轮处。辨明学院辩经室与经堂内部装饰华丽，笔者在调研期间，经堂内部正在锻造佛像，经堂四周墙壁绘有苯教的佛像及壁画。现在苯教寺庙内部墙面有两种做法，第一种就像辨明学院这样请来当地的画师将墙壁画满彩画；第二种做法是将墙壁四周用印有苯教佛像经典的贴画将墙壁贴满，这种做法一般应用于规模比较小的寺庙。辩经室内部铺木质地板，地板上面再铺一层红色的地毯，僧人进入辩经室之前都要将鞋子脱在门外，并且将鞋子摆整齐。辨明学院窗套颜色为蓝色（图4-9），其内部为木质传统窗框，但窗户没有采用藏式传统建筑的窗楣处理。红色的女儿墙使用传统的边玛草墙制作，女儿墙边角处放置象征寺庙建筑的金黄色经幢。

4.1.4 内明学院

内明学院以提高自身的修炼为主要任务。

图4-7 孜珠寺扎仓学院屋顶照片，图片来源：戚瀚文拍摄

图4-8 孜珠寺辨明学院内部中庭照片，图片来源：戚瀚文拍摄

图4-9 辨明学院蓝色窗套照片，图片来源：戚瀚文拍摄

内明学院除了教授佛学之外，历史、星相、地理、哲学、诗学、医学也是学习内容的组成部分，这种结构系统帮助专修者建立更加全面扎实的认知基础，以便在对苯教佛法的研习中取得更好的效果。

苯教僧人在内明学院一般要学习3至4年的时间，第一年学习"前行"，前行分为外加行和内加行，之后要修行"瀑龙"，然后再继续修行"寻心"；第二年修行大圆满；

图 4-10 禅修学院内部照片，图片来源：戚瀚文拍摄

第三年和第四年学习"扎龙"[2]。

内明学院主要修行"扎龙"，修行扎龙是为了能够控制自身的呼吸节奏，通过不断的修习使自己闭气的时间延长。扎龙一般分为三个阶段，第一个阶段通过控制自己的呼吸能够闭气四十至五十秒；第二个阶段要先闭气，然后在闭气的过程中身体要不断地练习各种苯教动作，这个过程是非常痛苦的；第三个阶段便是考核，考核期一般选在藏历正月最为寒冷的时候，所有考生都被关在内明学院的大殿内，他们盘腿而坐，运用自己所学的知识来调节呼吸的节奏和频率，这个过程要保持一周，在此期间内不得进食。一周过后他们将赤裸上身，身上披一块事先准备好的干布，他们要做的就是运用自己的内力将干布变湿（一般很少僧人能够完成此项考核），然后他们将再次赤裸上身来到室外，考官将用于考核的湿布披在他们身上，他们再运用自身所产生的热量使湿布变干，有的僧人能连续使七块湿布变干。因为扎龙比较难学，所以每年只有几个僧人能够通过考核，实现毕业。

4.1.5 禅修学院

禅修学院是通过禅坐观修，把所学所思"修"出来，使之逐渐融入自己的生活。禅修是佛法修行最为深奥的部分，尤其是苯教僧人所修行的大圆满传承，普通人难以理解和想象。禅修是没有止境的，它是僧人们修行终生的功课，它的目标是证得涅槃空性。

孜珠寺禅修学院主要建筑材料为藏式传统夯土墙与木质柱梁，禅修学院窗户为现代材料的铝合金窗户，建筑室内连接山体的部分没有做任何防潮处理，导致二层室内潮气很大（图 4-10）。建筑连接山体处的梁柱搭接手法比较随意，能满足基本的结构功能，东西两侧主要墙体与山体交接处直接用夯土压实。禅修学院的屋顶层采用现代防水卷材做防水处理（图 4-11），这种做法与扎仓学院的屋顶防水处理相同。传统藏式寺庙屋顶的防水处理为在梁上面铺设飞子木，飞子木上面铺设 5.0 cm 厚的栈木，栈木上面再铺设 8.0 cm 厚的鹅卵石，鹅卵石上铺 4.0 cm 厚的黄泥土，黄泥土上再铺设 23 cm 厚的阿嘎土，阿嘎土上面涂清油保护面层，并且每年至少要对屋顶做一次涂油保护。

禅修学院整体颜色由红、黄、白三种主要颜色构成，南面墙体整面粉刷红色，在建筑端部处理上，采用一道白色的色块将红色的女儿墙与墙体分开。东西两面墙体粉刷白色。建筑一层地面铺设木板，经堂内柱梁均粉刷红色，然后采用传统处理手法将柱子与梁进行彩绘，经堂吊顶为刻有苯教坛城图案的天花拼贴而成。禅修学院二层建筑的装饰与一层基本相似。

4.1.6 辩经广场

辩经广场与辨明学院修建在一起。辩经在藏语里叫做"唐加"，是寺庙僧人必经的考试形式，通过辩经可以提高僧人的思考能

力，还可以选拔优秀的僧人继续修习深奥的佛法。这种考试主要针对的是显宗学习，所以在规模较大的寺庙，显宗扎仓都会有专属辩经场（图4-12）。

传统的辩经广场，其四面以白墙包围，围墙内有高大的树木可以将辩经场遮挡起来，这样有效地抵挡了烈日，使得僧人不会被晒伤，辩经场地面用白色的碎石子铺垫。开始的时候辩经的僧人两人一组，一问一答，一般问的人是站立姿势，而答的人以坐姿为主，随着辩论的不断进行，总有一个人先要回答不出来问题而被淘汰，这样被淘汰的僧人就会主动到一旁观看其他僧人辩论，最后整个辩经场会形成只有两个人问答的形式，其他的僧人都会被这两个人的智慧所折服，这种场面只有在僧人考试的时候才能见到。我们一般所见的辩经都是平时上课的时候僧人们为了考试而练习的，通过辩经对所学经文的巩固与熟悉，僧人最后都是通过辩经而考取格西学位。格西相当于我们今天的博士学位，在西藏僧人中成为一名格西是他们的目标。白色的石子地面象征纯洁。红色的僧袍象征佛法的庄严，被绿叶覆盖的蓝色天空象征着佛法的无边，它们共同构成了一幅富有生机的生活画面。也有很多寺庙的辩经场仅仅是圈出了一块空地用于僧人聚集辩经，这与寺院的经济有关，一般大型寺庙才有财力对辩经广场进行修饰。

4.2 生活建筑单元

4.2.1 僧舍建筑

僧舍是寺庙建筑群中最普通且数量最多的建筑类型。很多寺庙发展到顶峰时寺庙僧侣编制均在数千人以上，但实际在寺的僧人数却远大于此，苯教寺庙的僧人如今并没有这么多，也就在百人甚至几十人之间。

图4-11 禅修学院屋顶照片，图片来源：梁威拍摄

图4-12 曼日寺辩经广场，图片来源：戚瀚文拍摄

僧舍建筑根据其规模和分布状况，分为两种形式，即群居式和独居式。

（1）群居式僧舍

群居式僧舍建筑样式比较简单，僧舍群以共享的中心院落为核心（图4-13）。规模较大的院落式僧舍其主要建筑建在院子北边，院内地面进行简单的铺装及景观上的设计，争取做到两方面的内容，即以僧舍建筑为主体来发展其内的"园"和以"园"为中心发展僧舍建筑，即"园林化的僧舍住宅"[3]。院内其他方向布置附属用房或仅用院墙进行围合，僧舍主体建筑层数一般为二到四层。僧舍建筑不仅要满足僧人的居住要求，还要有专门的一间经堂供僧人们温习功课。作为康村中僧侣日常集会、学习的地方，通常布置在建筑的首层或顶层，如果建筑的首层功能设置在二层，则底层大都被用作储物空间加以利用。院落式的建筑布局强调建筑的向心性，同时也是在提醒着僧侣们要维护所在团体的利益。

还有一种比较规整的院落式僧舍，以一层居多，方形平面，三面院墙围合，僧房位

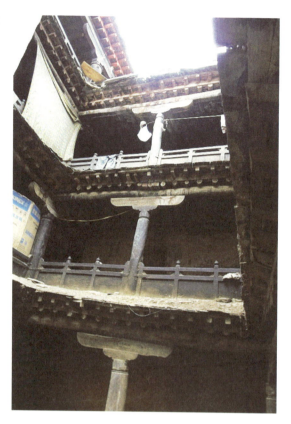

图 4-13 僧舍共享天井院落,图片来源:戚瀚文拍摄

于院落后方,与当地的普通民居相似。日喀则梅日寺僧房就是一个典型实例,建筑形式基本以一个母题为主,按照门牌号顺序排列的建筑整齐地排列在道路两侧或依山体而修建,这种布局方式在苯教寺庙中是比较常见的。

在规模较小的寺庙中,往往整座寺庙只有一座小院落,大殿被三面回廊围合,僧舍一般就设置在这些回廊部分。例如日喀则聂拉木县的罗布寺,院落坐北朝南,院门开在南面,北面是大殿,东、西、南三面都有两层高的回廊围合,僧人们日常居住和存储物品的房间就布置在这里(图 4-14)。

图 4-14 僧舍内部陈设,图片来源:戚瀚文拍摄

（2）独居式僧舍

独居式僧舍的规模一般都比院落式的僧舍规模要小,有的设置有内天井,僧舍设在天井四周,建筑整体呈现内环廊式形态,这样的布局有利于僧舍建筑内的采光和通风,走廊光线十分充足。没有内天井的僧舍,平面采用内走廊的形式,走廊两边是房间,以长方形平面居多,这样的建筑平面比较节省空间,但是室内采光会差一些,尤其是内走廊会比较昏暗。

还有一些寺庙,没有明确的边界,主要建筑如大殿、佛殿等位于寺庙最高的位置,僧舍环绕着这些主要建筑由高处向低处自由散开,僧舍的形式比较灵活,有独门独院的,也有多户攒聚的,建筑高度较低,一层居多,这些僧舍建筑零散或集中地分布在寺庙内,形成了一种独具寺庙风格的"美的规律"。"'美的规律'不应当仅仅理解为形式美的法则,人的内在的标准即主体心理结构,与物体的标准即客体的功能要素,这两者之间构成了某种有机的规律性的联系,这才是'美的规律'"[4]。

4.2.2 厨房

寺庙中每当有大型佛事活动或每天诵经时所需要的茶点,都会由寺庙厨房集中供应。厨房在选址的时候一般紧靠诵经大殿,或者在修建的时候直接作为诵经大殿的附属建筑(图 4-15)。供养寺庙僧人生活起居的是虔诚的信徒,信徒的捐赠有两种方式,一种是直接向寺庙捐献财产,一种是向寺庙捐献食物,信徒们的捐赠方式以后者居多。向寺庙捐献食物的布施者,直接将食物运放至寺庙厨房内,供僧侣享用。一般情况下,厨房设置在诵经大殿的东面或西面,对应着大殿的侧门,因此,这些侧门也被称为"茶门"。在举行集会活动时,僧人们食用的酥油茶和食物就是从该门送入大殿的。

苯教寺庙建筑构成单元

图 4-15 厨房内部照片，图片来源：戚瀚文拍摄

厨房建筑一般两到三层，一层以大空间为主，围绕煮食活动设置，还有厨具、餐具的储藏空间。二层有一些面积较大的会议室或是休息接待室。厨房空间内灶具所占比例较大，为整个厨房一层面积的三分之一左右。灶具的上方直接通到屋顶，并有升起的侧面采光天窗（图4-16），这是厨房建筑所别于其他建筑的特点。从外立面分析，厨房建筑与一般的僧舍并没有太大的差别，都是由白色的墙体和藏式传统结构组成。也有的厨房是设置在大殿建筑中的，一般在二层的位置，该厨房面积比较小，只能满足少数僧人的生活需求，且大多服务于活佛和堪布，该厨房一般设置在建筑的东侧或西侧，与经堂侧门靠近。

4.2.3 寺庙书屋

如今的西藏寺庙随着其不断地发展与被认知，寺庙高层为了更好地维护寺庙的名誉，对僧人的基本素质也进行了相关方面的培养，为了扩展僧人的知识面与文化水平，所有的寺庙基本上已经开始增设书屋供僧人们学习。寺庙书屋内以佛教典籍、西藏历史、文化教育、卫生保健等方面的书籍为主，在这里僧人们既能够查阅佛教知识，同时有利于维护寺庙的稳定。

寺庙书屋（图4-17）的选址一般选择在诵经大殿的附近，建筑以一层为主，面积不大，也不是很高，其平面以方形为主，屋顶大都采用传统藏式平顶，其服务人群以本寺的僧人为主，不对外开放。寺庙书屋在建筑形式上与僧舍和厨房类建筑是相似的，都是附属建筑，所以其墙体颜色大都以白色为主，只有少量的红色应用于屋顶一圈边玛草墙处。其建筑结构特点和寺庙建筑群结构相同，屋顶一般为平屋顶，屋顶装饰没有金顶，只在墙体四角处设有经幢。室内装饰一般用木地板铺设，墙体粉饰简单的图案，柱子和梁用红色漆料进行涂刷，并根据寺庙的经济情况进行相应彩画和雕刻的制作。图书馆的钥匙由一位僧人掌管，没有固定的开放时间，想要借阅书籍的僧人必须提前告知该主管，然后他们一起到寺庙书屋对所要借阅的书籍进行登记。

图 4-16 厨房内灶台照片，图片来源：戚瀚文拍摄

图 4-17 雍仲巴热寺寺庙书屋照片，图片来源：戚瀚文拍摄

图4-18 热拉雍仲林寺寺庙医院，图片来源：戚瀚文拍摄

4.2.4 寺庙医院

藏医与苯教是有联系的，因为早期苯教能够在藏族聚居区传播开来最主要的原因是其僧人有治病救人的本领，苯教有专门研究医学的僧人。笔者曾经在昌都丁青县昂琼寺亲历一位苯教僧医给病人治病的场景，该僧人自己上山采集草药，然后根据苯教经典进行草药的调配与研制，类似于我们汉地的中医理论和治疗过程。苯教僧医以医治病人的气血和经脉为主。

在日喀则热拉雍仲林寺建筑群中，就存在寺庙医院建筑（图4-18），其建筑特点与其他建筑并无区别，建筑一般为两层，一层是诊室和药物仓库，二层是僧医的生活起居空间。寺庙医院主要服务对象是寺庙僧人，也可以对外看病，但前来看病的大都是虔诚的信徒。不论佛教还是苯教僧医，都会制作一种黑色的小药丸，据说该药丸对身体健康有很好的帮助，一般为寺庙做出贡献或者特殊成就的人，寺庙的高僧会主动送给他几粒以表示对他的尊重。寺庙医院也有其局限性，其原因是不能对突发性疾病进行有效的治疗，如遇到这类问题须到地区规模较大的医院及时诊疗。

4.3 精神建筑单元

4.3.1 苯教佛塔

藏族的佛塔，藏语称之为"曲登"，在苍茫的西藏雪域高原，有人烟的地方就有洁白的佛塔，佛塔所建之处也是人气相对较旺的地方。藏族聚居区的男女老幼都会虔诚地围绕佛塔行走并朝拜。在佛陀诞日等吉祥的日子里，藏族聚居区人们更是成群结队地绕转佛塔，以此来累积自己的功德。在普通的日子里，信奉佛教的众人即便是匆匆从佛塔处路过，也会自然地围绕佛塔转上一至几圈，这也是苯教信仰者对苯教的特殊感情。

修建佛塔的风俗在西藏是从何时开始，这个问题很难考证，可以肯定的是在佛教还没有传入西藏之前，在西藏这片神圣的土地上便有了修建佛塔的习惯，存在于藏族本土原始的宗教——苯教的经典教义中就有过明确的记录。在苯教始祖顿巴辛饶的传记《无垢威光经》中就有过关于佛塔的结构、类别、尺寸和功能等比较详尽的描述（图4-19）。与象雄处于同一时间段的前藏、后藏地区也有很多供奉神祇的土塔或石塔（图4-20），且每座宝塔的设计人和布施者以及具体的建造地在史书中均有过明确的记载。

塔作为"身、语、意"三依中"意"的象征，它的构造和尺寸都有严格的经典来源与理论依据，且大都与密宗的内容不可分割，并不是工匠们臆造的产物。

 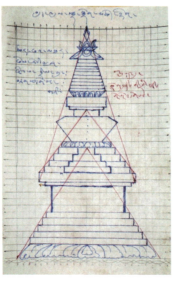

图4-19 苯教佛塔手稿及照片，图片来源：左图戚瀚文拍摄，右图寺庙僧人提供

苯教佛塔平面（图4-21）的每一圈都有其所代表的宗教世界的观点。苯教徒认为宇宙自身犹如一尊自然之塔。佛塔的底座代表着坚固不变的雍仲，其塔基逐层收缩的四个阶梯依次象征构成宇宙的四要素风、火、水、土。塔的第一层是"十善"的象征，塔的第二层是"四念柱"的象征，塔的第三层是"四神足"的象征，塔的第四层是"十智"的象征，颈处瓶座象征着"八十二禅定"，宝瓶象征着"十八大空"，华盖象征着"辛饶四道"，中柱象征着"八解脱道"，十三层法轮象征着"十三大无畏"，防雨檐象征着"四大悲"，塔尖处的双角是智慧的象征，中央的尖顶是法身大乐的象征，宝剑是智慧的象征。

苯教的佛塔与藏传佛教及西藏其他宗派的佛塔，在结构与功能方面大致相同，但其每一个部位所代表的却是本门宗派的佛教哲学思想，如果要对佛塔有进一步的了解与认识，必须要对该派别的宗教密宗有一定程度的认知。

4.3.2 苯教修行洞

洞窟类建筑在我国并不陌生，洞窟类建筑是与佛教的传入所分不开的，且大都是为了满足僧人修行的需要而修建的。西藏外有新疆的克孜尔石窟、甘肃的敦煌莫高窟、山西大同的云冈石窟、河南洛阳的龙门石窟和山西太原的天龙山石窟等；西藏内阿里地区扎达县和普兰县的石窟群较著名。修行洞的功能以满足僧人日常修行为主，且大多由自然山体形成，这些洞窟一般分布在寺庙所属神山的山脚、山腰等处，且沿着山体地势呈不规则分布状态。修行洞建筑可以简单归纳为两类：第一类为"群居式"洞窟，即有很多僧人在一起居住生活与修行的洞窟；第二类为"独居式"洞窟，即有成就的大德高僧自行居住与修行的洞窟。下面笔者以调研的孜珠寺内的修行洞为例进行分析。

图4-20 信徒垒筑的苯教土塔，图片来源：戚瀚文拍摄

1. 群居式洞窟建筑

与僧舍建筑一样，苯教洞窟根据其内人数的多少，可分为群居式洞窟和独居式洞窟。群居式洞窟大都零散地分布在孜珠山的山腰以下，以天然洞穴为主，未经过多的人工修饰。可以容纳很多僧人在其内部集体修行。下面就以选址在第四峰山脚下的"牦牛洞"与选址在第三峰半山腰处的洞穴建筑为例做简单的分析。

在接近孜珠寺的山路上，位于路旁的洞窟很明显，该洞窟就是僧人们所讲的"牦牛洞"（图4-22）。此洞之前是僧侣们修行的

图4-21 苯教佛塔平面图，图片来源：寺庙僧人提供

a. 以动物为主的平面

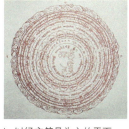  

b. 以经文符号为主的平面

图4-22a "牦牛洞"外观，图片来源：戚瀚文自摄

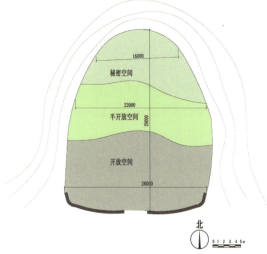

图4-22b "牦牛洞"平面示意图，图片来源：戚瀚文绘制

洞窟，后来随着孜珠寺的不断发展，僧侣们都搬到山上修建的学院或僧舍中居住，该洞窟就自然无人问津。近几年此洞被用作夜间圈养牦牛，故它的名字由此而来。该洞窟的平面布局整体呈半圆形，入口处宽度为26 m，进深为29 m，入口处高度为14 m，洞口面向南边，且洞内宽度由南至北逐渐变窄，洞内最小宽度为16 m，洞内高度也随着宽度的变化而降低且呈半抛物线形状（图4-23），洞内地平高度则呈逐渐抬高的趋势。洞窟入口处有用石头围合的简单围墙，洞内连接不同

图4-23 洞内生活的信徒，图片来源：戚瀚文拍摄

高程台地平面的石踏步也是天然山体形成的，台地的一层是圈养牦牛的地方，其他层是人们生活居住的地方，洞窟的顶部已经被长期在这里居住的藏族群众生火做饭时所产生的浓烟熏成了黑色。

洞窟建筑中第二个比较有特点的建筑就是选址在第三峰多层僧舍东边不远处的洞窟（图4-24），该洞窟规模比"牦牛洞"要小，但平面布局与地形走势相宜。该洞窟从功能上来分析要比"牦牛洞"进步一些，因为前者是所有功能都分布在一个洞窟之内，而后者是由两个相邻但不连接的洞窟组成。

比较大一点的洞窟在平面形式上为半圆形，由三块高差不同的台地组成了三个不同功能的使用空间。洞窟入口在洞窟的西南角，宽度为3.5 m，在洞窟入口对面4.2 m处有一道长为2.4 m的石围墙将第一个空间划分为前后两个空间，前面空间为入口处缓冲空间，其后空间才是真正的使用空间，这种处理手法与现代住宅建筑中的"玄关"概念很相似，从这点可以看出当时居住在这里的人已经对私密空间有了一定的认识。第二个空间位于第一个空间之上1.8 m处，且继续向洞内伸展，它的平均宽度在3.1 m左右，主要特点是在其中部靠近洞壁处建有一小型灶台，其功能应该与现在的厨房或餐厅相似。第三个空间位于第一空间的入口处北面，与分隔入口空间的围墙相接，开间3.5 m，进深3.7 m，与第一个空间的高差为3.8 m，功能可能与现代建筑中卧室的功能相似，因为古代人们选择住的地方首先要满足夜间躲避野兽的袭击，其次将住所选择在高处也能很好地防潮。

第二个洞窟与第一个洞窟紧密相邻，进入该洞的路非常险峻，此洞口开口很小，仅为0.9 m，并且有人造的木门框将洞口框住，进入洞内可以看到其平面也呈半圆形，最宽处3.9 m，最高高度2.8 m，由平面中心向四周逐渐降低，洞内不开设窗洞，只能靠入口

门洞采光，故笔者分析该洞应该是僧人们闭关修行所用。

2. 独居式修行洞

笔者在采访中了解到，有一位僧人在孜珠寺的某处洞窟中闭关修炼了长达12年之久。该僧人的名字叫做南坎坚措，他在20岁的时候向寺里提交了苦修的申请，在得到寺庙的允许之后，于1986年开始在孜珠神山上某洞窟进行苦修。在最初的几年之中，除了要默想佛法真谛之外，还要修炼内明学院必须要学习的气功"扎龙"。修炼初期他每天只吃一顿糌粑，后来慢慢减少到只吃青稞粒和少量蔬菜。待到身体逐渐地适应了环境之后，南坎坚措开始每天只靠吃7粒柏树果子维持生命。经过12年的苦修，南坎坚措相信自己已经打通了全身的脉络，他不吃东西也不会有饥饿的感觉了。苦修是西藏所有教派中一种神秘的修炼方式，它要求修炼者与外界隔离，苦修的僧人一般都会选择在人迹罕至的深山或荒野之中寻找合适的修炼场所，在孜珠寺就有这样一些供个人修行的洞窟，即笔者概括的独居式洞窟。

独居式洞窟大都分布在孜珠神山靠近山峰的地方，供某些大德高僧闭关修炼。在孜珠寺的洞窟以忧巴南喀大师修行处、次仁沃增大师修行处与莲花生大师修行处为众人所知。独居式洞窟的原始形式与群居式洞窟差

图4-24a 洞窟外观，图片来源：戚瀚文拍摄

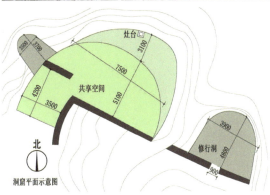

图4-24b 洞窟平面示意图，图片来源：戚瀚文绘制

不多，但比群居式洞窟小很多，后来独居式洞窟的形式发生了变化，即在洞窟的外面修建建筑，使洞窟隐藏在建筑之内，建筑可以满足日常的生活需要，洞窟就专门用来进行苦修。

（1）忧巴南喀大师修行洞

据传说，忧巴南喀大师曾经在孜珠山修行过（图4-25），后来苯教僧人为了纪念这位上师而修建了忧巴南喀大师修行洞。修行洞修建在孜珠寺的最高峰处，进入该修行洞的山路修建在洞窟的北面，且非常陡峭，修

图4-25 忧巴南喀大师修行洞照片，图片来源：戚瀚文拍摄

图4-26a 次仁沃增大师修行洞外观，图片来源：戚瀚文拍摄

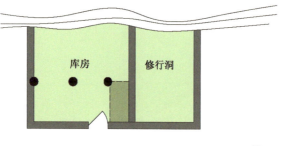

次仁沃增大师修行洞一层平面图　　　次仁沃增大师修行洞二层平面图

0　1　2　3　4　5m

图4-26b 洞窟平面示意图，图片来源：戚瀚文绘制

行洞东侧（图4-26），建筑为两层，开间7.1 m，进深4.0 m。一层以仓库为主，分为两间，第一间由三根木柱子支撑，第二间为一个小型的修行洞，现在供奉苯教佛像。二层为厨房与修习室，从二层厨房可以明显看到建筑与山体连接，由于厨房没有任何排烟设施，而使得周边的墙体被熏黑。修习室内部墙壁用苯教内容的壁纸贴面，梁上绘制藏式传统云纹彩画，地面用木板做简单铺设，由于该修行洞长时间无人居住，显得有些冷清，但也正是在这种环境下，才能够使得修行者静下心来苦修与思考。

（3）莲花生大师修行洞

莲花生大师修行洞位于次仁沃增大师修行洞的东侧（图4-27），建筑整体为两层，夯土结构，外墙面为乳白色，窗户洞口很小，宽度仅为0.4 m。西藏的僧人大部分都要进行苦修，而苦修的主要内容就是闭关修炼，

行洞的南面是悬崖峭壁，从孜珠寺山坡处远眺，可以明显地看到该修行洞就像悬浮在悬崖之上，具有视觉冲击力。建筑主体为一层，开间与进深均一间，由底部的3根直接插在山体岩石上的圆木柱子支撑，柱子上面是三根圆木梁，柱子与横梁之间用铁钉固定，梁上搭接椽子，椽子之上再搭接楼板等。

（2）次仁沃增大师修行洞

次仁沃增大师为忱巴南喀大师的大儿子，次仁沃增大师修行洞在忱巴南喀大师修

图4-27 莲花生大师修行洞照片，图片来源：戚瀚文拍摄

闭关修炼的场所一般选择在人烟稀少且偏僻的山洞内，修行洞内避免过多光线进入，这也是为什么修行洞内很少开设大面积门窗洞口的原因。

4.3.3 转经殿

西藏转经分三种方式：第一种是在寺庙建筑群外围绕寺庙转经，即外转经道，修建寺庙之初工匠们会提前预留出沿寺庙一周的转经道路；第二种方式是围绕寺庙建筑群内部转经，即内转经道，内转经道将寺庙内主要大殿或佛堂围绕在其内，转经的信徒可以围绕该道进行转经活动；第三种方式是大殿内部转经，即在佛殿建筑室内有一条专门供信徒转经的内转经道。除了以上转经方式外，在西藏寺庙内还有一种很常见的转经方式，这种方式不是围绕一条道路转经，而是一座建筑，一座专门为转经的信徒修建的转经殿（图4-28），以满足信徒们转经的需求。

转经大殿的选址在寺庙规划中并不重要，位于整个寺庙群偏僻处，建筑体量不是很大，有的单独建设，有的与其他僧舍一起设置，单独设置的一般以一层居多，合置的一层多为转经佛殿、厨房或会客室，二层为僧人的居室。转经大殿内一般设置一个或多个直径大于1.5 m的大转经筒，转经筒的高度在2.0 m以上（图4-29）。大转经筒分为内外两部分，内部为结构部分，以木结构为主；外部是表皮部分，粉刷金色颜料的铜皮。转经筒上下两端突出的铜轴分别固定在屋顶与地面处做好的支架上。转经筒表面逐层涂有以金色为主的苯教经文咒语，经文之间用白、红、黄三种颜色的色带相隔，色带宽度与经文宽度一致。转经筒下方有一圈可以用手握住的铁圈，信徒们可以握住铁圈发力，使转经筒开始转动，转经筒很重，使其转动较费力。来转经殿转经的信徒以长期定居在这里的居民为主。

图4-28 曼日寺转经殿照片，图片来源：戚瀚文拍摄

图4-29 转经殿内的大转经筒，图片来源：戚瀚文拍摄

4.3.4 灵塔殿

灵塔殿是为了纪念寺庙内曾经对寺庙或者宗教发展有过影响的高僧大德而修建的纪念性建筑，每一座寺庙的灵塔殿内所供奉的高僧都不同。灵塔殿的形式有单独设立和集中设立两种，这两种形式是根据寺庙经济情况而定的，像日喀则扎什伦布寺内单独设立有各世班禅大师的灵塔殿，这些灵塔殿规模宏伟，室内装饰考究。而苯教寺庙由于经济上的不足，灵塔殿大都与其他大殿共同设立，即在大殿内的房间中放置高僧大德的灵塔。在日喀则南木林县曼日寺中，有为单独纪念苯教高僧良麦·喜饶坚赞大师修建的灵塔殿

图4-30 曼日寺喜饶坚赞大师灵塔殿,图片来源:戚瀚文拍摄

图4-31 达瓦坚赞大师修行洞,图片来源:戚瀚文拍摄

图4-32 热拉雍仲林寺护法神殿,图片来源:戚瀚文拍摄

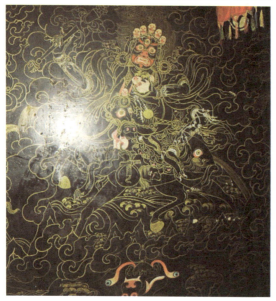

图4-33 护法神殿内绘画,图片来源:戚瀚文拍摄

(图4-30),热拉雍仲林寺的灵塔殿内,供奉的则是寺庙修建者达瓦坚赞大师的灵塔,热拉雍仲林寺后山还有其修行洞(图4-31)。

灵塔殿一般位于寺庙建筑群的中心位置,其建筑形式考究。曼日寺喜饶坚赞大师灵塔殿位于措康大殿东南方向,建筑整体呈院落式布局,灵塔殿位于庭院的西南角,其四周用围墙环绕,内院16 m×17 m,用毛石块铺地,一根木质经幡桅杆立在灵塔殿前。灵塔殿为方形,长度为6.8 m,宽度为5.6 m,因其建筑的重要性,在建筑屋顶上有三座并列的小型苯教佛塔,塔身用黄色涂料粉刷。

4.3.5 护法神殿

护法神殿在每座寺庙中都能见到,从性质上它与大殿中的佛殿没有区别,但其内供奉的神像是寺庙的护法神。护法神殿建筑功能单一,每天有专门的僧人在内诵经,面积大小不一,有的是一间佛殿,有的是若干间佛殿。护法神殿有严格的制度,一般僧人未经准允不得入内,朝拜的信徒更不可能进入,若要进入护法神殿必须要有僧人为其做法:僧人会拿着正在燃烧的香在进入护法神殿的人身边晃上几圈,然后用做法事用的圣水壶在其头顶洒上些许"圣水",进入护法神殿者要在此时用双手接一些圣水,然后将其喝下,这样方可进入。因护法神殿功能形制单一,仅以热拉雍仲林寺内的护法神殿为例进行分析。

日喀则热拉雍仲林寺的护法神殿为两层(图4-32),平面布局上为方形,占地面积为90.7 m²,建筑面积为181.4 m²。护法神殿分为前后两间,进门第一间为缓冲空间,在该空间东侧有上至二层的木质楼梯,内墙壁上绘有苯教壁画。进入第二道门便是佛殿,该殿内长期有僧人念诵佛经,殿内柱子上挂有僧人表演神舞法会时所带的面具,面具有红、白、蓝及黑色,面具上的人物面目狰狞,怒目圆睁,令人有种恐惧感。护法神殿二层存放有寺庙举行法会跳神舞的道具,如僧人所穿的衣服和法器等。护法神殿在建筑色彩上与其他佛殿相似,不同之处是其内部的壁画彩绘,统一用黑色颜料粉刷(图4-33),然后再用金粉绘制苯教的护法神像,让人产生敬畏感。

护法神殿的建筑体量一般不大,且以一层居多,其层高要比僧舍建筑高。从很多寺庙的发展历程分析,寺庙中这类建筑多是在寺庙修建早期留存下来的,其建筑地位较高,是构成寺庙建筑不可或缺的类型之一,且经过历代僧人不断的修缮与保护,得到完善与发展。

小结

本章主要从苯教寺庙的建筑功能分析,对所调研的苯教寺庙建筑特点进行归纳,总结出构成苯教寺庙所需要的功能单元,不同的建筑单体组合在同一功能特点的建筑单元之内加以分析,将构成苯教寺庙建筑单元体系分为教育建筑、生活建筑和精神建筑三类。

本章分为三节,第一节为苯教寺庙的教育单元体系,分为诵经大殿、扎仓学院、辨明学院、内明学院、禅修学院和辩经广场等,这些建筑的存在都是与教学所分不开的,虽然这些建筑在功能上存在多样性,但其首要的功能是以教学为主,其存在的意义就是为了能够更好地传播与教授苯教的经文与典籍;第二节为苯教寺院生活建筑单元,它们与居住在寺庙的僧人是分不开的,僧人想要很好地修习苯教法理,就需要有一个能够遮蔽风雨的建筑,这些建筑的存在能满足僧人们日常生活所需,它们包括僧舍建筑、厨房、寺庙书屋与寺庙医院等;第三节为苯教寺庙精神建筑单元,包括苯教佛塔、苯教修行洞、转经大殿、灵塔神殿与护法神殿等。

注释:
1 [德]黑格尔(G.W.F.Hegel). 美学[M]. 朱光潜, 译. 北京:商务印书馆.1981:222.
2 "扎龙"是一种气功,孜珠寺内明学院开设此课程.
3 李允鉌. 华夏意匠[M]. 天津:天津大学出版社,2005:312.
4 佟立. 西方后现代主义哲学思潮[M]. 天津:天津人民出版社,2003:98.

5 苯教经院制度

经院制度是存在于西藏寺院中的魅力所在，想要更好地了解西藏的历史与社会文化特点，那就要通过宗教这座连通着佛界与凡人的桥梁引路。在西藏，所有的事都是以宗教方式开始，并以宗教仪式结束。对于苯教和其信徒来说，人类只是存在于宇宙中的一个部分，苯教徒以一切生命的产生和延续这样一个概念为出发点，认为一切生物都具有灵魂，而苯教存在的意义就是为了拯救每一个有灵魂的生命体。

西藏的寺院，其经堂大殿门廊内墙壁上，经常能够发现六道轮回图，这个图在佛教和苯教寺庙中都可以见到。其内容将世界分为了六个等级，最低的等级为地狱，最高的等级为天界。存在于六道轮回里的众生是平等的，他们一直处于不停转换的状态，若遵行善事则可向上一级攀越，若本性恶劣即便是身在最高一层，也可能掉落到最低一层。那他们是怎么轮换的呢？这便有了"灵魂转世"

图 5-1 文部寺活佛女儿，图片来源：戚瀚文拍摄

说。按照苯教的说法来分析，转世指灵魂从一个肉体迁居到另一个肉体，在这一过程中灵魂是不会灭亡的，这是转世说的理论依据。只是存在于这一轮回的主体的行为决定了下一轮回客体转世的等级，若主体消亡了，其灵魂会找到新的宿主，如此无限轮回。为了能够在下一轮回找到好的宿主，苯教与佛教教法均主张以行善事为主，使修行者早日达到六道轮回的最高层，继而超出轮回到达"涅槃"的境界。

5.1 苯教活佛认定方式

5.1.1 世袭制

通过采访笔者了解到，苯教活佛现在仍然有世袭制现象，并且大多存在于西藏的那曲地区。世袭制是以前苯教活佛为了稳固自身家族地位而设置的，在世系喇嘛信仰体系中，父系是唯一能够传承的血统，它不同于一般的贵族世系，在必要的时候，女婿也可以继承女方的姓氏（图 5-1）。在世系喇嘛制度的社会中，出生在家族中的每一位男婴将来都具有当喇嘛的资格，并且从出生之日起就备受崇拜与尊敬。苯教最著名的世袭家族有穆氏（辛氏）家族、竹氏家族、叙氏家族、芭氏家族、枚氏家族及琼氏家族等，下面就以前三个世系喇嘛家族的发展进行分析与论述。

苯教上师顿巴辛饶就是穆氏家族的一员，穆氏在西藏远古历史上占据着极其重要的地位，这方面在西藏第一位赞普聂赤赞普的神话故事中有所提及，关于聂赤赞普从天而降的故事就源自穆氏辛波。穆氏家族在吐蕃王室及社会高层中一直占据着重要的地位，直至公元8世纪佛教传入西藏腹地并取代苯教。从目前存在的苯教史料中可以发现，从顿巴辛饶到吐蕃赞普赤松德赞只能找到四代穆氏世系。[1] 在始祖顿巴辛饶之后穆氏分成了三大世系，传自穆辛·南卡郎瓦多金的为穆氏大系，传自穆辛·忱巴南喀的为穆氏中系，而传到后藏穆氏家族的是穆氏小系[2]。随着佛教在西藏的传播和发展壮大，苯教在西藏的地位逐渐下降，最终导致了佛教与苯教之间的一场大辩论。待佛教第一座寺庙桑耶寺修建时，标志着佛教在吐蕃腹地彻底战胜了苯教，而这一斗争的直接受害者则是穆氏家族，他们被迫远离吐蕃腹地，在此过程中穆氏中系被迫改宗佛教，穆氏小系迁移到了远离吐蕃中心的东部安多地区。如今唯一一座穆氏寺庙便是日喀则的达尔顶寺，又被称作日嘉寺。

竹氏喇嘛是苯教第二大世系喇嘛，关于其起源已经无法考证，根据相关记载，竹氏来自沃闽神界，从那里经过须弥山下凡到人世间。在乱世之中竹氏家族逐渐迁到阿里地区，并在阿里受到了阿里王的崇奉。因为他们来自西边的竹夏地方，所以人们就习惯在他们的名字前加上"竹夏"两个字，时间一久，这两个字就变成了代表他们家族的姓氏。当代知名藏族史学家东噶·洛桑赤列在他的《红史》中认为，竹夏就是公元10世纪左右在阿里西部克什米尔一带的一个小邦。虽然苯教信徒认为竹氏是信奉苯教的，但当时竹夏地区信奉何种宗教还是很难考证的。竹氏家族最负盛名的寺院建筑是位于日喀则南木林县的叶如温萨卡寺（详见第七章第二节），该寺庙修建于12世纪末，在苯教信徒中的威信很高，成为苯教徒学习因明学的重要场所。从创建寺庙到15世纪寺庙因地震损毁的这段时间，叶如温萨卡一直是苯教学习和发展的中心。

叙氏家族最原始的名字是"智"，是吐蕃第八代赞普智贡赞普时期西藏最有势力的两个家族之一。因为其长期居住在一个叫"叙也巴母"的地方[3]，人们习惯上把这个家族称为"叙氏"。叙氏家族在苯教历史上的贡献主要在仪轨方面，尤其是叙氏家族的"驱邪仪式"，是较知名的苯教仪轨之一。在五世达赖喇嘛（1617—1682）执政期间，叙氏家族出了一位名叫叙·旦增尼甲的喇嘛，他扩建了叙氏金尕府邸及伦珠岗寺，也叫日星寺（详见第七章第二节）。叙氏家族是苯教五大世系喇嘛中分布范围最广的一个家族。15世纪后，该家族在西藏境内就有三大府邸，即上、中、下三个府邸。上府邸就是该家族最原始的发迹地，也是叙氏的大本营即日星寺；中府邸在西藏那曲境内，寺庙名称为"索雍仲林寺"，该寺庙在公元17世纪中叶被毁，至今仍是一片废墟；下府邸在昌都洛隆县境内，叫"查根寺"（详见第七章第五节），目前寺庙内建筑大都是重新修建的。

5.1.2 转世制

西藏的活佛转世制度，是西藏政教合一体制发展到一定时期的特定产物。转世制的思想源于原始苯教"灵魂不灭"观和后期佛教的"化身"理论。佛教未传入西藏时，藏族民间信仰以苯教"万物有灵"观为主导，佛教传入西藏后，实行政教合一体制，为防止因宗教领袖的缺失而导致不能维持自身地位，佛教上层把原来苯教的世袭制巧妙地应用到佛教里，这就是活佛转世制度的由来，做到"转袭其号，以掌彼教"。

据说活佛转世制度产生于公元13世纪，是由噶举派的噶玛巴提出的。噶玛巴大师临终前，对其弟子讲："'拉朵方面，必出一继承黑帽系者，乃者彼未来以前，汝当代理一切'！遂将金缘黑帽冠于邬金巴之项，旋即示寂。然后邬金巴根据师命，在上部米拉地方寻得灵童，是其为第二世转世活佛自然食刚也。"⁴ 这就是西藏活佛转世制度的开始，可以看出其时间上要比世袭制晚，在公元15世纪初，宗喀巴大师创建了如今西藏最大的派系——格鲁派，为了维系宗教与社会上的特殊地位，沿袭了活佛转世制度。因为格鲁派教规森严，僧人们入寺后终生不得成家，所以世袭制在格鲁派寺庙中是不存在的。而苯教为了更好地发展与壮大自己教派的势力，也沿用了活佛转世制度，如此，苯教活佛的传承就分为世袭制和转世制这两种模式了。

5.2 从佛教寺庙的组织制度看苯教

因为苯教在创立教派初期其规模及形制比较小，至今在寺庙的组织上并未有详细的划分，而佛教的成立及后来的发展壮大对苯教的发展产生了一定的影响。苯教参照佛教的经文和寺庙等级组织，创建了自己的经文和寺庙等级，要对苯教寺庙组织有更好的了解，就要参照佛教的寺庙组织及制度。今日若获得西藏喇嘛寺庙组织最好的方法及最有效的途径是对哲蚌寺、色拉寺和甘丹寺这三大寺院进行研究，因为这三个寺院的形制及规模都比较恢宏，而且寺庙本身的建筑及文物在多年的发展中得以保存至今，更给我们提供了可以借鉴的凭证。

一个寺庙的组成是由拉期（La-Chi）、扎仓（Dra-Tshang）、康村（Kham-Tshen）三部分组织构成的（图5-2）。拉期相当于今天的大学，寺庙所有的学习及佛事学问的探讨都在这里举行；扎仓是大学里面的各个学院，按照修习经文进度的不同，将同一进度的僧人集中在一起进行授课；康村就像是如今的学生宿舍，唯一的区别就是住在这里的是僧人学生。

5.2.1 扎仓组织体系

在这三个组织中最重要的便是扎仓体系，扎仓是构成寺庙的主要部分，扎仓是独立于寺庙的小型教育机构，其内设有经堂、僧舍、厨房、书房等服务性用房。其内的僧人可以自行管理扎仓内的经济收支，在课程的教授和戒律方面也有自治权。

扎仓内最主要的便是诵经大殿，这里也是堪布及其领导下的管理委员会的所在地。堪布的选择是从具有格西学位的毕业生中挑选出来的，任期一般为六至七年。堪布享有人事任免权，可以任命其下僧人掌管总务、财务及领经喇嘛的职务，任职年限根据不同寺庙而定。

扎仓之间依据所学的内容不同而有所区分，主要有以下四类：参尼扎仓、居巴扎仓、丁科扎仓和曼巴扎仓。参尼扎仓，又称显宗扎仓，主要学习佛教显宗论理；居巴扎仓，又称阿巴扎仓，主要修习佛教密宗论理；丁科扎仓，又称时轮扎仓，主修天文历算，编制藏历；曼巴扎仓，又称医药扎仓，主要学习藏医药知识，为僧众和百姓提供医疗救治服务。

5.2.2 康村组织体系

康村是按照区域划分的，因为西藏不同地区存在着语言上的差异，为了方便管理，来自同一个地方的僧人会被统一分配到一个康村内。分配一旦完成是不可以擅自变更的。康村隶属于扎仓，若没有扎仓的命令和通知，康村之间是不会产生任何形式的往来。

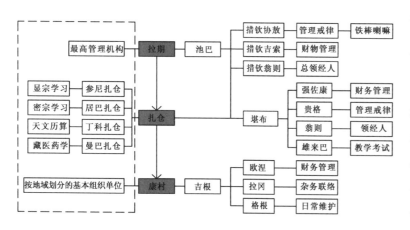

图5-2 格鲁派寺庙组织体系，图片来源：牛婷婷提供

康村的形式布局与扎仓相似，但其规模形式要小于扎仓。康村内执事主管僧人是从资历较高的僧人中选拔的，僧人在执事期间没有报酬，僧人执行轮流换岗制，以达到公平的原则。

5.3 苯教僧人生活

5.3.1 僧人类别介绍

苯教在传播初期并没有寺庙建筑，其举行宗教仪式的场所一般为露天的祭坛或较小的广场。苯教开始修建寺庙是受佛教方面的影响。佛教一系列成套的佛学理论、寺庙建筑及严格的组织制度对苯教高层管理者产生了很大的触动。为了能够继续发展与传播苯教，苯教僧人开始学习、借鉴来自佛教的教学形式，并开始大规模建寺筑庙，同时，在教义、寺院组织、学经制度、学习内容等方面进行了不同程度的修改。因此，苯教寺院的组织系统和教育制度与藏传佛教各教派在寺庙组织和教育上并没有太大区别。本文就对苯教僧人类别进行简单论述（表5-1）。

表5-1 苯教僧人职位介绍

职位名称	任务职责	任期年限及条件	人数
堪布	总理全寺教务工作	终身制	每学院1人
苯洛	主要管理寺院内僧众学经事务	终身制	每学院1人
协敖	负责掌管僧众名册及维持纪律	1~3年	2人
翁则	负责寺院经堂僧众集体诵经实物	由年长老僧担任	1人
拍则	负责主管寺院经济	1~3年	2人
捏哇	管理寺院物品和财产	1~3年	2人
格尼	管理经书、跳神道具和服装	1~3年	2人
玛切	管理寺院僧人的生活事务	1~3年	2人
曲本	负责供神、做酥油灯、派送朵玛	1~3年	2人
强本	负责跳神方面事宜包括舞姿、编戏等	1~3年	2人

表格来源：戚瀚文自制

上述人员构成了寺院上层领导集团，他们一起与寺庙活佛开会讨论寺庙发展相关事宜，如今在西藏的所有寺庙内，都成立了寺庙管理委员会，这些僧人便在其中任职。

如今的苯教寺院，其建筑规模和僧人数量较小，有些寺院得不到补给，僧人不得不边耕种生产边学习经文，在农忙时回家务农，农闲时回寺庙学习经文，这种方式使得某些苯教寺庙没有形成复杂的组织体系，没有形成像格鲁派类似扎仓一类的大的学院机构。纵观西藏的寺庙建筑，苯教寺院在寺院规模、寺院组织体系、寺院管理等方面均要滞后于佛教寺庙。

5.3.2 僧人入寺学习

早期苯教寺院教育为师徒相传，其形式多是通过口耳相传的方式进行，其传承是依据老师通过观察徒弟在不同时期对所学知识的理解深度，进行选择性的教授，一般都是从最基本的开始。传统上苯教僧人修习大概分两个阶段：

第一阶段为初级阶段，学习苯教经文和苯教仪轨（以实践为主），苯教仪轨主要以苯教九乘中的前四乘为核心。这一个阶段以学习经文内容为主，经文内容分为占卜、祭祀、供奉、消灾、祈福等方面。

修习完第一阶段后便进入到第二阶段的学习。第二阶段为高级阶段，主要修习教义和教理，这一阶段学习的是苯教大圆满，"修习'佐钦'历史上有三种禅定方式，称为阿佐年三部即阿赤、大圆满和象雄口传秘诀。阿赤是由大隐士贡佐弘扬的，他的传法分为八十个阶段，叫做阿赤八十分际。每一阶段持续一至二周。全部过程完结以后，修习者才有资格授予'佐丹'的称号。阿夏洛追坚赞（1198—1263年）将八十阶段法简化为三十阶段，尔后，祝杰哇雍仲（1242—1296年）又将之简化为十五个阶段。自那时起，

图 5-3 入寺学经的小僧，图片来源：戚瀚文拍摄

这种方法被称为祝派阿赤十五分际"[5]。关于苯教寺院现阶段的教育体制，从目前掌握的资料看，大都没有对该问题进行过多的阐述。笔者在寺院调查过程中发现，大部分僧人对学经的学制也不甚清楚，只是知道这门课程要学的年限，对学制的看法因人而异，因此只能根据相关材料或个案来进行分析。但是，可以肯定的是，现在苯教寺院的修习已经不是完全按照历史传统的教育阶段来学习了，修习过程相对简化。如今的苯教寺庙由于借鉴佛教的一些内容，在教义、寺院组织、学经制度、学习内容等方面有很大改变，尤其在格鲁派影响下，寺院教育机构除了大圆满法不同，其他所学知识均相似。

苯教的一般僧人在 6~18 岁的时候入寺为僧（图 5-3），他们首先要对藏文基础知识进行学习，然后要熟练背诵苯教的基础理论典籍，学习进度由僧人的悟性来决定，学期一般为 3 年，僧人在寺庙学习期间会跟随某位固定的上师，上师一般与该僧人有亲缘关系。当僧人所学习的知识达到上师的要求后，其上师会根据他的知识水平推荐进入相应的学院继续学习。僧人的学习顺序一般是固定的，首先要学会识字，然后要熟背苯教经文基础，之后才能有选择性地学习苯教其他教义内容，但这些内容都是围绕苯教的《九乘》理论。

僧人进入寺院后，按其学习、生活及其他具体情况，可分为如下几类：第一种是最常见的僧人，他们学习寺院的仪轨方式，生活方式以及外出为群众祈福、念经、驱邪；第二种为在某一知识技术层面具有高深修养的僧人，他们可以独立完成自己的工作，如绘画、雕刻、印刷等；第三种是专门在寺内工作的僧人，为经堂、佛殿内的杂工；第四种为担任寺院各级组织机构的人员，分管寺院的一些具体事务；第五种为专门的学者，他们通过辩经取得相应的资质证书，继续对经文典籍进行研究，通过辩经最后得到格西学位，然后教授其他僧众。通常，一个僧人要取得格西学位，必须要有去其他寺院游历学经的经历，且以三年为宜，在西藏苯教僧人大都选择到梅日寺学习。

苯教格西之下的僧人按等级可分为"格次""宗竹"和"格龙"三个级别。初入寺的僧人为"格次"，以基础经文的学习为主，除此之外要求僧人认真学习和遵守寺庙内各种教规教义，严守寺庙戒律。在这之后便是"宗竹"阶段，这个阶段要求在格次的基础上遵守更多寺庙戒律，课程学习上主要以辩经为主，修习辩论学、心理学、因明学等学科。第三个阶段便是"格龙"阶段，要求僧人遵守更多戒律，并且要对密宗进行学习和修炼，还要对般若经、九乘学、中观论、俱舍论、戒律学等学科进行研究。

整体看来，苯教寺庙的学习可以分为两大部分，即显宗学习和密宗学习。

（1）显宗学习

僧人无论是学习苯教经文原理还是学习技能技巧，都要从学习文字开始，然后学习记诵一般常用经文。进入正式的"亿恰哇"班（专门以学习经文为主班级），之后学习的教材是"五部大论"。这五部经典，一般分为十三个班学习，初学者需十八年，精学最少需要二十五年的时光方能毕业。但是现在已经没有严格地按照这个学习程序进行了。关于五部大论，学习的先后顺序如下表（表5-2）：

表 5-2　苯教课程安排

五部论名称	学期期限	学习内容	学习目的
因明部	5年	《释量正论》《因明大疏》	掌握辩论方式与内容
般若部	4年	《现观庄严论》《金珠善说论》《现观庄严名义释广解》	征得解脱的方法
中观部	2年	《中观本颂》《中观论》《中观佛护释》《入中论广释》《中观广论摄义》	学习得道成佛的方式
俱舍部	4年	《俱舍论》《俱舍自诫》《俱舍大疏》《教灯俱舍摄义》	掌握苯教世界观和人生观
律学部	3~5年	《戒律本有》《菩萨戒释》《比丘戒释》《律部大疏》	以修行持戒为主

表格来源：戚瀚文自制

学完以上五部以后，僧人们便可对自己的未来有一个判断，根据学习的难易程度，有的僧人开始进入更深层次的深造学习，准备考取格西学位，有的僧人则转为其他专业。

（2）密宗学习

密宗在苯教宗派上属于内道觉悟派。在学习完必要的教义、教规后，有的僧人进入密宗学习阶段。遵循所谓的"明三年，暗三年"的学习方法。在密宗修炼方法与过程上，僧人在格龙阶段要坐禅三年，三年之中身体要接受一定的磨难，其中包括：冬天赤身练功，并将冰水浸湿的衣服披在身上，然后不断地跳动，直至身体将衣服烘干为止，共练100天，也就是苯教徒们所谓的"扎龙"；节食，用三周时间逐渐减少饭量，直至不能进食；冥想，以木板搭屋，四壁抹泥，屋顶留有一洞，内塞牦牛尾以通气和阻光，练功者坐在黑屋内沉思冥想，这样练坐功49天。以上三阶段的修炼共计170多天，要求在3年内修完。修炼方式通常由堪布本人单独传授。

5.3.3　寺庙对僧人的戒律

无规矩不成方圆，无制度不成国家。西藏早期社会在苯教思想文化的熏染下，就已经出现了约束藏族人行为准则的制度，这种制度是以宗教理论与道德理论为标准的双重考量，为以后藏族王室制定法律规范提供了依据。苯教理论在建设藏族早期伦理体系中的功绩是不可被消隐的。

从现在苯教寺庙中对僧人行为准则的约束来看，苯教寺庙在有效解决僧人的膳宿和学习问题的同时，对入寺学习的僧人在言行上的管理也制定了一套制度，可以看出，宗教在藏族社会中，不仅协调了人与自然的关系，而且约束着人与人之间的关系，这种约束可纳为道德层面。

国家为了规范西藏寺庙内僧人的行为准则，专门设立了驻寺工作的寺庙管理委员会，寺管会工作人员为了更好地为僧人服务，树立良好形象，规定了僧人的行为准则，下面就简单进行介绍（表5-3）。

表 5-3　寺庙管委会条例

条目	寺管会规范要求内容
1	僧人必须爱国爱教，遵纪守法
2	寺管会设立主任1人，副主任2~3人，成员4~5名
3	寺管会本着集体领导、分工负责的原则，民主管理寺院事务
4	寺管会的成员必须由拥护党的领导，维护祖国统一和民族团结、爱国爱教，有一定佛学知识，为人正派、办事公道并敢于管理的受全体僧人拥护的本寺常住僧人担任
5	寺管会的成员必须在民主协商的基础上由寺院全体僧众民主选举产生。报县宗教局审批
6	寺管会每届任期三年，可连任。僧人有权提请罢免不称职的寺管会成员
7	团结教育本寺僧众，遵守国家法律和各项方针政策
8	积极协助各级政府贯彻宗教信仰自由政策
9	组织、安排、处理寺院日常事务
10	建立健全寺院各项规章制度，加强民主管理
11	组织全寺僧众学习时事政治、佛学知识、提高僧众素质
12	保护寺院文物财产
13	组织僧众开展社会公益事业和生产自养事业

续表

条目	寺管会规范要求内容
14	协助有关部门接待国内外来寺朝拜、参观的客人
15	收集整理传统佛教资料，开展学术研究
16	定期召开会议，向全寺僧众报告工作情况，讨论办理重大事务
17	自觉接受政府的管理，定期、不定期向寺院所在地政府、县宗教事务部门和县佛协汇报工作。并服从宗教部门的监督
18	积极协助宗教事务部门认真抓好宗教教职人员的等级颁证及寺院定员和宗教活动场所年度年检工作
19	不得以任何形式向信教群众摊派和收受财物
20	开展宗教活动，坚持就地、小型、从简的原则，不搞攀比、不讲排场，按规定程序上报政府审批后进行

表格来源：戚瀚文制

寺院为了规范僧人行为，树立良好形象，结合实际，制定了以下僧人守则（表5-4）：

表5-4 僧人规范守则

条目	寺管会规范要求内容
1	僧人必须爱国爱教，遵规守法
2	维护法律尊严，维护人民利益。维护民族团结，维护国家统一
3	维护和遵守寺院的一切规章制度
4	教职人员到寺外进行宗教活动，必须经寺管会同意
5	任何僧人不得伪造、转让、出借宗教教职人员证书
6	不得擅自邀请境外宗教组织、宗教人士等来访、传经、集会干涉寺院教务和内部事务
7	僧人不得携带武器和管制刀具
8	不得利用宗教干涉国家行政、司法、学校教育和社会公共教育
9	不得散发未经政府主管部门批准的宗教书刊、音像资料等宣传品
10	严禁僧人打架、斗殴、偷盗、赌博等，不得介入不适宜僧人的各种娱乐活动
11	所有活佛、高僧都必须遵守寺院各项规章制度，服从寺管会管理
12	僧人自觉爱护寺院环境卫生，讲究个人卫生

表格来源：戚瀚文制

5.3.4 苯教僧人的一天

苯教寺庙对僧人的起居安排有其自身的规律，其性质类似于我们内地的高等院校。各个寺院的作息时间根据僧人的职务来进行评定。为喇嘛清晨准备酥油茶的僧人，一般要在凌晨4点起床，开始烧水煮茶；清晨诵经的僧人，可迟一个小时起床，打扫僧房，收拾床铺，然后点燃僧房佛龛前的酥油灯，焚香，供圣水，祈祷，默诵经文。早晨7时整，僧人聚集在集会殿门口，按照年龄长幼、入寺时间长短有次序地排队进入集会殿，坐在自己的座位上。座位也是按照入寺时间来进行分配的，全体僧人入座后，关闭集会殿门扇，由领诵师宣布早殿开始，领诵师带头诵经。除非有特殊情况，寺庙内的僧人都参加早殿，若确实不能参加早殿者，要征得铁棒喇嘛的同意；否则，要按戒律处置。

声音洪亮的领诵师念完第一句经文后，参加早殿的所有僧人，便齐声诵经，场面很壮观。20分钟后，稍作休息，准备早茶的喇嘛把煮沸了的酥油茶用铁桶背进集会殿，从活佛开始，按顺序给每位诵经僧人分送。但是，谁也不先喝，直到领诵师一边念着经文，一边将一碗酥油茶供奉到佛像前，僧人们才开始喝自己碗里的酥油茶。之后僧人一边诵经，一边喝酥油茶，负责送酥油茶的僧人不停给大家添茶。茶过三巡，便开始吃早饭，寺院规定，参加早殿时，每个僧人自带早餐，由寺院统一供应酥油茶。早餐很简单，一般是糌粑拌酥油茶，他们把糌粑放进酥油茶碗里，用手搅拌，和成团子，捏在手中吃，不用筷子。早餐之后，继续诵经，早殿时间为两个半小时，到早晨9时30分，早殿宣布结束。如有通知全寺僧人的事情，就在早殿结束前向全体僧人宣读一遍。

上午10时，僧人们开始从事自己的本职工作。按照分工，有的僧人从事殿堂的日常管理；有的僧人到相关扎仓学经；有的去民间举行宗教活动；有的僧人参加生产性劳动；有的僧人学绘画、刻印经板、雕塑佛像、整理佛籍等等。

中午12时30分，全体僧人再度聚集在集会殿诵经，程式与早殿相同。大约诵经一个小时左右，各自返回。中午饭僧人们自行解决，寺院一般不供给午餐。

下午4时，由寺院安排具体活动，一般情况下每周二、四、六下午不诵经。星期二下午为寺院集体学习，内容为寺院管理方面的问题；星期四下午为政治学习的时间，内容由当地宗教管理部门统一安排；星期六下午为寺院卫生大扫除时间。

表 5-5 苯教活佛日程时刻表

丹增彭措（曼日寺）		格桑仁增（热拉雍仲林寺）	
时间	事项	时间	事项
5:00-7:00	自修大圆满法	6:00-7:00	自修大圆满法
7:00-8:00	诵大圆满经文	7:00-8:00	诵大圆满经文
8:00-9:00	供奉佛像并早餐	8:00-9:00	供奉佛像并早餐
9:00-10:00	讲授显宗中观部	9:00-10:00	讲授显宗中观部
10:00-11:00	讲授苯教九乘	10:00-11:00	讲授苯教九乘
11:00-12:00	讲授苯教律学部	11:00-12:30	讲授苯教律学部
12:00-13:00	讲授苯教大圆满法	12:30-15:30	休息
13:00-14:00	休息并中餐	15:30-16:30	讲授藏族古典文化
		16:30-17:00	休息
14:00-15:00	讲授密宗四部	17:00-18:00	考察辩经
15:00-16:00	讲授藏族古典文化	18:00-20:30	教授大圆满
16:00-17:00	讲授密宗次第修法	20:30-21:00	休息并晚饭
17:00-18:00	休息	21:00-22:00	诵大圆满经文
18:00-19:30	考察辩经	22:00-24:00	自修大圆满法
19:30-20:00	批阅学生作业		
20:00-21:00	讲授显宗法五部		
21:00-22:00	休息并晚餐		
22:00-23:00	自修大圆满法		

表格来源：戚瀚文自制

晚间7时，全寺僧人到集会殿进行晚祈祷。晚祈祷与早殿一样，约两个小时，剩下的时间由僧人们自己安排。晚10时熄灯休息。

苯教活佛也有其自身的生活作息时间，一般情况下苯教活佛要对僧人讲授经文。下面就对笔者采访过的曼日寺活佛丹增彭措和热拉雍仲林寺的活佛格桑仁增的作息时间进行简单分析（表5-5）。

小结

本章从经院教育体制切入，分析苯教经院制度方面的内容，包括苯教活佛的认定方式、苯教寺院的组织制度和苯教僧人的生活等三方面的内容。

苯教活佛的认定方面分为世袭制和转世制两种，世袭制是苯教从远古时期一直延续下来的传承方式，这种传承方式的优点是可以增强某一个家族集团的权利，其缺点是容易使该家族集团的发展受到限制；转世制是后期佛教所倡导的一种活佛继承方式，被苯教沿用。第二节分析了苯教寺庙的组织制度，因为苯教寺庙在这方面的规制是学习和借鉴佛教的，并没有自身的特点，所以该小节并未做过多的论述。第三节介绍了苯教僧人的职位及其职能特点和僧人入寺学习的特点等，论述了僧人所要遵守的戒律与清规，以及一个苯教僧人一天的活动。

注释：
1 昆卓扎巴. 昆卓苯教史[M].1974：107.
2 夏尔杂·扎西坚赞. 嘉言库[M]. 北京：民族出版社，1985.
3 昆卓扎巴. 昆卓苯教史[M].1974：420-421.
4 永平. 西藏活佛转世制的由来[J]. 中国宗教，1996(1)：26.
5 卡尔梅桑木旦. 概述苯教的历史及教义[G]. 向红茄，译. 国外藏学研究译文集.

6 苯教的节日与仪轨

6.1 苯教与高原文化

6.1.1 苯教与藏历

藏历的起源与苯教有渊源。据相关文献记载,在吐蕃时期开始使用藏历,藏族先民们在不断的生产劳作中,开始认识并发现日月星辰不断变化的现象,注意到这种变化对生产劳作的影响。随之产生了关于天地起源、日月星辰、风雨雷电等不可透析现象的神话故事,这些神话故事成为藏族社会早期对天文学研究方面的雏形。为了躲避自然灾害,藏族聚居区人民便开始探索这些现象,并根据日月的转换,花开花落,草青草枯,叶子生长和脱落,鸟兽的出洞与蛰居的特征,逐渐确定出这些变化在时间上的规律,产生了日、月、年和季节的观念。苯教师们吸取民间的经验积累,加以研究、归纳、筛取规律性的东西,使其条理化、模式化,成为指导人们生活生产的最早历算。

藏历正是在此基础上,吸收汉地、印度的历算,并逐渐完善,成为现在的一套体系。如今西藏人民依旧过着藏历的节日,他们有自己的藏历新年和庆祝方式(图6-1)。苯教师在藏族历算的地域化、独特化方面所做的努力功不可没。

6.1.2 苯教与藏医学

在藏族社会中,一直有关于藏医的各种神话传说,据说藏医是度母"引超玛"带给雪域众生的。这表示藏族先民很早就对预防或治愈疾病产生了一定的经验。在原始苯教时期,这些经验成为苯教巫医给人看病的资本。原始苯教时期"巫"与"医"是分不开的。

苯教在自身演变过程中对藏医学在某个时期的发展产生过影响,根据苯教史《朗杰》所述,"早在两千年之前,藏族社会上就流传有用苯教文抄写的三种医书,载有治疫病法九种"。藏医学在吐蕃时期得到了蓬勃的发展,尤其是公元641年吐蕃赞普松赞干布迎娶了唐朝文成公主。文成公主的入藏不仅给吐蕃带去了丰厚的财物,更重要的是带去很多先进的知识,在医学方面表现为《吐蕃王朝世录明鉴》中记载的"治四百零四种病的医方百种,诊断法五种,医疗器械六种,(医学)论著四种……"。并有僧医撰写出了当时较早的医术《医学大全》(藏名《门杰亲术》)。公元8世纪初,藏医宇妥·宁玛元丹贡布(708—833),不畏艰难险阻,走遍西藏,对流行的医治方法进行编纂与总结,历时20余年,于公元753年写出了颇具科学价值的藏医经典著作《四部医典》。这部典籍汇集了西藏所有医学知识的精华,当然也包括苯教方面,因为在佛教尚未传入西藏时,高原文化的形态特征是以苯教思想为指引的,藏医学亦是如此(图6-2)。

图6-1 藏历新年的庆祝,图片来源:汪永平提供

6.1.3 苯教与西藏岩画

西藏的岩画艺术博大精深，它所呈现出的文化脉络错综复杂，对于西藏岩画的研究已经超出了艺术研究的范畴，它与考古学、人类原始思维研究、民族学、古文字学等学科有更加紧密的联系。

与西藏岩画关系最为紧密的文献应属敦煌古藏文苯教写本，"这些写本中记载的苯教传说与仪轨内容，隐晦而曲折地反映了早期羌人西迁、开发藏北草原（藏语'羌塘'）的历史过程；而西藏岩画则以生动而写实的画面，直接表现了羌人西迁及开拓'羌塘'的壮举。研究西藏岩画，不能不特别涉及苯教仪轨文献的研究"[1]。苯教文献以公元11世纪为限，可分为两大部分：11世纪前苯教文献写本以敦煌古藏文写卷为主；11世纪以后的苯教形成了自己的一套理论体系，但这套体系中存在大量佛教体系的缩影。敦煌文献中的苯教写本，上面记载的是苯教徒进行仪轨活动的诵唱词，这些与苯教有关联的敦煌古藏文写本，反映了当时以苯教文化为基础的藏族人民的生活状态，因为当时文字并不是游牧民族交流的主要信息手段，所以他们大部分都以岩画的方式进行信息交流，而宗教又是岩画存在的一个重要理由和内在动力。所以，存在于西藏的早期岩画，其内容除了反映当时人民的劳作之外（图6-3），也有来自苯教方面的影响，只是这种影响已经深入到人民的日常生活之中，使人不易察觉。

6.1.4 苯教与唐卡

唐卡是用彩缎装裱而成的卷轴画，是一种宗教绘画艺术，以宗教题材为主要内容。唐卡绘制佛像最为普遍，但除了有取材于西藏社会历史、生活习俗的唐卡画，也有反映天文历法、藏医药的唐卡画。还有一种人物传记的唐卡，把历史事件中的重要人物和佛经故事中的重要宗教人物的一生或突出的活动片段绘制在唐卡作品中。

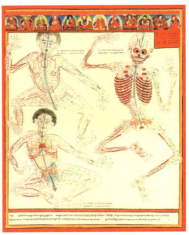

图6-2 藏医树根图及人体经脉图，图片来源：索朗·秋吉尼玛提供

绘制过程中，内容追求连贯、变化，用山水、奇石、云彩、建筑物、树木等把众多的历史事件和佛经故事有机地串在一起，使画面的内容鲜明地得以表达。其主要特点是据史作画，以画寓史。

笔者在孜珠寺调研期间，巧遇四川艺术学院教授唐·格桑益希前来孜珠寺调研，唐教授主要是针对孜珠寺的匝尕进行了一系列的研究。唐教授在其《藏族美术史》中对匝尕的说法是："匝尕画卡是一种宗教绘画的微型袖珍画片，一般长宽约10~20 cm。最常见的是条幅形，也有方形。因其小，故不能用锦缎装裱，仅在画边四周绘以红色或红黄两色的边框。匝尕画卡内容，多描绘各种神灵、佛、菩萨、护法的独幅肖像，有立姿、坐姿等造型。有时也画一些诸如佛塔、吉祥图徽之类的神器、法器或宗教图案。孜各利画因其画幅较小，故画风技艺精细入微，绘制技法如同唐卡，敷色鲜艳浓烈，线条勾勒精到，

图6-3 西藏地区的岩画，图片来源：《西藏岩画艺术》

图6-4 匝尕正面照片（左），图片来源：戚瀚文拍摄

图6-5 匝尕密宗图片（右），图片来源：戚瀚文拍摄

描金勾银的技艺更使画面锦上添花。孜各利画卡多作为寺或家中供奉、观赏收藏珍品，以作讲解佛经意义之图示。在形式上，类似于我国汉地小品画；在表现题材上，类似于唐卡；在表现技巧上，类似于阿拉伯细密画。"[2] 下面笔者就对匝尕进行一下简单的阐述。

匝尕不同于一般的唐卡，我们可以把匝尕理解为缩小了的唐卡，但它又不是唐卡。匝尕的形制要比唐卡小，一般其尺寸为 60 mm×80 mm，以方形、圆形、条幅行和圆形居多，笔者在孜珠寺看到的匝尕以方形为主。唐卡在形制上一般为 75 cm×50 cm，且以方形为主。在使用上匝尕多为苦修僧人使用居多，且成套出现，携带方便，流动性强；而唐卡主要以供养及装饰功能为主，一般固定在居室内的某一特定地点，流动性差。在保存方式上，匝尕大都保存在用锦缎装裱精致的嘎乌盒里，为了使匝尕更容易存放，一般将匝尕先用红布包好，然后再将包好的匝尕放入特制的夹经板内，这样匝尕就不会因为存放不当而遭到人为的毁坏。孜珠寺的匝尕就是用此方法保存的。而唐卡一般都被卷起来保存。

匝尕是一种具备独特功能的微型宗教绘画（图6-4）。它一般流传于修行的僧人内部，反映的是僧人修习密宗的各种法度，且不示众传播，仅由师傅传授给弟子（图6-5）。苯教匝尕从不同的侧面反映了某一时期藏族人民的审美标准和宗教归属。匝尕就是这一观修过程中的重要参照与观想对象，其内容是苯教理论具象的表达。我国目前对匝尕的研究还属于初级阶段，这有它的局限性，因为能够将匝尕看明白的一般都是苯教的大德高僧，普通学者也只能从它的形制尺寸以及美学特点上来加以分析。

6.2 苯教的节日

每逢苯教寺庙举行盛大节日的时候，苯教徒就会跳一种神舞，该神舞被称为"羌姆"。羌姆是苯教的一种宗教舞蹈形式，主要是为了通过舞蹈所表演的故事，向信徒传播苯教所提倡的教义与教规。"羌姆"是藏族宗教节日活动中重要的宗教仪式性乐舞，如今在西藏寺庙，凡是重大节日的时候一般都会举行羌姆法会。"羌姆"这一种舞蹈形式源于原始"苯教"，但是"羌姆"的后期发展与传承却是与藏传佛教各派系的发展分不开的。下面简单介绍在苯教影响下的西藏节日。

6.2.1 新年驱鬼节

苯教的世界观将世界分为三个等级，它们是由神、人和鬼共同构成的。人在日常生活中得的各种病症是由恶鬼带来的，若想要得到康复，就要把鬼怪驱走，所以驱鬼仪式是苯教僧人所熟练掌握的。苯教学说主要由"光明"和"黑苦"两种对立面组成。"黑苦"是指魔鬼、雷电、火灾以及八万四千种疾病以及人间的不平和怨恨；"光明"则由圆满、幸福、恩爱等因素构成。苯教慑于"黑苦"，因而产生了很多的驱鬼仪式，尤其以藏历新年中驱鬼仪式最为重要，且该仪式在卫藏地区非常普遍（图6-6）。

《雪域西藏风情录》的作者廖东凡先生曾这样写道："在许多拉萨人的观念中，世界上除了人，还有各式各样的鬼在活动，正是他们的捣乱，人们才有疾病、灾难、口角争执。在新年到来之前，一定要把他们清除家门，赶出拉萨，赶到地狱里去……实际上，拉萨街头赶鬼的主角是巫师。二十九日这天，巫师要身穿盔甲，待'神魂'附体之后，便怒发冲冠，全身神经质的颤动，面部扭曲，圆睁双目，狂怒地穿行于拉萨街巷之中，向旧岁之鬼射出一支神箭，最后把鬼魂的佣象投入火中烧毁。"³

图6-6 参加节日的信众，图片来源：http://www.bonpo.com.

6.2.2 砧庆节

每年藏历的12月23日至29日，西藏各地苯教寺院及邻近群众要过"砧庆节"（图6-7）。12月22日，全寺僧众分头制作"多尔玛"、酥油灯、曼荼罗等供品，备好煨桑的柏树枝并清扫寺院。从12月23日开始，苯教活佛及众僧诵经祈祷5天来祈求本尊及众护法神保佑天下太平，众生安乐，然后众僧盛宴供品中的曼荼罗。节日期间，僧俗群众云集寺院，除上供、诵经、祈祷外，还要祭供桑烟，表演神舞，一则以歌舞娱神，二则镇魔驱邪。据说人在生前多看神舞，死后就会由护法神超度而不会感到恐惧。苯教的寺院对神舞表演时间、表演场合、表演内容均有严格规定。

12月29日，砧庆节进入高潮。晨光刚露，活佛及全寺僧众仪仗列队，由叶祥香炉引领进入节日场地表演御酒神舞、绰波舞等神舞。在神舞表演过程中，穿插一些幽默欢快的短剧。这些神舞和短剧使神圣的节日气氛多了些许轻松。

藏历12月30日早晨，寺院门前燃起桑烟，寺院内传送出祝福信徒吉祥安康、无病无灾的虔诚祈祷之声，至此一年一度的砧庆节在桑烟和祈祷声中结束了。

图6-7 节日中的煨桑，图片来源：汪永平拍摄

6.2.3 插箭节

在东部藏族聚居区，尤其是安多地区，各个部落、各个地域都有着自己的保护神，这些神灵居住在高山垭口或神山之巅，他们护佑着所辖范围内的众生不受妖魔鬼怪的侵袭危害，为了报答他们，民众自发组织祭品对他们进行供奉。在这些供品中，箭是最重要的一种，因为这些山神大都是战神，用箭来供奉更能体现对山神的尊重。

插箭节参加的人几乎都是男性，也有极少数妇女参加（多为家中没有男性的人家）。据说这是一条不成文的规定，即除非家无男丁，不然不允许女人来祭神，即使儿子只有十一二岁大，也只能由他们来参加。箭的制作过程是，首先挑选笔直挺拔的树枝，将树

图6-8 插箭节现场照片，图片来源：http://www.xinhuaphoto.cn/

图6-9 春播节现场照片，图片来源：http://www.tibetculture.net/

枝去皮，在树梢上面挂动物的皮毛或者绑上风马旗，简单的木箭就制作成功了，再把这根箭插在固定的箭垛里，就算是插箭了（图6-8）。

插箭仪式一般选择在上午进行，第一道程序是煨桑，因为桑烟是与神灵沟通的媒介，参加插箭节的人们围着煨桑攒动，人们争先恐后地往桑火上添加自家的柏枝和糌粑并高呼战神的名字，把众生的诚心与愿望捎向山神。

插箭节的第二道仪式是向长空扬撒"风马"符纸。煨桑过后，人们赶到箭垛的前面，口中呼喊着咒语，把印有"风马"的纸片大把大把地扬向空中。天空中顿时像下雪一样被随风飘摆的风马纸所占据，它把人们对幸福生活的憧憬与对战神的敬仰传播出去。

撒过风马符纸之后，便开始举行最为重要的插箭仪式，参加仪式的信众将自己的箭高举过头顶，首先按顺时针方向绕煨桑台转一圈，然后再以同样的方式绕插箭垛转三圈，最后再把箭插进箭垛中。插箭完毕，整个插箭节基本宣告结束。

6.2.4 春播节

春天是播种的季节，西藏的农民为春播精心设计了春播开犁仪式（图6-9），该仪式举行的时间是藏历正月初五，春播节包括两个内容：在地里安放白石头；围绕白石犁五条沟子，并分别播种五谷。

给庄稼地里安放白石头的习俗，起源于原始苯教万物有灵的思想。农人认为白色能保佑庄稼的成熟，这些白色的石头藏人称其为"地龙妈妈"，有的称其为"金子石妈妈"。藏人对白石表达敬畏和崇拜，借此祈求神灵带来风调雨顺、五谷丰登。当今西藏大部分地区的农民仍用牦牛犁地，该节日就成为农民与耕牛的狂欢节日。在出发之前，主人和耕牛都要美餐一顿，人要吃家中最好的食物，饮青稞酒；牦牛要喂很浓的酥油茶及其他精料方可以上路。出门时，户主会取出事先准备好的白色石头（头年秋天从自家庄稼地里迎回来的），用彩色藏毯包好后往自己家的耕地走去，其他人分别背着木犁、食品以及祭品等跟随其后。到了田里，在自家田地的四周进行煨桑，以清除不洁之气。之后再开始安放白石，白石大都放在田中较高的地方，安置后撒青稞酒，放糌粑等祭品，最后插上经幡，让耕牛围绕白石耕出五条沟，并在每条沟上播撒不同作物的种子，十天之后来到这里检查，并根据出苗的情况预测今年的收成。

6.2.5 珠庆节

按照苯教仪轨，在藏历的9月15日至30日为"珠庆节"，节日期间寺庙僧人要向民众分发自制的药材。由于制造药材的成本高昂，许多寺院每隔几年才过一次。

珠庆节之前，先用4天时间做准备，俗人如欲参加，必须在4天内住进寺院并与僧人一样严格遵守寺院戒律，直到节日结束。

藏历9月18日开始捏"多尔玛"供品，并在寺外的东南西北各方筑一土台，珠庆节间，寺外人不准越过土台，寺内人亦不许跨出土台。寺中活佛及僧人要全天闭门诵经炼药，若邪魔入寺，伤害众僧或邪恶冲于药，则视为不吉。

寺内经堂中央设一坛城，坛城台上插几个金刚橛作为镇魔法器，在几天的静修炼药期间，由本寺活佛给众僧摸顶3次，并给众神敬献4次火供。

藏历9月29日晨，寺院开门解禁，将4个土台上的四方大王像由原来的朝外改为朝内，以此告诉人们神药已炼成，可以朝拜，寺内僧人也可以同外界讲话。此时，3个手举火把和1个穿黑衣戴黑帽的僧人来到寺外，将纵火料撒在正在燃烧的火把上，火把"啪啪"作响，火舌吐向人群，以示火在驱鬼。于是，等在寺外的俗众潮水般涌进寺内，由活佛摸顶赐福，观看神舞表演。

6.2.6 迎鸟节

藏历推定布谷鸟三月十五日从喜马拉雅山南边的门达旺（原西藏所属土地，现被印度占领）返回西藏。这一天，西藏农区的家家户户一早便起床，带着香草香柏及其他食物到附近的林荫里举行欢迎仪式，祈望布谷鸟的叫声能带来好运和财富。古代西藏地方政府也很重视布谷鸟的到来，每年都要派出僧官或俗官专程到山南泽当镇（距离门达旺直线距离较近）附近的恰萨林卡举行迎候仪式，仪式隆重庄严。

藏人从远古时期起，就已经开始认识到鸟与自己的收成、与气候有着某种紧密的联系，这一切，都在苯教对鸟的最早自然崇拜中有所体现（图6-10）。鸟也就成为藏人生产的报时器。《象雄老人口算》一书，是藏族最早的历法，其中就有以鸟日计算时令的算法："冬至后过35天，又觜日38天，又

图6-10 迎鸟节现场照片，图片来源：http://www.tibetculture.net/

觜日37天，再2天有木棍日15天，晚播种末日5天，再过4天始见杜鹃鸟，又过36天早生山羊羔，又过15天太阳夏至……又太阳冬至7天。按以上太阳南至、北至、鸟和星等日，一年中共有365日。"

至今仍被广大藏族同胞使用的藏历，时令也与鸟挂钩，以鸟为一定节令的标志。如现行藏历中说：每年公历三月中旬左右，若见到鹞、柳树树芽开放，则西藏适宜播种；公历三月下旬左右始见戴胜鸟、大鼠击洞，宜后早期播种；公历四月初始见水鸥、雄赶羊鸟，则适宜前中期播种……公历五月初，始见杜鹃鸟，则所有地区耕种完毕。迎鸟节中的布谷鸟成为鸟的代表，这也反映了藏族人民通过该仪式表达自己期待庄稼丰收的心情。

6.3 苯教思想下的各种崇拜

6.3.1 天的崇拜

西藏人民对天的崇拜最初起源于"万物有灵论"。上天给人类带来阳光和甘露，也

给人们带来各种灾难。这些直观的表象引发了原始人对天体的崇拜，他们认为上天是万事万物中最至高无上的，最值得遵从。藏文文献中普遍记载了最初的聂赤赞普至雅砻河谷时，人们认为他是由天界下凡的神人，还有智贡赞普割断天梯的传说，至今藏族人们对此民间传说仍深信不疑。此外，苯教推崇蓝色，在很大程度上也是跟天的崇拜有关，蓝色代表蓝天，苯教徒体着蓝衣，包书用蓝布，就是很好的证明。

6.3.2 火的崇拜

西藏苯教认为火具有清洁污垢、祛散邪恶的功能，火给人们带来光明、温暖、驱散寒冷等。除了天上的太阳，就是火给人类带来了幸福。在西藏，炉膛里的火被视为圣火，若向其内投掷污秽的杂物，会带来不必要的麻烦，炉膛里的火是禁止人们跨越的。

对西藏人民来说，火还被更广泛地应用于生活的其他方面。如藏族人习惯用点着的香柏来熏屋中的人与物，以祛除各种邪气；如家中有产妇或者家有病人时，就在家门口烧一堆牛粪火，以防止邪气侵袭淫掠；在牧区如有婚嫁之事，亲朋们便沿途设灶敬茶，并烧起火堆，新娘要从火堆上跨过以祛除自己身上所沾的污秽邪气，待至新郎家门前，新娘要下马绕门前的火堆转三圈之后方可进屋；藏历新年期间，小孩子要跳火堆；在举行佛事活动的时候，点酥油长明灯供佛，或点火堆煨桑进行祭祀等等，都是火崇拜的直接或间接的体现。青藏高原在远古时代就崇尚火，并有完整的仪轨和理论，这与苯教文献认为人类是从光明的光芒中繁衍而来有渊源关系。

6.3.3 水的崇拜

藏族人十分重视水的质量，认为水质的好坏与人们身体健康息息相关，因此对饮用水十分讲究。每天清晨，总要取新鲜水。取水的工具有专门用来背水的木桶，储藏水的工具有特制的石缸、水箱、铜锅等，储水器具放置于水柜下面，水柜用木板装修后要请专门的花匠彩绘装饰，并且要进行隆重的开光仪式。具体仪式为，清晨的时候主人要在水柜前摆上供桌，供奉圣灯、干果，家中还未出嫁的女儿赶在太阳没有升起前从外面背回一桶洁净的新水，恭候僧人的到来，僧人来后诵经开光，洒甘露圣水，并在水柜上献上一条洁白的哈达，为水柜开光加持并祈祷祝福。主人再将清晨背回来的纯净的新水倒入水柜里，亲友也纷纷携哈达前来祝贺，敬献哈达，口诵吉祥颂词祝福主人一家长命百岁、吉祥如意。至此整个开光仪式才算正式结束。

6.3.4 神山崇拜

藏族人民对神山的崇拜可谓人人皆知，藏族人认为神山是有灵性的，因为它们的内部居住着各种神灵，故在西藏处处可以见到神山与圣湖，这里的山水湖泊已经成为一种精神的载体，被赋予了特殊的灵性和神力。为了祈求神灵的保佑，藏族人民不定期地举行朝拜神山圣湖的活动。

苯教建立了山神、水神、地方神、祖先神等神灵群体，出现了最早的最有权威的四大圣山，四大圣山是雪域卫藏地区百姓朝拜的主要神山。在藏东北部安多地区和西南部康区，也有很多神山，如青海省黄河源头的阿尼玛卿神山。传说中的阿尼玛卿雪山是一位神通广大的英雄山神，戴银盔银甲，依长剑，骑着玉龙白马，震慑群魔，守卫四方，保佑平安。阿尼玛卿山神属相据说为"羊"，故每逢羊年，雪山周围及其他地方的信徒，自发地组织在一起前来朝拜，以求得神山的保佑。

西藏阿里的冈底斯神山同样是一座受到全世界佛教徒崇拜的神山，每到马年，印度等国的佛教信徒会成群结队地来到神山前虔诚地转山祈祷敬拜山神。围绕冈仁波齐主峰转圈表达敬意之情，并在圣湖玛旁雍错中沐浴，以获得福报和神的呵护。

西藏最南面的墨脱县有个以神山南迦巴瓦峰为主要中心的白马岗，白马岗是西藏佛教经典中所说的世界十六个隐藏着莲花圣地的最为神秘的圣山之一，此山也是佛教徒朝拜的地方。主峰赞日神山的山神据说属相为猴，每逢"猴年"，白马岗崎岖艰险的山路上涌动着来自四面八方的朝圣者，他们通过祈祷磕头、烧香念诵经文、转山来表达内心的敬仰。

神山崇拜的习俗，使西藏东部出现了祭祀山神的许多节日，如采花节、祭山节、插箭节等节日，祭祀神灵是这些节日的主题。

6.3.5 风马崇拜

"风马"崇拜在西藏也非常兴盛。"风马"的含义有两种，第一种是指气数、运气，特指五行方面；第二种为风马幡，是指在屋顶或山顶等处象征运气的印有风马图案的幡（图6-11）。

风马图案的中央是风马，四个角分别是大鹏、狮、虎和龙等神兽。传统说法是风马幡中的五种动物象征着人类的五个部分，大鹏鸟是生命力的象征；狮子是胆识与魄力的象征；老虎是一个人的身体是否健康的象征；龙是事业繁荣的象征；中间的马是灵魂的象征。风马幡的实际含义是"风"，表示希望印在风马旗上的祈愿经文能够随着风的吹散而让经文环游世界，"风"是搭载祈愿经文隐喻的马，故名为风马旗。苯教传统解释说马就是搭载灵魂（即祈愿文）的工具。风马旗经常被悬挂于房屋门口、房顶、十字路口、山顶、关隘等比较高的地方，与苯教的某些仪轨相符。现今佛教与苯教都认定风马旗是运送灵魂的标志，即风马与

图6-11 节日中的风马幡，图片来源：汪永平拍摄

通天的灵魂也有关系，如祷词中常说的"如修好战神的宫殿、扯起风马灰盔的天绳"，这不仅表明了战神与风马有一定的联系，也表明了风马与灵魂升入天界的天绳有关等。"风马"的最初形态是绘有魂马形象的送魂幡。苯教丧葬仪轨文献讲到阴间时常常提到"山口""渡口"等，这些是比喻灵魂进入天界路途的艰辛，因此风马被作为死者死后的坐骑，受到苯教信徒的特别关注。

6.4 苯教仪轨

苯教自身形成的对待神、鬼的仪式，是基于九乘理论中前四因乘发展的，即恰辛、朗辛、斯辛和楚辛。苯教僧人通过各种仪轨占卜祸福吉凶、供奉祭祀神灵、差遣鬼神、消灾祈福，以求人畜兴旺、稼禾丰收，其目的是为了使社会通过宗教约束的力量而变得稳定。目前苯教的信徒不多，但苯教的仪轨和祭祀方式长期直接影响藏族人民的生产活动，其宗教理论和宗教约束对整个藏族社会已经产生了不可磨灭的影响，不少教法、仪轨已演变成藏族民间宗教信仰的主要方式。因此，可以判断苯教文化对青藏高原尤其对藏族文化的影响是深刻的。现在很难将苯教仪轨一一列举出来，有关学者认为这些仪轨和祭祀方法包括"360种禳祈法、8 400种观察法、四歌赞法、八大祈祷法、360种超荐

亡灵法和81种镇邪法"[4]。常见的有结婚、传宗接代、增加财富、招来好运、延长寿命、丧葬、占卜、驱魔、治病、避祸等等。由此，可以认为，仪轨活动是苯教宗教内容的具象形式。

6.4.1 哇曲阔

哇曲阔汉文称之为"水火仪"。其过程如下：事先找三块比较大的石头，在其上放置一口注满清水的铜锅，然后将水烧至沸腾，此时，仪轨师行至锅旁，将双手缓慢地浸入沸腾的水中。双手在沸腾的锅内放置一段时间后，把手收回并将事先用酥油捏成的仪轨物品抛入水中，过一段时间，该僧人再将这些物品逐一捞出，放在之前扎好的木架上。此时，还要向锅底继续添加柴火，仪轨师用一根牦牛尾蘸锅中水，洒向等候在四周的农牧民身上。然后徒手将事先放在锅底烧得通红的无柄斧头取出，一只手拿住斧头，另一只手拿出一根羊毛绳，将绳子穿入烧红的斧头孔内，然后用双手拉住绳头，像"摸顶"[5]一样，将斧头在信徒头上转一圈，再将斧头抛入铜锅中。其后，左手从锅底火堆里摸出烧得赤红的卵石，右手抓起一把糌粑撒在卵石上，以同样的方式在人群头顶转圈，待石头逐渐冷却后便被抛入水中。仪式完毕后，仪轨师将酥油捏成的仪轨物品分成几块，连同烧过的石头、沸水等分给参加仪轨的每位信徒。信徒将这些物品视为圣物，并将其带回家用以治病。

6.4.2 曼扎供

曼扎供是苯教仪轨中最普遍、最常见的仪轨之一，相传是苯教始祖顿巴辛饶为众生积德、断障而传授的法门。信徒若想增长善缘，就要勤供曼扎。供奉方法为：首先供奉者要端坐，用左手托住曼扎底盘，用右手来回擦拭盘口，心中要默念经文咒语，之后用右手无名指沾一下事先准备好的水均匀涂在曼扎的底盘上，然后将曼扎盘从左到右顺时针旋转三圈，将曼扎上的供物倒在布上，这样曼扎就完成了一次，这种过程要进行三遍，之后将曼扎盘的宝顶安放好，这就是一个完整的曼扎供的过程。

供曼扎时需要五种供物，分别是灯、水、花、香和食物。灯是光明与智慧的象征，灯供表示把自己内心的智慧和光明启发出来，把光明和快乐照耀到全世界，祈愿人类消除烦恼，拥有智慧；水是洁净的象征，表示能够洗刷供奉着的罪孽，并祈愿万物吉祥；香是思想的象征，表示把慈悲名誉传播开来；鲜花和食物是物质的象征，表示供奉者能够衣食无忧。

6.4.3 煨桑

煨桑在西藏有着很长的历史。传说以前藏族男子在出征或狩猎归来时，其家人会在门口点燃事先堆好的柏枝和香草，并向归来的人身上洒水，祛除他们从外面带来的晦气。后来这种形式经过演变成为一种节俗，在西藏这种习俗已经变成一种习惯。如今在西藏牧区或者乡下，几乎每户人家都备有煨桑台，家庭成员可以在自己家房顶、院落、帐前煨桑，供养一方神灵，祈求家业昌盛、人丁兴旺。

煨桑有两层含义，一是净化自我，二是供奉神灵，通过煨桑时所散发的烟尘，达到与神灵沟通的目的。煨桑过程中所烧物品以柏树枝为主，兼用艾蒿和石南等香草的叶子。在西藏煨桑仪式随处可见，但煨桑有其固定的节日，并且有固定的仪式。首先煨桑的地点应选择在山头或河岸的旷地上，之后点燃柏枝，待其燃烧后撒上少量糌粑等供奉物品，借助袅袅升起的青烟，以祭祀所奉供的神灵，期望获得圣灵的庇佑。在寺庙中，一般会有煨桑专门用的煨桑塔，其外形与佛塔相似，只是塔肚内空，煨桑时将所烧物品点燃放入塔肚内即可。

6.4.4 火供

火供的主要目的是做供养，意在息灾得福，功德圆满。其仪轨为将食物或各式各样的贡品放入火中燃烧。火供对象有上供（即供养与给予）和下供（即布施）两种方式。火供所供奉的物品必须要用菩提叶包裹，在火供时，僧人手持法器念诵火供经文，用法器不停地在供奉物品上空旋转，当点燃火供的铜炉时，僧人开始把之前准备好的贡品缓慢地抛入火中使其燃烧，并不断地快速念诵经文。

在苯教寺院各种各样的仪式中，普遍运用的还有"洋周"，即对某种物品念经修法，然后将其严密封存以祈求运气亨通；放赎物即用以忏悔罪过的替身；卜卦；对死者生者的超度等仪式。

小结

本章主要论述了苯教的节日与仪轨方面的内容。苯教与高原文化是不可分割的，体现在苯教是存在于西藏的原始宗教上，因为时间上的久远，苯教在某些方面的教义或内容已经影响并渗透到了西藏文化中，且很难将其逐一论述。

该章分为四节，第一节从西藏生活的各方面来分析苯教对其所产生的影响，包括苯教和藏历的关系、苯教与藏医的渊源、苯教对西藏岩画和唐卡的影响等；第二节与第三节从苯教影响下的西藏节日和苯教影响下的民间崇拜来进行论述，分析苯教在人们心目的地位；第四节简单介绍了苯教的仪轨，因为仪轨仪式的存在是苯教区分于其他教派的明显特点，后来的佛教之所以能够在西藏大规模传播，原因之一就是吸收并采纳了苯教方面的各种仪轨与仪式。

注释：
1 张亚莎.西藏岩画与苯教仪轨文献研究[J].西藏大学学报,2007(1):22.
2 唐·格桑益希.藏族美术史[M].四川：四川民族出版社,2005:228.
3 廖东凡.雪域西藏风情录[M].拉萨：西藏人民出版社,1998.
4 土观·罗桑却季尼玛.土观宗派源流[M].刘立千,译,拉萨：西藏人民出版社,1993:190.
5 摸顶为西藏僧人对信众赐福的一种方式。

7 重要历史性苯教寺院调研

7.1 阿里地区的苯教寺院

阿里地区是象雄文明的发祥地,位于西藏自治区西部,北接新疆维吾尔自治区,东接西藏那曲、日喀则地区,南边与尼泊尔、印度相接,西邻克什米尔地区(图7-1),是青藏高原西部高海拔地区。阿里地区地处祖国西部边陲,其内贯穿喜马拉雅、冈底斯、喀喇昆仑等三条西北—东南走向的巨大山脉,平均海拔高度在4 500 m以上,地形和气候条件复杂。

阿里地区有著名的冈仁波齐神山和玛旁雍错圣湖,它们承载着早期苯教文化的内涵,是远古文明的象征,也是苯教信徒向往的圣地。自从公元7世纪吐蕃吞并象雄王国之后,在古格王朝(公元9—10世纪)建立期间,存在于阿里地区的苯教势力开始受到排挤,最终导致苯教在阿里地区彻底失去根基。如今的阿里地区仅存一座苯教寺庙,便是古如江寺。

7.1.1 古如江寺

古如江寺(图7-2)坐落于西藏阿里地区。20世纪初,在藏北那曲地区霍尔三十九族部落之一的霍波雪地方出生了一名苯教大师——琼追·晋南南卡。他自幼聪明过人,对经卷爱不释手。为了学习更深的苯教教义,他走出故土,来到后藏进行修行与深造,并在当时苯教最高学府曼日寺和雍仲林寺拜师学习经文数十载,决定周游西藏所有苯教圣地,开始了云游之旅。从朝拜前、后藏地区苯教圣地开始,待其到阿里地区发现那里的苯教圣地已经早已失去了昔日的光芒,不但没有苯教寺庙,而且连一个信奉苯教的信徒都很难找到。他下定决心一定要在阿里修建一座苯教寺庙。1936年他在冈仁波齐山西南方向60公里的琼隆河谷修建了至今阿里唯一一座苯教寺庙——古如江寺。

古如江寺位于今阿里地区噶尔县境内,

图7-1 阿里地区示意图,图片来源:国家测绘地理信息局(2015年4月)

图7-2a 古如江寺鸟瞰(左),图片来源:汪永平拍摄

图7-2b 古如江寺室内(右),图片来源:汪永平摄

该寺庙在"文革"期间被损毁,于1985年开始着手重新修复,修复工作是由苯教著名大师丹增旺扎主持的。丹增旺扎是琼追·晋美南卡大师的得力门徒,从小离家跟随大师一心钻研苯教教义及相关的佛学知识,尤其对藏医药方面造诣颇高。他决定终身不回家乡那曲巴青县,一直在阿里从事藏医药以及苯教的继承和发展工作。目前,古如江寺已经修复成为具有一定规模的苯教寺院,住寺僧人也在不断增加,该寺已经成为了解和研究阿里古代象雄文化不可或缺的活课本。古如江寺主要建筑由卡洞拉康、祖拉康(有立柱24根)、藏康(有立柱5根)、噶丹居拉康(有立柱6根)等单元组成。寺内主要供奉珍巴南卡大师石塑像、佛母强玛金铜像、敦巴赤祖甲哇和塘玛美珍铜像、琼钦仁波且泥塑像,以及苯教始祖善业唐卡12幅;此外,还供奉有佛塔、法器和《苯教大藏经》(分为《甘珠尔》和《丹珠尔》两部分,是鼻祖辛饶·米沃切的遗训及其释疏)等经典。现任住持"格龙"单增旺扎是阿里地区著名的藏医,也是阿里地区藏医院的奠基人之一。

7.2 拉萨、日喀则地区的苯教寺院

拉萨、日喀则地区在以前被称为"卫藏地区",这个地区是整个西藏的核心,在甘丹颇章统治时期,拉萨地区被称为"前藏",日喀则地区为"后藏"。当佛教于公元8世纪在西藏盛行的时候,这些苯教寺庙遭到打

压,但依然存在,它们为我们了解苯教提供了宝贵的历史资料。卫藏地区的苯教寺庙共有8座(图7-3),它们的历史悠久,其中以日喀则地区的曼日寺、热拉雍仲林寺和叶如卡那寺最为重要,如今西藏的所有苯教僧人都会定期到曼日寺修习苯教佛法,然后到叶如卡那寺进行闭关加持。

7.2.1 日喀则曼日寺

1. 曼日寺历史沿革

曼日寺上师良麦·喜饶坚赞大师(图7-4)(公元1356—公元1415)出生于藏东嘉绒地

图 7-2c 古如江寺修行石窟内景(上左),图片来源:汪永平拍摄

图 7-3 拉萨与日喀则地区苯教寺庙分布(上右),底图来源:国家测绘地理信息局(2015年4月)

图 7-4 喜饶坚赞大师画像,图片来源:戚瀚文拍摄

区墨尔多神山附近一个名为"德觉"的村庄（今四川省甘孜藏族自治州丹巴县境内），他的家族属于扎氏，俗名为雍仲杰。其父亲鲁嘉为修持苯教教法的居士，共有三个儿子，喜饶坚赞大师在三子中排行第二。大师在小的时候比较调皮，由于母亲照看不善使其在外戏耍时不慎让柳枝戳伤了一只眼睛而导致失明，以至于后来喜饶坚赞成为大师，名贯雪域高原时被人们尊称为"雪域独目智者"。大师年幼时候跟随自己的父亲修习苯教基础知识，待到其十岁时正式拜雍仲坚赞为师，并在其门下依次受了斋戒、居士戒，并在较短的时间内诵读了很多苯教经典教义。他又接受了沙弥戒，被赐名为喜饶坚赞，意为"智慧法幢"，后来还到其他苯教大师门下修习相关的经文教义。大师18岁时，萌生了想要出去游学的信念，父母再三考虑同意后，他开始了漫长的求学之路。

a. 叶茹温萨卡遗址整体照片

b. 叶茹温萨卡建筑局部残损照片

c. 叶茹温萨卡修行洞照片

图7-5 叶茹温萨卡现状照片，图片来源：戚瀚文拍摄

喜饶坚赞在南擦瓦岗（今西藏昌都地区八宿、左贡等县境内）求拜了王系朱氏第十八代大成就者克珠仁青罗珠，上师看出其具有过人的才智，常让其追随在自己身边，经过多年的学习，大师终于成就了自己的夙愿。在喜饶坚赞大师30岁时，他以优异的辩才获得了格西的殊荣，至此声名远播。

雍仲苯教六大世系之一的王系朱氏所主持的叶茹温萨卡寺（图7-5），是当时苯教大本营，在最恢宏的时期前来学习的僧人达千人之多。在喜饶坚赞大师31岁的时候，他正式进入该寺进行系统地闻、思、修。在叶茹温萨卡世系主持人和其法脉传承的徒辈门下，喜饶坚赞大师得到诸多灌顶和传承，精修内外三藏。后来朱氏传承者将红白乌则和叶如卡郎等地方赠与大师，作为其传播苯教佛法的道场。喜饶坚赞在这里收了三十多位大学者和百余名谙熟内、外、密修行仪轨的行者为弟子，又为千余名僧众灌顶、受戒。

大师50岁时，即藏历木鸡年（公元1405年），在曼日吉祥宝地，开始破土动工，修建寺院。经当地居民和四方善男信女的供施，尤其是朱氏氏族的鼎力相助，一座经堂与鳞次栉比的僧舍建筑群就这样出现了。大师将该寺庙取名为"扎西曼日寺"。

2. 曼日寺建筑群布局特点

曼日寺位于西藏日喀则南木林县土布加乡顶布村境内（图7-6），从顶布村徒步约3个小时便可到达曼日寺。曼日寺整体建筑坐东北朝西南，其主入口在西南面，从外面进入主入口时需要经过一个弯道，经过弯道之后，整个寺的身影才渐渐浮现于眼前。曼日寺依山而建，海拔高度在4 000 m以上，四面环山，建筑群高低错落有致，气势恢宏磅礴，给人一种远离尘世的沉静感。建筑群整体由红色的大殿与白色的僧舍组成，并以中间的措康大殿为中心向两边次第展开。整个寺庙

图7-6 曼日寺鸟瞰图，图片来源：戚瀚文拍摄

在高度上因受到山地坡度的影响，故而高低悬殊。建筑群按照高差特点可以分为三部分，第一部分以讲修学院与正在修建的大殿为主导，其建筑以佛殿及经堂为主；第二部分以喜饶坚赞大师灵塔殿为主导，其建筑以僧舍为主；第三部分是以措康大殿与拉让大殿为主的佛殿经堂建筑。建筑单体也随着高差变化逐渐增多，整体布局像一片银杏的叶子，叶柄处有几座建筑，大量的建筑都存在于叶片处，呈现扇形的向心分布特点。

除了措康大殿处用少量石板铺筑了路面，寺庙建筑之间的道路基本以原始的山石土路为主。若遇到风雪天气，道路更是泥泞湿滑。寺庙的转经路分为两层，第一层为大转经路，就是围绕寺庙所坐落的神山逆时针转经，第二层为寺庙内部转经道路，是围绕措康大殿行进的转经路线（图7-7）。每逢藏历法会期间，许多信徒不辞劳苦前来曼日寺虔诚拜佛，以求得各方面的解脱。曼日寺在"文革"期间被毁，于1984年得到政府相关部门的批准得以重新修建，修建寺庙的建筑材料基本上是从原先的旧址上搬运的，有些殿堂就是在原先旧址之上重新修建的。目前曼日寺已经成为具有一定建筑规模的苯教寺庙，住寺喇嘛及僧人大都来自那曲地区及四川藏族聚居区，寺庙的经济来源主要依靠信徒的布施与僧人自家的供养。

3. 建筑单体

（1）措康大殿

措康大殿为曼日寺最主要的大殿之一（图7-8），由红色的墙体、金色的屋顶及

图7-7 曼日寺转经道路分析，底图来源：Google Earth

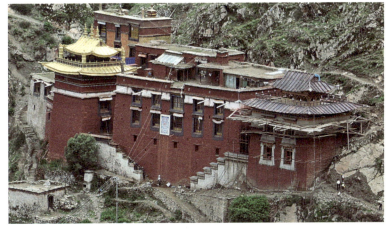

图7-8 措康大殿现状，图片来源：戚瀚文拍摄

黑色的边卡构成，建筑组成上分为三个独立部分，分别为西面的护法神殿、中间的措康主殿和东面正在修建的佛殿。由于曼日寺地形比较险峻，故措康大殿没有门前广场，其入口的处理方式也跟其他寺庙不同。进入措康大殿有两个入口，分别在大殿的东西两侧，将整个大殿分为诵经大殿和佛殿两个部分，这两部分并不对称，中间仅一个小门连通。措康大殿东西两侧分别有一个独立的两层建筑，为护法神殿和正在修建的佛殿。

措康主殿分为四层，一层为存储空间（图7-9），存放寺庙大殿举行法会时所要应用的各种物品及器具，其承重结构为夯土墙。内部空间比较狭长，高度为 2.2 m，东西两部分的仓储面积为 85 m²，并在南面墙上开有五个宽度为 0.6 m 的窗洞。措康大殿二层为经堂，僧人们每天就在这里念诵苯教经文与典籍。二层大殿（图7-10）的大门开在西面，进入大殿之前需经过一用夯土墙夯筑的长 8.4 m，宽 1.4 m 的门洞。作为进入大殿的缓冲空间，门洞四周画有苯教的壁画，门洞北面有一门，开门便是一面积不足 3 m² 的一个小空间，内有上到三层的藏式木楼梯，在小空间的西面开有一宽度为 0.8 m 的采光窗户。门洞东边是进入大殿的大门，大门宽 1.9 m，高 2 m，其木框四周雕刻精美，推门而入可以看到一个由 12 根柱子支撑的大殿，大殿开间 8.4 m，进深 11 m，内部层高 2.2 m，面积为 92.4 m²。沿开间方向有 3 列柱子，沿进深方向有 4 排柱子。大殿东面墙上开一门，进门为佛殿，该佛殿开间为 8.4 m，进深 8.7 m，面积为 73 m²，其内有 6 根柱子。

佛殿殿堂是有一定学术造诣的大师才可

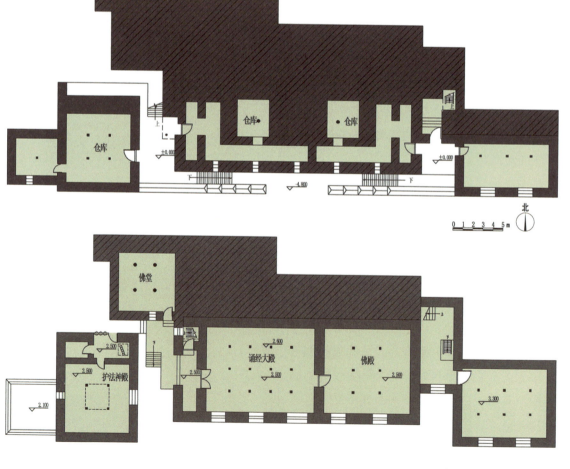

图 7-9 措康大殿一层平面图，图片来源：戚瀚文绘制

图 7-10 措康大殿二层平面图，图片来源：戚瀚文绘制

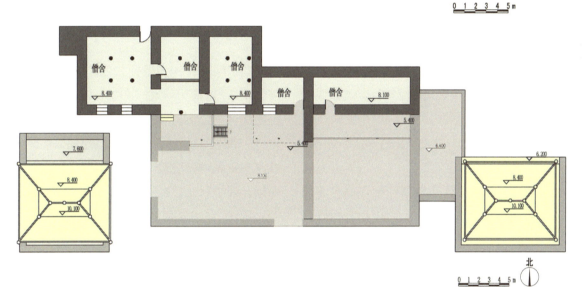

图 7-11 措康大殿三层平面图，图片来源：戚瀚文绘制

图 7-12 措康大殿四层平面图，图片来源：戚瀚文绘制

以进入的，普通僧人只能在外殿诵经。从门洞北面的藏式楼梯上至三层便是僧人们修习用房（图 7-11）。上至三层后是一个宽度仅为 1.5 m 的走廊，走廊长度为 13.4 m，走廊将三层分为南北两部分，南面是会客和接待室，北面为仓库，楼梯口东约 3 m 处有一直通四层的木质楼梯。四层有两个出入口（图 7-12），一个是三层直通四层的楼梯，另一个是建筑北面的一个宽为 1 m 的门，因为整个曼日寺属于山地建筑，故而从措康主殿西面上几级踏步然后顺山路绕至北面刚好到达措康主殿四层楼面的位置。措康主殿四层与三层的功能相同，都是供僧人居住的僧舍。其建筑面积为 200 m²。

护法神殿整体分三层，第一层为仓库，建筑面积 103 m²，建筑平面近似正方形，内由四根柱子支撑。神殿二层为殿堂，有僧人在此常年不间断地念诵寺庙护法神的经文，其内墙壁画以黑色为底色，用金色绘制苯教护法神及传说故事，并在其四根柱子柱头处悬挂跳神舞时用的各种面具，面具用不同颜色绘制，面目狰狞（图 7-13）。最东边新修

图 7-13 护法神殿内面具，图片来源：戚瀚文拍摄

图 7-14 拉让大殿现状,图片来源:戚瀚文拍摄

建的大殿与护法神殿在高度上是一致的,它们与中间的措康主殿共同构成了措康大殿的主体形象,使得整个措康大殿成为曼日寺的建筑主体,凸显了其在寺庙建筑群的重要性。在材料上措康主殿与护法神殿是用寺庙原先的材料修建而成的,有藏式建筑的特点,而新修建的大殿是在原有材料的基础上,局部使用混凝土,总之还是保留了藏式建筑的精髓与特点。

(2)拉让大殿

拉让大殿位于寺庙建筑群的西北角(图7-14),因为寺庙用地紧张,拉让大殿是在半山坡上挖出的一块基地上修建的,大殿整体两层,局部三层,其中一层建筑面积为272 m²,二层面积为371 m²,三层面积为94 m²。大殿外立面造型规整,以红、白、黑颜色为主色,红色作为建筑主体的颜色,黑色用在门窗的巴卡[1]处,白颜色用在窗户及门上的香布处。墙体为毛石与夯土墙共同砌筑,大殿地面及门窗巴卡等处使用砂浆混凝土抹灰找平。柱梁体系以木构为主,其中在一层大殿入口处用的是整块石条的石柱,据该寺僧人讲,这些石柱是从之前损毁的寺庙内找到的。

拉让大殿一层平面(图7-15)功能以储藏和僧舍为主,大殿没有门廊,进入宽为2 m的大门便来到了大殿一层内部、中间是交通廊道,其面积为47 m²,有四根粉刷红颜色的石柱支撑,地面凹凸不平,还能看出原有山体的走势,东西两个房间用作僧人休息及存放日常用品。沿着交通空间一直向里走会发现一个面积不足2 m²的小型天井,其下是通往二层的石梯,沿着石梯上11个踏步便可到达二层。拉让大殿的二层平面分为前后两个部分,前面为佛殿,其内供奉苯教佛像。后面为僧舍,活佛仁青洛追和徒弟居住在这里。佛堂面积为62.4 m²,开间12 m,进深5.2 m,殿内有八根柱子支撑,分两排,每排有四根柱子,前排四根为石柱,后排四根为木柱。在建筑高度上,前排高度为2.8 m,后排高度为4.8 m,后排高出的地方与前排屋面间用木质的采光天窗连接,有效解决佛殿的采光问题(图7-16)。活佛僧舍以中间的天井为中心向四周展开,在功能上分为活佛寝室、厨房及会客室等,若有前来参拜的信徒则在天井院内举行相关的佛事活动,天井内院上空用透明塑料板进行封盖,能够遮雨

图 7-15 拉让大殿平面图,图片来源:戚瀚文绘制

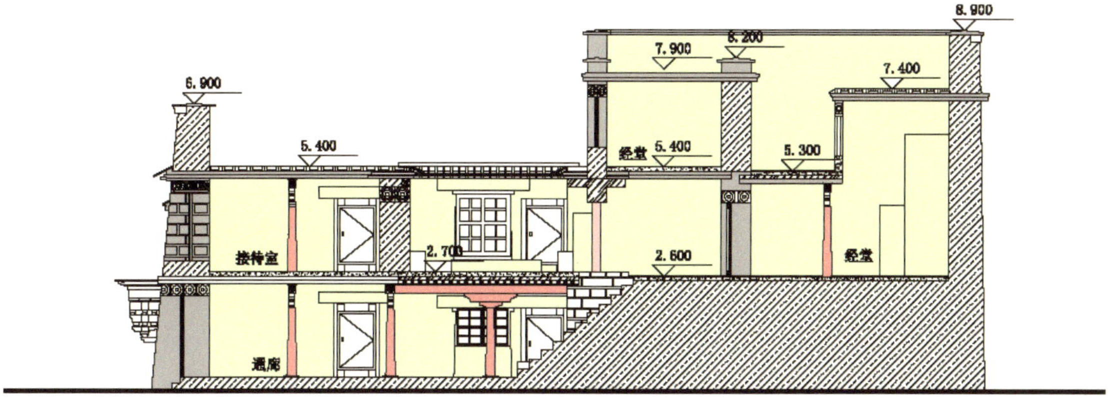

图 7-16 拉让大殿 1-1 剖面图，图片来源：戚瀚文绘制

使得天井内院得到有效利用。拉让大殿的三层为一小型经堂，经堂面积 26 m²，只有活佛仁青洛追可以进入诵经，且活佛在每天早晨的固定时间进入该室进行有规律的诵经，若无其他重要事件，活动不会间断。

（3）进修大殿

进修大殿是苯教僧人进行辩经与学经的场所（图 7-17）。进修大殿整体坐西朝东，其朝向与拉让大殿相同，也是将山坡中较平缓的地方挖平而修建的，其北面为山体，东面有一面积约 600 m² 的辩经广场。大殿整体颜色以红色、白色与黑色为主，红色用在墙体及女儿墙处，白色用于门窗的香布处，黑色用于门窗边框的巴卡处。整个大殿以毛石与夯土墙为外部承重构件，其内部承重结构仍以传统藏式建筑中木梁柱构架体系为主。

进修大殿分为两层（图 7-18）。一层平面为佛殿，平面上分为前后两部分，前半部为门廊及储藏室，后半部为佛殿经堂。门

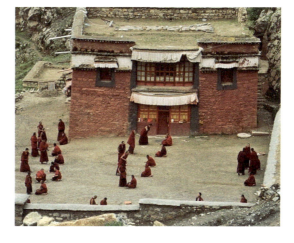

图 7-17 进修大殿现状，图片来源：戚瀚文拍摄

廊由四根木柱子支撑，其建筑面积为 24 m²，开间 6 m，进深 4 m，其南北两边各有一个房间，房间现在均为存储用房，面积为 9 m²。门廊四面墙体粉刷白色涂料，并未绘制相关的苯教彩画，其吊顶为单层深色布料，其内柱以红色颜料粉饰，地面铺装木地板。北面有一宽为 1.8 m 的双开门，进入该门后便来到了经堂大殿，大殿面积为 122 m²，开间 12 m，进深 10 m。其内有 16 根柱子呈四排四列排布。

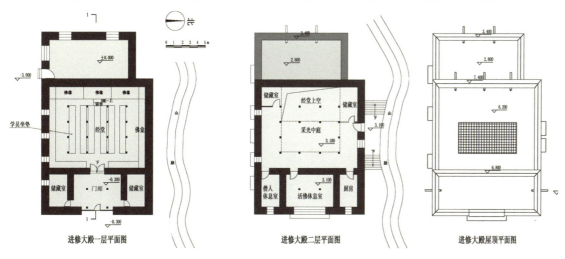

图 7-18 进修大殿平面图，图片来源：戚瀚文绘制

图 7-19 进修大殿 1-1 剖面图及对应内景图，图片来源：戚瀚文绘制、拍摄

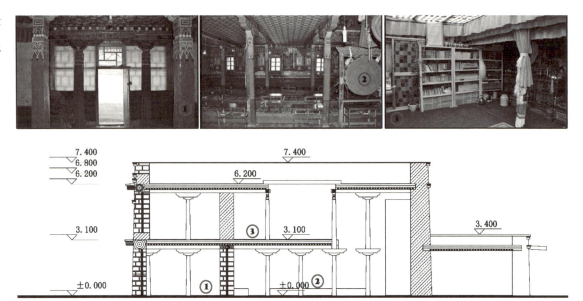

墙面四周及柱子之间布置有供僧人们念经的坐垫，墙面整体粉刷红色涂料，贴有苯教高僧大德的壁纸。其吊顶装饰也是用单层布料铺设的，地面铺有地毯。佛殿经堂西面供奉有三尊佛像，佛殿后两排柱子直通二层，二层四周用木格窗户封闭。一层室内并未设置通往二层的交通空间，而是在整个建筑的北边有一东西走向直通二层的室外通道，该通道是根据山体的自然形状及走势经过人工雕凿而形成的。整个二层是该寺丹增彭措的讲经室及起居室（图 7-19）。

每天会有僧人在固定的时间到这里求学，丹增彭措主要讲解苯教密宗及大圆满方面的知识。二层建筑在面积上与一层并无差异，一层门廊上对应的二层为丹增彭措活佛的居室及厨房和仓储，大殿部分在二层为会客厅，前来造访的信徒及到这里来修习的僧人均在这里进行相关的佛事活动。二层地面整体铺设地毯，屋顶用单层布料封饰，墙壁四周也用布料包裹，并在东边墙壁处挂有苯教佛像的唐卡。其内柱用五彩布料精心包裹，彰显庄重与威严。

7.2.2 日喀则热拉雍仲林寺

1. 寺庙历史沿革

热拉雍仲林寺可谓历史悠久，该寺庙位于日喀则南木林县奴玛乡维拉杰桑山脚下（图 7-20），由苯教大师绛衮·达瓦坚赞大师创建于清道光十四年（公元 1834 年，藏历木马年）。寺院修建在维拉杰桑山麓² 的一片宽阔的台地上，寺庙交通便捷，沿着拉萨至日喀则的公路到著名的达竹卡渡口便可看到该寺，热拉雍仲林寺距离达竹卡渡口约 10km，从渡口遥望，一片红色的寺庙、黄色的金顶

图 7-20 热拉雍仲林寺区位图，底图来源：Google Earth

映入眼帘。热拉雍仲林寺占地600亩左右，该寺庙由杜康大殿、通卓拉康及几座康村构成。寺庙在"文革"期间被损毁，1982年由该寺僧人主持修缮，后发展延续至今。

创建该寺庙的大师达瓦坚赞出生于公元1796年，出生地在今天的四川省阿坝藏族自治州松潘县境内。其12岁之前追随着当地苯教高僧修行苯教的基本教义及基础知识；13岁时，奉父命来到当时安多地区比较知名的苯教寺庙囊修寺进行修行；18岁的时候随朝拜队伍到西藏继续深造，来到后藏日喀则的曼日寺出家并拜当时曼日寺堪布索南洛珠为师，大师让其在萨迦寺修行了11年之久，在30岁的时候在萨迦寺取得了格西学位，修行期满后来到了曼日寺随师父继续学习并受比丘戒，之后开始云游佛、苯圣地。6年多的时间内其朝拜了所有苯教圣地、庙宇及佛教圣地，之后回到了曼日寺，在与曼日寺高僧进行交流后建议在距离曼日寺不远处的雅鲁藏布江北岸修建一座寺庙，经过各方面的努力，于公元1834年修建了现今的热拉雍仲林寺，如今该寺成为嘉绒、安多、琼布及康区苯教僧侣修行的重要道场之一。

2. 热拉雍仲林寺布局

雍仲林寺坐落于维拉杰桑山脚下，寺庙建筑群体面向东南方向且地势平坦，高差较小，从远处眺望建筑群体恢宏大气，拉日铁路在其东南边通过，该寺可谓是拉日线上的一道亮丽的风景。雍仲林寺在选址上不像藏东孜珠寺及日喀则的曼日寺或其他苯教寺庙一样将寺庙修建于山顶上并依照山势走向建造，而是选择修建在山脚下地势相较平坦之处，这样使得交通非常便利。雍仲林寺内的主要建筑由杜康大殿、达瓦坚赞灵塔殿、拉让大殿、转经大殿、通卓拉康及活佛僧人的僧舍组成（图7-21）。由于基地的高差，使得整个寺庙按高程分为两大建筑群体，形成以百柱大殿为主的第一序列建筑群和以通

图7-21 寺庙鸟瞰照片，图片来源：戚瀚文拍摄

卓拉康及达瓦坚赞灵塔殿为主的第二序列建筑群。

雍仲林寺的转经线路分为两条，第一条转经路以土路为主，整个寺庙建筑被围绕在转经线路之内；第二条转经路是以杜康大殿为中心的石砌路面（图7-22）。杜康大殿院内有东西两个侧门，苯教的转经是逆时针方向，所以转经的起点是从大殿院内的东侧门开始，向东北面行走经过几段台阶路面，然后绕过活佛及僧人住所最后经西侧门进入。寺庙内大殿与大殿之间的道路大都以石块铺砌，加之其地理位置相对较好，树木繁茂、郁郁葱葱，围绕寺庙转经并不会使人感觉烦累。寺庙的扩展是以杜康大殿为中心向四周逐渐延伸的，因维拉杰桑山坡泥土比较疏松，不宜在山上加建建筑，故而整个建筑群只能沿山脚建造且在布局上沿东西方向衍生。杜康大殿西南方向不足20 m处为寺庙医院，该建筑之前为转经大殿，后因需改成了寺庙医院，但内部的陈设并未改变。紧邻杜康大殿的建筑为寺庙书屋，大殿以东为两栋

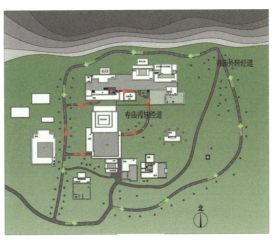

图7-22 寺庙转经道示意图，图片来源：戚瀚文绘制

图 7-23 寺庙中的小路，图片来源：戚瀚文拍摄

僧舍建筑。杜康大殿北面为第二序列的建筑，它们分别为僧舍、甘珠尔大殿、琼卡康村、通卓大殿等建筑。到达这些建筑要沿着弯曲的石砌小路拾级而上，加上寺庙周围种植的繁茂植被（图 7-23），使人行走其中有中式园林的清幽感。

3. 建筑单体

（1）杜康大殿（百柱大殿）

杜康大殿为热拉雍仲林寺内最大的佛殿（图 7-24），其形制规模相较有序，大殿及其周边建筑在规划上整体呈现"回"字形布局，杜康大殿是该寺进行宗教活动的主要场所。东侧及南侧为"L"形单层游廊，其南侧游廊内有用混凝土沿墙而砌筑的三层台阶，台阶高约 0.4 m，是举办法会时僧人们打坐念经的地方。诵经广场西边为二层单廊式兼具僧舍及厨房功能的辅助用房，单层面积为 192 m^2，一层是厨房及仓储用房，厨房在高度上贯穿上下层，其二层主要为僧舍（图 7-25）。结构上采用西藏传统的夯土木结构，颜色以红黄为主，红色用在柱身及柱头上，黄色为墙体的颜色。广场面积约 800 m^2，以石块铺砌，中间靠北侧为一棵高约 7 m 的古树，左右为煨桑炉与经幢杆。每逢寺庙举行盛大的法会时，该广场四周会挤满从四处涌来观看法会的苯教信徒，广场中间表演神舞。

杜康大殿分上下两层，规模宏大。以红色为主调，主体结构以夯土墙为主，外侧墙面采用在夯土墙的最外层铺砌石块的建筑装饰手法。从广场进入大殿需要上 5 级踏步，大殿一层有三个出入口，中间的出入口是殿

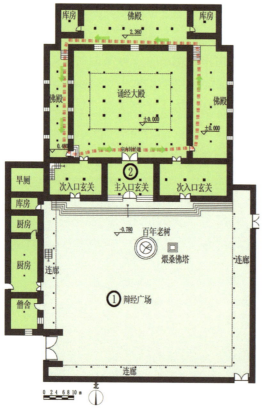

图 7-24 杜康大殿一层平面图及对应实景图，图片来源：戚瀚文绘制、拍摄

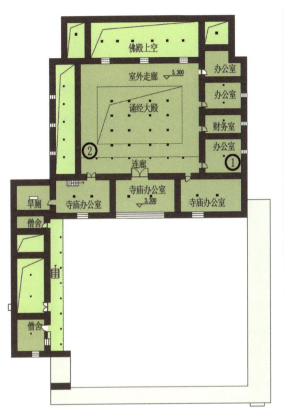

图 7-25 杜康大殿二层平面图及对应实景图，图片来源：戚瀚文绘制、拍摄

堂的主要入口，其余两个出入口为进入殿堂的次入口，中间入口在立面上用黑色的帷幔将其自上而下罩住。进入帷幔是由四根柱子支撑的前堂，前堂面积为 51.3 m^2，其开间 8.1 m，进深 6.3 m，前堂可以作为进入佛殿殿堂的缓冲空间，西藏寺庙普遍采用这种带前堂或前廊的建筑空间形式，前堂墙壁的四周有各种壁画，最典型的壁画形式是在墙壁两侧画有四大天王的佛像。前堂北面墙壁中央有一扇宽 2.8 m 的大门，进入大门便可以到达主佛殿。主佛殿面积为 354 m^2，其开间 19.7 m，进深 18 m。殿内有 36 根柱子作支撑，大殿墙壁四周放置苯教佛像，由于大殿面积比较大，采光的基本做法是将大殿中部的部分柱子高度抬高至二层的高度，然后在其高出一层的部分开设封闭的木质采光天窗，这种做法有效地解决了大空间室内佛殿的采光问题，从另一个层面上也解决了佛殿内供奉大尺寸佛像的困扰，一举两得。

转经是藏族聚居区民众特有的一种宗教生活习惯，转经时信众围绕着特定的一条环形路线行走，在行走的过程中口中念着相关的佛教密咒，意在为自己或家人消灾祈福。杜康大殿共有两条转经路线，其东西两侧各有一间藏经殿，就是甘珠尔殿和丹珠尔殿，这两个殿堂与中部佛殿一起构成了杜康大殿内部的第一条转经道，转经时信众从大殿中部进入，然后经过右边的殿堂沿逆时针方向再转回到佛殿为止。第二条转经道为环绕杜康大殿转经，起点从杜康大殿东面的大门出，然后沿着逆时针方向围绕大殿行至大殿西南角的大门进入广场。殿内供奉的主要佛像有两层楼高（约 8 m）的铜质镏金苯教度母强玛（即卓玛）、金刚杵普巴佛，铜质镏金的

图 7-26 大殿内供奉佛像，图片来源：王浩拍摄

图 7-27 通卓拉康现状照片,图片来源:戚瀚文拍摄

图 7-28 大殿内供奉灵塔,图片来源:戚瀚文拍摄

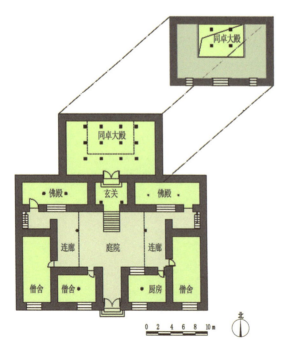

图 7-29 通卓拉康平面示意图,图片来源:戚瀚文绘制

苯教始祖顿巴辛饶,还有 3 层楼高(约 12 m)的铜质镏金胜利佛及曼日寺的创建人良麦·喜饶坚赞和本寺创建人绛衮·达瓦坚赞的镏金铜像(图 7-26)。原佛殿里供有用金、银、铜制成的五灵塔,塔内安放本寺历代法师的法体。除此之外,原殿中还有一对各为两公斤重的纯金供灯。

(2)通卓拉康

热拉雍仲林寺的重要殿堂"通卓拉康"位于寺院东北侧,"通"译为"见","卓"是"解脱"之意,由名知意。来到热拉雍仲林寺朝拜的信徒们若到通卓拉康朝拜,僧人们就会给他们敬圣水,帮他们解脱尘世之苦,当然此种待遇并不是每一位来到该殿的信徒都能够享有的。

通卓拉康位于整个寺庙建筑群的第二区域,整体两层,局部三层(图 7-27)。整个建筑占地面积 481 m²,其中拉康大殿占地面积 254 m²,附属用房占地面积 227 m²。附属用房的功能包括僧人僧舍、书房及厨房等与僧人生活相关的内容。拉康大殿内曾供养五座灵塔,在"文革"时期被损毁。之前这里供奉的是达瓦坚赞大师的灵塔,如今寺庙新修建了达瓦坚赞大师灵塔殿,故大殿内供奉的是热拉雍仲林寺前几任活佛的灵塔(图 7-28)。拉康大殿屋顶装饰是由绘有苯教坛城密宗图案的天花木板块拼接而成的,显示出了苯教精湛的绘画艺术。拉康大殿内壁画中央为绛衮·达瓦坚赞的画像,四周是贴有苯教祖师顿巴辛饶纸质照片的千佛像。

通卓拉康建筑结构为藏式砖木结构,墙体为毛石块垒砌。外墙颜色分为红、白、黄与黑色,红色用在主体大殿,白色用在附属用房,黄色大多用在窗与门的香布,黑色用在窗框与门框周边的巴卡。附属用房与拉康大殿组合形成一个带封闭内院的建筑空间,从总平面上看其建筑形式呈现"凸"字形(图

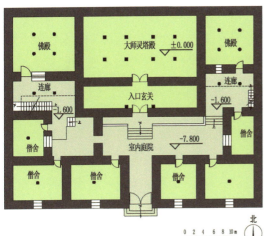

图 7-30 达瓦坚赞灵塔殿平面图与灵塔照片，图片来源：戚瀚文绘制、拍摄

7-29）。通卓拉康的大门在附属用房南侧靠中心处，门宽 2.2 m，进入大门便是由鹅卵石铺砌的内院，内院中间有一条用水泥铺砌的直通拉康大殿的通道，宽度仅有 0.6 m。拉康大殿的踏步有 11 级，这样在高度上就把拉康大殿底层提升到建筑二层的位置。大殿与其他大殿形制几乎无异，进入大殿之前有一个灰空间，该空间一般在墙壁四周绘有关于苯教四大天王的佛像。进入大殿映入眼帘的便是雍仲林寺大德高僧的灵塔。大殿进深 7.3 m，开间 12.5 m。大殿内由 12 根柱子呈三行四列排布，大殿内高 3.9 m，靠近大殿北面的四根柱子（灵塔便在该四柱之间）局部高度为 6.6 m。

（3）达瓦坚赞灵塔殿

达瓦坚赞大师灵塔殿位于整个寺庙建筑群的第二序列（图 7-30），紧邻通卓拉康东侧，整个灵塔大殿占地面积约为 687 m²，整体布局呈"口"字形，由一个小内院将建筑分为前后两部分，前半部分为僧人的生活用房，后半部分便是灵塔殿。灵塔殿分为三开间，供奉达瓦坚赞大师的灵塔殿在中间的一间，单层层高为 6 m。进入灵塔殿宽 1.8 m 的门是一面积为 32.7 m² 的灰空间，该空间内墙四周绘有苯教教义的图案及苯教四大天王。进入第二道大门便是供奉灵塔的大殿，大殿开间 13 m，进深 7 m，整个大殿空间由两行四列的 8 根木柱子支撑，灵塔殿中间供奉达瓦坚赞大师的灵塔，其后面是一排直通屋顶的木质储物格，格内放有苯教高僧佛像，其他三面均贴印有苯教高僧大德的壁纸。大殿两边的房间在高度上分为两层，有四根简易圆木柱支撑，其功能暂为库房及仓储用房，灵塔殿及附属建筑面积为 595 m²，僧人用房建筑面积为 223 m²。

达瓦坚赞大师灵塔殿整体建筑颜色可分为白色、黄色、红色及黑色，前面僧舍的墙体整体粉刷白色，后面大殿统一用红色粉饰，黄色为门窗上边香布的颜色，黑色的巴卡涂在门窗边凸显了灵塔殿的神秘感。在建筑材料上灵塔殿主要材料为毛石、木材以及少量夯土，虽然整个灵塔殿是后来修建的，但在建筑手法上却是典型的藏式传统建筑模式。

（4）甘珠尔大殿

甘珠尔大殿及护法神殿位置在整个寺庙建筑的第二序列（图 7-31），在通卓拉康的西面。甘珠尔大殿为两层，占地面积 357 m²，建筑面积 562 m²。一层为甘珠尔大殿，二层为佛殿和僧人的僧舍。甘珠尔大殿内为一方形空间，开间 11 m，进深 8.2 m，内部有 12 根木柱支撑，层高 2.9 m。其外部墙面为红色，门窗颜色与通卓拉康相同。甘珠尔大殿内部墙面以黄色粉饰，地面为水泥抹面，大殿内的柱子均为红色，柱头处采用雕刻并有不同颜色的纹饰。大殿中间正对大门靠墙处为供奉的佛像，两边放置盛满甘珠尔经文的木质

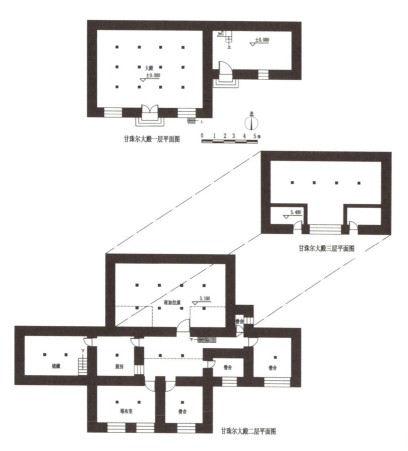

图 7-31 甘珠尔大殿平面示意图,图片来源:戚瀚文绘制

藏经架。出甘珠尔大殿向东走便是通往二层的房间,顺着房间楼梯可上至二层,二层中央为一围合天井,天井将建筑分为前后两个部分,前半部分为僧人活动用房,后半部分为一供奉苯教三尊佛像的佛堂,佛堂名称为南迦拉康,其内面积为 77 m²,高度为 5.4 m。二层为僧人活动的场所,信徒未经允许不能随便进入。

7.2.3 日喀则卡那寺

卡那寺位于西藏日喀则南木林县土布加乡境内,在曼日寺登山远眺能够看到卡那寺的局部。该寺于公元19世纪中叶,由曼日寺第25任堪布西绕雍仲修复了从前的道场,建立了日喀则苯教三大寺之一的辛教"叶如卡那雍仲丹杰林寺","卡那寺"是其简称。根据苯教文献记载,卡那寺是苯教始祖顿巴辛饶亲临西藏贡布和达布地区降妖传法时加持过的圣地。之后,吐蕃第二代赞普穆赤赞普从象雄邀请了百余名苯教大师到吐蕃腹地进行传法,并修建了37座苯教道场,其中"追吉卡冬"便是现在卡那寺所位于的地方(图7-32)。该寺以修行洞而著名,很多苯教大德高僧均来过这里进行闭关修炼,可以说整个寺庙在最初是以修行洞的形式出现的,后来才慢慢地有了寺庙建筑。从寺庙残存的建筑遗址中可以看出卡那寺当时的辉煌。

曼日寺自喜饶坚赞于公元1405年得以重新修建以来,便把卡那寺作为密宗的修炼道场,后来的几个世纪曼日寺的所有大师都把卡那寺当做他们修行苯教密宗的圣地,此传统一直延续至今日。曼日寺第25任怙主西绕雍仲认为此地作为历届大师修行的神圣之地,应该恢复昔日的辉煌,于是在公元1873年开始着手组织修复寺庙,并把其命名为卡那雍仲丹杰林寺。

卡那寺选址在山顶上(图7-33),进入寺庙没有人工修建的道路,只有泥泞不堪的小路,从山底步行至山顶寺庙处需要40分钟。寺庙选址在山顶上,可谓视野极佳,其下村

图 7-32 卡那寺旧大殿遗址,图片来源:戚瀚文拍摄

重要历史性苯教寺院调研

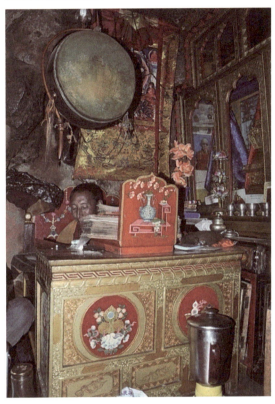

图 7-33 卡那寺建筑照片，图片来源：戚瀚文拍摄

图 7-34 卡那寺修行内景图，图片来源：戚瀚文拍摄

庄梯田尽可收入眼底，站在寺庙向远处眺望便可看到层叠起伏的雪山，给人一种豁达顿悟的感觉。如今寺庙建筑大部分都已经损毁，只有一座大殿和几处修行洞还在使用。寺庙建筑大都与山体洞窟相结合，单体建筑面积不大。建筑朝向也是顺应山体的走势，寺庙如今只有三位僧人，笔者走访该寺时只见一位僧人在寺庙修行（图 7-34），其他两位僧人均到其他寺院学经去了。卡那寺最主要的特点就是有一修行洞著名，该洞所处位置十分险陡，只有一条山路可通行且路况很差。该修行洞是历届高僧喇嘛们修行必须要闭关修炼的地方，由一天然山洞形成，其内面积只能容纳两人左右，外部用毛石全部垒砌，在中间留有可以进人的洞口（图 7-35）。进入此洞修行的僧人从该洞进入后，寺里的僧人便用毛石封堵洞口且洞内不能进入任何光线，在洞的左下方有一人为打开的小洞，该小洞是洞外的僧人为洞内僧人送递物品的唯一通道，历届苯教的高僧大德均要在此进行闭关修炼，一般为一月以上，在此期间修炼之人是不能随便出入洞口的。卡那寺正在使用中的佛殿亦是根据修行洞的地形走势而修

图 7-35 卡那寺修行洞外部与内部照片，图片来源：戚瀚文拍摄

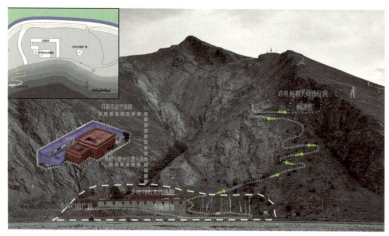

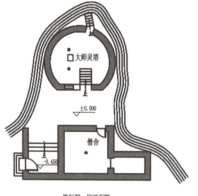

图7-36 日星寺现状分析（上），图片来源：戚瀚文绘制

图7-37 许叶列布大师修行洞平面示意图（中上），图片来源：戚瀚文绘制

图7-38 许叶列布大师修行洞照片（中下），图片来源：戚瀚文拍摄

图7-39 许叶列布大师佛殿平面示意图（下），图片来源：戚瀚文绘制

建的，其建筑为一层，与山体自然融合。

7.2.4 日喀则日星寺

日星寺位于日喀则江孜县日星乡（图7-36），从日星乡坐车约半个小时便可到达，寺庙规模较小，属于苯教四大仓"依仓"的发源地，该寺是由许叶列布大师于公元1156年修建的。寺庙在"文革"中被毁，1986年在次仁多吉的带领下进行了重建工作。寺庙里的僧人大都来自本乡。寺庙的传承特点为世袭制，现任活佛为第46代活佛，活佛已结婚并育有一女，其侄子在外学习苯教教法与经文，准备接任下一代活佛。寺庙经济来源主要依靠寺庙僧人的外出化缘和本乡信徒的布施，由于寺庙比较偏僻，名声较其他苯教寺庙要小，基本上很少有外地的信徒过来布施与求佛。

日星寺分为两个部分，第一部分为现在的寺庙，位于山脚下，建筑规模不大，由一个大殿和四周的僧舍组成，寺庙第二部分为之前损毁的寺庙旧址，位于距离现寺庙步行约40分钟处的山顶上，建筑只剩下残损的墙垣和墙基。距离现寺庙西南方向不远山坡上有一修行洞，该洞据说是许叶列布大师曾经住过的修行洞（图7-37，7-38）。

日星寺在整体布局上呈长方形，除了一处二层的许叶列布大师佛殿外，其他建筑均为一层僧舍。寺庙整体坐西朝东，寺庙的入口大门在东边，建筑用毛石垒砌，部分用夯土墙夯筑，内部结构为藏式的木梁柱结构。许叶列布大师佛殿为新修建的建筑（图7-39），建筑主体已经完工，室内正在装饰。进入大殿要上6级踏步（图7-40），然后到达门廊处，门廊开敞，内有四根木柱子，开间4.8 m，进深5.2 m，面积为24.9 m²。两侧各有一房间，北侧房间为仓储，面积10 m²。南侧房间是上至二层的楼梯间。正对门廊的房间为佛殿经堂，经堂有一宽度为1.9 m的

图 7-40 许叶列布大师佛殿现状照片，图片来源：戚瀚文拍摄

图 7-41 许叶列布大师灵塔，图片来源：戚瀚文拍摄

藏式木门，经堂面积为 102 m²，开间 10.4 m，进深 9.8 m，其内有 16 根柱子，呈四排四列布置，经堂内部还在装修，彩画工匠正在绘制精美的苯教佛像。在经堂尽头右侧开有一宽度为 1 m 的门，进门后会发现一存放灵塔的佛殿，该殿是许叶列布大师灵塔殿（图 7-41），灵塔殿平面为正方形，开间与进深均为 7 m，内有 5 根柱子，沿进深方向第一排为两根柱子，第二排为三根柱子，其地面铺装土黄色瓷砖，四周墙壁粉刷黄色涂料，无天花板，抬头便可看见裸露的檩条，柱子上挂满绘有苯教佛像的唐卡。大殿二层在一层门廊上部有两间僧舍，其余空间为一个大经堂。

在寺庙内院可以看到许叶列布大师修行洞，爬山约 30 分钟便可到达，修行洞外部整体以红色为主。进入洞窟之前有一用毛石垒砌的白色房间，其大门开在东边，进入大门是玄关，玄关上挂有白、黑两只风干的绵羊，让人感觉有些惊悚。从玄关拾级而上是一面积为 18 m² 的小内院，北面为一僧舍，该僧舍是供在这里念诵佛经僧人修习之用，内院南边便是许叶列布大师的修行洞了。进入修行洞要上 1 m 多高的台阶，其内平面布局呈半圆形，在门口靠东处有两根圆形的柱子，柱子之间有一方形的台地，据僧人介绍该台地曾是许叶列布大师修行的地方。在洞窟尽头有一宽度仅为 0.6 m 的小洞，沿着小洞是一直通向二层洞窟的台阶。二层在东边开有两扇窗户，其平面布局与一层相似，靠窗户处铺设一排坐垫，守护该修行洞的僧人

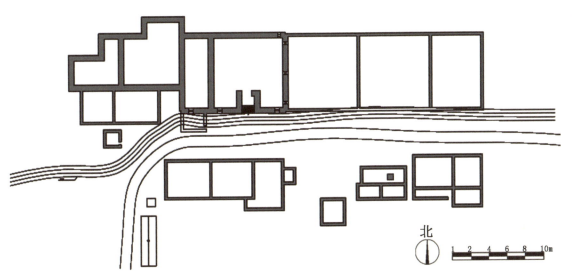

图 7-42 日星寺旧址测绘示意图，图片来源：戚瀚文绘制

图 7-43 日星寺旧址整体照片，图片来源：戚瀚文拍摄

图 7-44 寺庙旧址局部照片，图片来源：戚瀚文拍摄

每天便在这里念诵苯教经文，洞窟四周挂满了苯教唐卡。由于常年点酥油灯，已经使得洞窟四壁烟熏形成一层黑黑的油层。

距离日星寺新寺不远处便是曾经的寺庙旧址（图 7-42），徒步从日星寺到寺庙旧址要走 40—60 分钟，旧址在山顶上。通过测量发现其规模要比新寺庙大许多，从其残存的墙垣分析，能够推测出其辉煌时候的景象（图 7-43，图 7-44）。整个寺庙建筑群分为僧舍部分、大殿部分和生产用房部分。其占地面积为 3 571 m²。从其剩余残损墙体处可知其建筑材料以藏式的夯土墙与毛石碎块为主，其中建筑基底采用毛石碎块垒筑，墙体采用夯土墙内加毛石碎块共同夯筑。据该寺的僧人介绍，寺庙旧址之所以选址在这里是因为此处有天然泉眼，这样僧人们便可以得到充足

图 7-45 距日星寺旧址不远处的建筑群遗址，图片来源：戚瀚文拍摄

的水源。如今日星寺内仍存在饮水问题，僧人需要到很远的地方背水。离寺庙旧址不远处依稀可见有一些残损的房屋（图7-45），但房屋只剩下以毛石为主要材料的内外墙体的轮廓。

询问这里的僧人他们也不能说出这些房屋的用途，于是笔者进行了大胆的猜想，可能这些房屋本来就是属于寺庙的，其功能为僧舍建筑；也有可能这些房屋在很久以前是某个小村庄或者某个姓氏家族的，他们住在寺庙附近成为寺庙最大的施主，并且得到寺庙的护佑。

7.2.5 拉萨敏珠通门林寺

敏珠通门林寺又被称为"尚日寺"，位于拉萨尼木县尚日村东北面的山坡上（图7-46），是现存于拉萨的唯一一座苯教寺庙。从尼木县县城开车约20分钟便可到达该寺，寺庙整体坐东北朝西南，建筑规模不是很大。该寺庙毁于一场地震，如今的寺庙还处于整

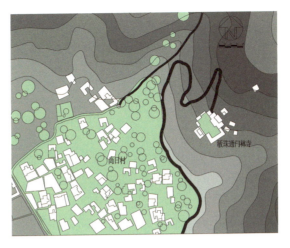

图7-46 敏珠通门林寺与村镇位置关系图，图片来源：戚瀚文绘制

面为直接上至二层的木质藏式楼梯，墙壁粉刷黄色涂料。门廊内有6根十二角柱子支撑，第一排有4根，第二排有2根。第一排的柱子出门廊外墙1.6 m，承接二层悬挑的屋檐（图7-48）；第二排的2根柱子与外墙齐平，开敞的门廊面积为57.8 m²，室内宽15 m，进深3 m。内墙开有一宽度为2.8 m的大门，进入大门便是尚日寺的主佛殿，该殿面积为150 m²，开间15 m，进深10 m，内有12根柱子呈三排四列排布，12根柱子全部上升至

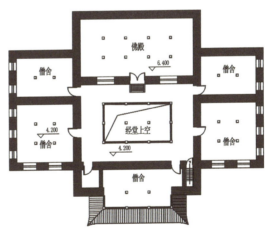

图7-47 寺庙主要佛殿建筑平面示意图，图片来源：戚瀚文绘制

体修建过程中，主要佛殿内部装修还没完毕，护法神殿和部分僧舍仍在修建之中。

尚日寺由佛殿、僧舍、附属用房及围墙等围合形成了内院式的寺院。其大门开在西南侧，进入大门便来到了内院，内院北面为佛殿，东边为僧舍及附属用房，从南边上6级踏步便可到达主佛殿（图7-47），门廊东

图7-48 寺庙大殿玄关处照片，图片来源：徐二帅拍摄

第 7 章

图 7-49 白玛岗寺现状照片，图片来源：戚瀚文拍摄

图 7-50 寺庙周围房屋屋顶石板，图片来源：戚瀚文拍摄

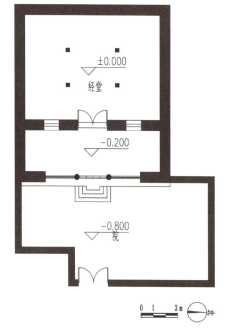

图 7-51 白玛岗寺大殿平面示意图，图片来源：戚瀚文绘制

经道的平面形式。殿堂二层平面在功能上以僧人的僧舍与佛殿殿堂为主，房间围绕天窗两侧布置，并由一宽度为 2.8 m 的室外廊道相连。二层最主要的建筑是其北面的佛堂，佛堂面积为 112 m²，开间 15 m，进深 7.5 m，其内有 12 根柱子。因该寺正处在修建之中，寺庙内其他建筑未能得到准许进行测绘。

7.2.6 日喀则白玛岗寺

白玛岗寺位于日喀则地区亚东县上亚东乡岗古村，之前被称为"雍仲拉迪寺"。驱车从亚东县大概要走 40 分钟便可到达该寺。寺庙修建于公元 1106 年，白玛岗在藏语中为"荷花"的意思，寺庙创始人"雍忠吉"刚开始是在上亚东乡白玛岗村内一修行洞内修行，后来才修建寺庙，如今寺庙已有 14 任活佛喇嘛，是亚东县唯一的苯教寺庙（图 7-49）。全村有 30 多户人家，全都信奉苯教，寺庙里有三位居士。该寺在"文革"期间作为粮仓被保存下来，但由于管理不善等原因，寺庙曾经两次失火。寺庙最显著的特点便是屋顶形式，之前屋顶是用规则不一的平板石材铺装（图 7-50），具有典型尼泊尔建筑屋顶的风格。在 1987 年的一次维修中，屋顶才更换为红色的铁皮屋面，该寺曾经分为东、西两个寺庙，现均被村民使用，寺庙香火不是很旺，地震之后该寺已经成为危寺，无僧人居住。

寺庙面积不大，只有一座佛殿尚且完整（图 7-51），佛殿占地面积 288 m²，分为开敞的内院与佛殿大堂两个部分，内院面积为 101 m²。佛殿坐西朝东，分为两进，第一进便是门廊，门廊为半开敞式（图 7-52），其面积为 48 m²。入口有两根十二角柱，柱间距为 2.6 m，柱与墙之间的间距为 2.5 m，内墙四周墙壁未绘制彩画，而是在腰线以上整体粉刷黄色涂料，腰线处以红、黄、蓝三种颜色粉刷，腰线以下用红颜色粉刷。穿过门廊便是佛堂，通过宽度 2.4 m 的双扇

二层，其外圈形成采光天窗。殿堂前面左右墙面上各开有宽度为 1.6 m 的双扇门，门内有一面积为 56 m² 的房间，其开间与进深均为 7.5 m，4 根木柱呈双排两列布置。在两个房间尽头各有一房间，各布置两根柱子，其面积为 37.5 m²，开间 7.5 m，进深 5 m。两个房间之间由一宽度为 2.5 m 的廊道相连，这样从平面布局上就形成了以中央佛殿为中心，其左右相互连通的小佛殿为主要内部转

木门连接，进入木门便来到佛殿内部，佛殿面积为 87.5 m²，开间 10.8 m，进深 8.1 m，中间有四根柱子。因建筑屋顶的造型受到尼泊尔建筑的影响，其四柱中间的空间并不能像传统藏式建筑一样挑高至二层开天窗解决采光问题，而是在大门两边各开有一宽度为 1.2 m 的窗户。寺庙南边为残损建筑的墙垣（图 7-53），据了解之前作为厨房。

图 7-52 寺庙入口处门廊，图片来源：威瀚文拍摄

图 7-53 因地震损毁的建筑，图片来源：威瀚文拍摄

7.2.7 日喀则日嘉寺

日嘉寺位于日喀则谢通门县，从日喀则市乘坐公车 3 小时左右便可达到谢通门县，该寺位于县城东北角的山顶上（图 7-54）。从县城乘车约 15 分钟便可到达该寺。寺庙修建于公元 12 世纪，最初由辛氏家族的高僧益西罗追在公元 1173 创建，1360 年辛氏喇嘛尼玛坚赞进行扩建，取名为日嘉寺。因为寺庙修建在达尔顶村里，人们通常称之为达尔顶寺。达尔顶寺由两个部分组成，一是辛氏家族的府邸色郭查姆（图 7-55），另一个是辛氏寺庙日甲寺。寺在"文革"期间遭到毁坏，1982 年经国家有关部门批准，拨款对该寺进行了维修。负责维修的是前日甲寺的甲措老先生，他是达尔顶的村民，他主持维修了辛氏家族府邸色郭查姆殿，又把失散多年年幼的辛氏家族的继承者辛·诺布旺杰找回家乡，让其管理自己的寺庙。由于辛氏家族是苯教最受尊敬的姓氏之一，故而信徒们十分关注家族的兴衰，所以当达尔顶寺修建好之后，西藏的苯教信徒找到他并恳求他担任该寺的寺主。后期在信徒们捐赠及政府的帮助下，寺庙逐渐修复成为一定规模的苯教小寺。目前达尔顶寺的主要经济来源分为两部分，一部分是达尔顶村民的供奉，另外一

图 7-54 日嘉寺与村镇位置关系图，图片来源：威瀚文绘制

图7-55 色郭查姆现状照片,图片来源:戚瀚文拍摄

图7-56 从寺庙看村庄,图片来源:戚瀚文拍摄

寺庙整体建筑坐东北朝西南,从寺庙放眼望去整个达尔顶乡尽收眼底(图7-56),进入寺庙的道路在寺庙的东北边,土路铺设。寺庙目前正在进行修建。日嘉寺主要的建筑有两栋,一栋是卓康大殿,另一栋是伦珠颇章,其余的建筑均以僧舍为主。

（1）卓康大殿

卓康大殿占地面积776 m^2,建筑面积1 258 m^2,建筑为两层(图7-57),局部三层。建筑色彩以红色、白色、黑色和黄色为主色调。红色为建筑主体外墙,白色为辅助用房(图7-58),黑色用在门框及窗框处的巴卡处,黄色用于寺庙屋顶四角的经幢等处。建筑材料以条形毛石砌筑,其内部以木梁柱为主要结构,部分窗户以现代的铝合金材料代替了

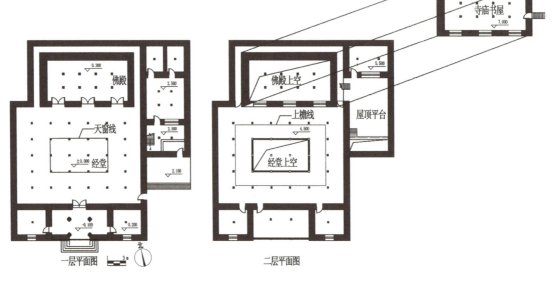

图7-57 卓康大殿平面示意图,图片来源:戚瀚文绘制

图7-58 卓康大殿整体照片,图片来源:戚瀚文拍摄

部分是寺庙每年会派僧人到藏北牧区做法事化缘。

之前的藏式木窗。

大殿一层有两个出入口,主入口设置在南边,次入口设置在东边。从主入口进入大殿首先经过的是大殿门廊,内有四根柱子支撑,开间8.9 m,进深4.8 m,面积43 m^2。两侧各有一房间,现作为仓库,其内各有一根柱子,开间4.7 m,进深3.9 m,面积为18.5 m^2。门廊正中间开有一宽度为2.2 m的木门,进入大门便是佛殿,佛殿开间20 m,进深15 m,面积为300 m^2(图7-59)。佛殿

内有 30 根柱子五排六列布置。大殿层高为 4.5 m，从第二排第二列柱子开始至第四排第五列柱子为止的空间是挑高层，其高度为 7.0 m。从东面大门入口处可以直接进到佛殿，一般比较大的佛殿都会有一至两个直通室外的大门，一是方便平常的使用，二是有利于疏散。佛殿内部正在装修，很多工匠在殿堂内绘制苯教彩画（图 7-60）。佛殿北面有一殿堂，开三扇大门，开间 13 m，进深 6.3 m，内有八根柱子，殿堂面积为 82 m²。殿堂外连接大殿处有一圈宽为 1 m 的转经道将小佛殿环绕，这是该寺平面布局上最大的特点。大殿东边的附属用房一层为厨房及仓储，其室外内院有连通二层的木质楼梯，二层为寺院管委会办公室，其余部分为室外平台。平台的西南角为进入佛殿二层的大门，中间是一层高起的高窗，其四周为连廊，南面为三个僧舍。平台西边为一个楼梯，楼梯直接通往寺庙书屋，寺庙书屋在一层小佛殿的顶上，大小相等。

（2）伦珠颇章

伦珠颇章位于卓康大殿的东北侧（图 7-61），与卓康大殿之间相距约 16 m。伦珠颇章平面为长方形，按照南北方向分为前、中、后三个部分，前半部分为僧舍及仓储用房，中间部分为一内院，后半部分为佛殿大堂。伦珠颇章整体高度为一层，但北面的佛殿在高度上要比南边的僧舍高。

大殿的入口大门开设在内院西边，内院大门的宽度为 2 m，内院面积为 49 m²。内院西北角靠近佛殿的地方有一处小型的煨桑炉（图 7-62），煨桑炉用毛石简单地搭建，每逢节日或寺庙特殊的日子，这里的僧人都会举行简单的煨桑仪式。内院南边为三间僧舍用房，总面积 77 m²，南边开有三个窗户。内院北边为佛殿（图 7-63），整体抬高，进入佛殿之前首先要上 10 级踏步，然后到达佛殿的门廊（图 7-64）。门廊南边与台阶连

图 7-59 卓康大殿内部照片，图片来源：威瀚文拍摄

图 7-60 正在绘制的苯教彩画，图片来源：威瀚文拍摄

图 7-61 伦珠颇章现状照片，图片来源：威瀚文拍摄

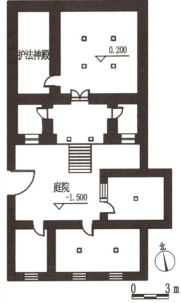

图 7-62 伦珠颇章内煨桑炉（下左），图片来源：威瀚文拍摄

图 7-63 伦珠颇章一层平面示意图（下右），图片来源：威瀚文绘制

图 7-64 门廊立面照片,图片来源:戚瀚文拍摄

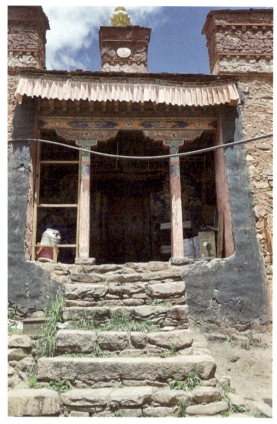

图 7-65 鲁普寺与罗布村位置关系图(中),图片来源:戚瀚文绘制

图 7-66 鲁普寺整体风貌(下),图片来源:戚瀚文拍摄

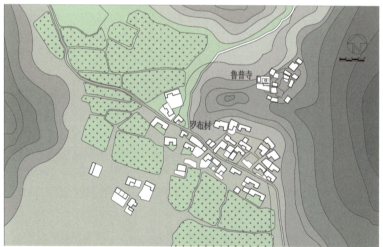

接处为开敞空间,由两根木柱支撑,面积为 14 m²,开间 4.5 m,进深 3.3 m,左右各有一间为 5 m² 的仓库。门廊北面是宽度为 1.5 m 的大门,通向佛殿。佛殿划分为两个房间,一个大间为僧人平时念经的经堂,另一个房间为寺庙的护法神殿,经堂开间 6.4 m,进深 6.6 m,四根柱子支撑,柱间距为 2.4 m,面积为 42 m²。佛堂左边有一宽为 0.9 m 的木门,进入门后便是护法神殿,护法神殿内无柱,面积为 18 m²,内部供奉该寺护法神。

7.2.8 日喀则鲁普寺

鲁普寺位于西藏日喀则地区聂拉木县绒波乡罗布村(图 7-65),从绒波乡政府驱车约 1 个小时便可到达,道路是颠簸的土路,罗布村位于佩沽措旁,选址极佳。整个村信奉苯教,只有一条通向外界的道路,村子地势平坦,西面临湖,北面与东面均有高山环绕,而鲁普寺则坐落在一高于村庄的小山坡上,是整个村庄地势最高的建筑(图 7-66),符合其等级与地位上的要求。该寺现有一位僧人,12 位居士。在调研期间该寺的僧人因佛事活动外出,故未能得见。据该寺的居士介绍,寺庙距今已有 980 多年的历史,寺庙的创始人为巴顿嘉瓦喜饶。该寺得以保存至今是因为在"文革"时期被用作存放粮食的仓库而幸免被毁。寺庙规模不大,现仅存一佛殿可供使用,其余的建筑均已经残损尚未修复。因为该寺主要的经济来源为罗布村的 36 户居民的日常供养,基本上没有其他地方的信徒前来朝拜,故寺庙内壁画保持了原来的面貌(图 7-67)。该寺还有一修行洞,是嘉瓦喜饶大师第四代孙巴顿桑波的修行洞,只能徒步上山且单程要走两个多小时,未能到洞窟进行测绘与调查。

寺庙大殿由诵经殿堂、僧舍及内院组成(图 7-68),大门开设在东面,大门宽度为 2 m。进入大门便可来到佛殿内院,内院面积约为

71 m²，西面为僧人和居士的僧舍，东北面开有一门，西北面有一上至二层的藏式木梯。进入大门便是一个玄关，面积较小，仅为 5.6 m²，其内开有一门，进入门内便来到了真正的佛殿大堂。佛殿面积为 187 m²，按照东西方向分前后两个部分，东部是由 8 根木柱子支撑的经堂，为僧人们日常诵经礼佛的地方，柱子按照开间方向分为两行四列，开间方向柱间距为 2 m，进深方向柱间距为 3.2 m。若以沿大门方向的柱子为第一列柱子，那其第三与第四列的四根柱子在一层是挑高的，挑高部分在二层形成一层大殿的采光天

图 7-67 鲁普寺内壁画，图片来源：戚瀚文拍摄

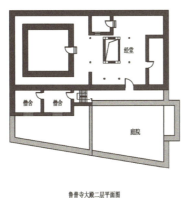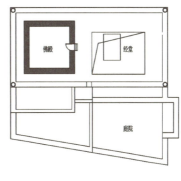

图 7-68 鲁普寺平面示意图，图片来源：戚瀚文绘制

窗。柱子后边是一"U"字形挡土墙，墙的后边是一佛殿，佛殿内存放的是甘珠尔和丹珠尔佛经典籍（图 7-69）。佛殿四周有一圈宽度为 1.1 m 的走廊，形成了围绕佛殿一圈的转经道，满足了前来转经的信徒的要求。一层大殿最珍贵的资源是其墙壁四周的彩绘，该彩绘是修建寺庙初期绘制的，颇具研究价值，部分破损严重，大殿目前壁画完整程度在 20%~40% 左右。佛殿二层以僧舍和大殿为主，三层已经废弃不用。

大殿色彩以白色和红色为主，红色用在大殿第三层殿堂与其外围的女儿墙处，白色是墙身的颜色，少量的黑色用在门窗的巴卡处。殿堂内部以木梁柱体系来承重，木梁柱以红色为基底，在其上绘制或者雕刻各种与苯教有关的彩画与神兽，由于年代比较久远，

图 7-69 佛殿内苯教经文，图片来源：戚瀚文拍摄

梁柱上的彩绘已经变得暗淡（图 7-70）。修建大殿所使用的材料在墙体上以毛石块为主，石块之间用泥浆进行填缝处理，如今寺庙虽未弃用，但以现在村民的收入情况来看，无法支付寺庙的修缮资金，所以寺庙略显陈旧（图 7-71）。

图 7-70 柱头彩绘，图片来源：戚瀚文拍摄

图 7-71 鲁普寺现状照片，图片来源：戚瀚文拍摄

图 7-72 那曲地区区位关系图，底图来源：国家测绘地理信息局（2015年4月）

7.3 那曲地区的苯教寺庙

那曲，在藏语里有"黑河"之意，因其地域辽阔，又被称之为"羌塘"。那曲地区因为在西藏的北边，又被形象地称之为藏北地区，其位于昆仑山、唐古拉山以及横贯青藏高原中部的念青唐古拉山的山脉范围内，南部与日喀则、拉萨等城市接壤，东部与昌都地区相邻，西面靠近阿里，北部与新疆维吾尔自治区和青海省毗连（图7-72）。土地面积约 39.54 km^2，占西藏自治区总面积的 32.82%。平均海拔在 4 500m，因气候环境条件恶劣，被划分为西藏四类地区。

公元9世纪吐蕃王朝崩溃，青藏高原出现了许多小邦国，在那曲地区就出现了几个部落王国。那曲中部有霍尔三十九族，在今聂荣县、巴青县和比如县的一部分；那曲西部是那仓部落，分布于今天的尼玛和申扎县境内；中北部有安多八部，分布于今天的安多县和班戈县境内；东部有以比如和索县为主的四雪部落（图7-73）。后来以霍尔部落的势力最为强大，根据《霍尔三十九族简史》记载，吐蕃时期该地区是松巴千户的辖区。元朝皇帝妥懽帖木儿之兄古如欧鲁太吉带着六名随行人员进入西藏时，途经今藏北巴青县本索乡境内时，遇见了当地的猎人，并跟随猎人来到了附近的村子中。七名蒙古人在村子内停留了一段时间，人们发现他们的武艺超群，就请求他们长期定居在这里，和他们一起生活。古如欧鲁本人娶了当地一个牧女为妻，这样第一批蒙古人便在藏北扎根了。清朝时期霍尔三十九族成为藏北最强大的部落联盟。在这个时期之前，由于佛教的兴盛，苯教在西藏腹地无法继续发展，于是选择向偏远的藏北地方转移，霍尔王对苯教并没有特别排斥，后来苯教修建了以索雍仲林寺为主的十多个寺庙，之后索雍仲林寺毁于战争。如今的苯教寺庙在那曲的保存状况要比西藏其他地方的苯教寺庙好，整个藏北地区有苯教寺庙26座，除了苯教藏北西部当惹雍错圣湖周围属于象雄文化圈之内，苯教历史悠久，其他地方的苯教寺庙均是后来修建的。目前那曲地区的苯教虽然在信众上面有绝对的优势，但在调研中笔者发现这些寺庙的创寺时间并不是很早，在苯教发展的历史中并没有特殊的贡献。这26座苯教寺庙在尼玛县有5座，分别是文部寺、曲措寺、玉彭寺、色西寺和扎西门加林寺；在巴青县有9座，分别是鲁布寺、巴仓寺、冲仓寺、玛荣寺、普那寺、布拉寺、贡日寺、龙卡寺以及阿昌日追；在聂荣县有7座，分别是朗色寺、昌都寺、夏日寺、丁俄贡苯寺、桑瓦玉则日追、西阔日追以及麦热日追；在比如县有5座，分别是多登寺、沃科寺、龙卡寺、桑达寺和申扎寺（图7-74）。下面介绍几座比较典型的寺院，通过对这些寺庙的介绍，尽量将藏北的苯教寺庙现状呈现在读者面前。

7.3.1 文部寺

文部寺位于西藏自治区那曲地区尼玛县文部乡文部村（图7-75），面向圣湖当惹雍错和神山达尔果雪山，海拔4 390 m。由超瓦·古如永仲桑旦创建于公元1650年，日喀则南木林县曼日寺为其母寺。该寺活佛为世袭制传承，距今已传有60代。寺院建筑包括集会殿、拉康、甘珠尔拉康、拉让等，总面积约3 625 m²。

寺院东靠近扎增日山，西南约2 km为当惹雍错（湖），其高出湖面约50 m；西北20 m为文部曲康；周边地表生有稀疏针茅类植被及浅草，属高原亚寒带半干旱季风气候。村内有简易的乡间公路通往该寺，居民的生产生活方式以半牧半农为主。

该寺的大殿在"文革"期间被当做粮仓而得以保留。大殿内保存最有价值的是其墙面上的壁画（图7-76）。这些壁画存世的时间要比那曲地区其他苯教寺庙内的壁画早，距今已有一百多年的历史，这些壁画的存在为研究藏北苯教文化提供了实例。

文部寺的选址并非随意而为，文部村是在扎增日山、文部曲康、阿姆觉日山这三座神山的包围下形成的，其南部面向当惹雍错圣湖。据寺院现任活佛丹巴坚赞介绍，文部

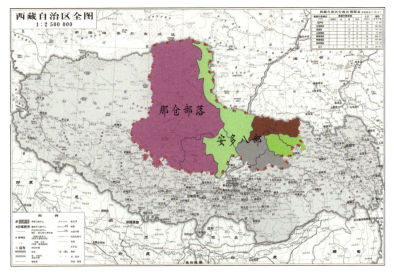

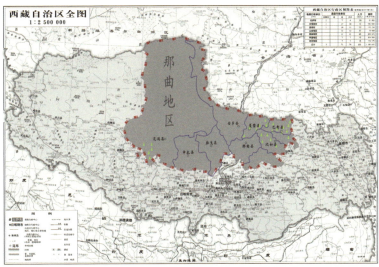

图7-73 那曲地区部落分布（上），底图来源：国家测绘地理信息局（2015年4月）

图7-74 那曲地区苯教寺院分布示意图（下），底图来源：国家测绘地理信息局（2015年4月）

图7-75 文部寺整体照片，图片来源：戚瀚文拍摄

图 7-76 寺庙内部壁画，图片来源：戚瀚文拍摄

图 7-77 集会殿现状照片，图片来源：戚瀚文拍摄

寺之所以择址在查玛山上，是因山的形状好似一头大象背着一块元宝，经过几位老僧人的讨论，决定将寺庙的位置选在大象的心脏处，寓意将来能够蓬勃发展。文部寺修建在文部村内，通往文部寺的道路与村内大路相连。文部寺虽然规模不大，但在规划上有其秩序，进入寺内首先会发现一个小院落，院落的北边是以红色粉饰的集会殿，院落西面是寺管会用房，院落东面是僧舍，整个院落以集会殿最为突出。集会殿东北角为寺院的护法神殿，由于整个寺庙依山而建，护法神殿的地坪比集会殿要高。集会殿的西侧、护法神殿的东侧是通往拉让的道路，拉让一层为厨房，二层为接待室，到达二层须借助室外楼梯。拉让后面只有一条小路通往拉康，拉康是活佛每天诵经的地方。每逢文部寺有佛事活动的时候，会有从其他地方赶来的僧人到这里诵经。寺院有 6 座佛塔，位于寺院西约 1 km 处，天葬台位于寺院西南 2.2 km 处。

文部寺的佛事活动以藏历月份为依据，主要的佛事活动如表 7-1 所示。

表 7-1　文部寺佛事活动时间表

藏历时间	法会名称	参加人数（名）
1月5日	纳美法会	100～200
1月15日	佛祖诞辰法会	30
4月15日	尊胜千供法会	50～80
8月15日	静怒神法会	60
10月25日	怒神修法法会	350～400

表格来源：戚瀚文自制

文部寺建筑整体呈狭长形，以集会大殿为整个寺庙中心，寺院建筑规模不大，但在建筑之间围合处自然形成的小空间很有特点，面积虽小却不拥挤，富有秩序感。在建筑方面，体量不是很大，但是却很有整体感。

（1）集会殿

集会殿坐东北朝西南（图 7-77），藏式一层，土、木、石建筑，墙体厚 0.7 m。由门廊、经堂两部分组成（图 7-78）。门廊开间 6.5 m，进深 1.8 m；穿过门廊便是经堂部分，经堂三开间 6.5 m，沿开间方向有两列柱子，柱间距为 2 m，经堂进深 8 m，有三排柱子，柱间距为 2.2 m。第二、三排柱间有一边长为 1.2 m 的佛台，佛台四面彩绘法轮、莲花、五宝等图案。经堂墙壁后存放苯教经书《甘珠尔》《丹珠尔》各 1 部；四壁绘有巴丹拉姆、达拉玛、当惹雍错湖神等苯教护法神和曲巴久尼、辛绕、强玛仁阿等高僧像壁画。

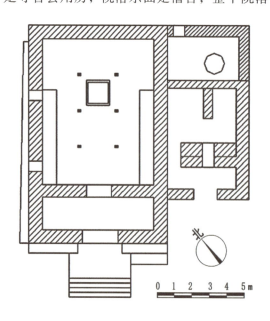

图 7-78 集会殿平面示意图，图片来源：那曲地区文化局提供

（2）护法神殿

护法神殿位于集会殿东北侧，藏式二层，土、木、石建筑，石砌墙体厚 0.6 m。由门廊、护法殿、转经廊组成。前部为门廊，门廊开间 4 m，进深 1 m；后部为经堂，经堂开间 4 m，进深 3 m。转经室的开间与经堂开间相同，进深 2.4 m，护法神殿内供奉当地护法神。

7.3.2 曲措寺

曲措寺位于那曲地区尼玛县曲措村东约 600 m 处，海拔 4 600 m，分布面积约 18 000 m²。于公元 1650 年由朗嘎伦珠创建。"文革"时期寺庙遭到损坏，上世纪 80 年代得以在原址上恢复重建。寺院现由集会殿、僧舍、擦康、公用房、天葬台、拉让、修行室、佛塔、护法殿等建筑组成。

集会大殿坐西朝东（图 7-79），藏式一层，土、木、石建筑，墙基由块石垒筑而成，高约 0.8 m，墙基之上为藏式夯土墙，土墙厚 0.6 m，其内由门廊、仓库、经堂、佛殿组成（见图 7-80）。门廊开间 3.9 m，进深 2.7 m；门廊左、右两侧各有一开间 3.2 m，进深 2.7 m 的仓储用房。穿过门廊便是经堂，经堂开间 11.3 m，沿开间方向有两列柱子，柱间距为 4.2 m；经堂进深为 7.5 m，沿进深方向有三排柱子，柱间距为 2.9 m。经堂内主供佛为辛饶弥沃。集会殿内壁画已完全脱落，现用画纸替代。

小集会殿坐西北朝东南（图 7-81），藏式一层，土、石建筑，土坯墙厚 0.4 m。集会殿开间 6 m，沿开间方向有两列柱子，柱间距 1.8 m，进深 7.4 m；沿进深方向有三排柱子，柱间距 2 m。修行室位于寺院东北方向的索拉日山腰上；地祇庙堂位于寺院斜上方东北约 50 m 处；佛塔位于大集会殿后（北）约 10 m 处。

7.3.3 玉彭寺

玉彭寺位于当惹雍错湖边一条内凹山

图 7-79 曲措寺大殿照片，图片来源：那曲地区文化局提供

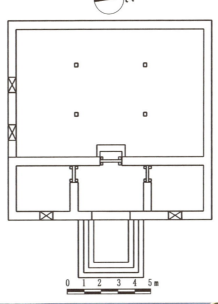

图 7-80 曲措寺大殿平面示意，图片来源：那曲地区文化局提供

图 7-81 小集会殿照片，图片来源：那曲地区文化局提供

谷处。寺庙修建在陡崖的半山腰上，气势宏伟，与山体浑然天成，山地建筑特点明显（图 7-82）。据苯教史籍载，象雄苯教智者色尼噶戊，于公元 1 世纪在象雄中部的当惹雍错湖畔创建了该寺。色尼噶戊是苯教早期十三传教大师之一，与吐蕃赞普穆赤赞普同时代。

图 7-82 玉彭寺现状照片，图片来源：戚瀚文拍摄

图 7-83 玉彭寺措钦大殿照片，图片来源：戚瀚文拍摄

初建时没有寺院，由一处修行洞演变发展成为现在的寺庙，该寺现成为苯教高僧修习密宗的重要场所之一。

玉彭寺的选址远离村镇且依神山圣湖修建，建筑布局自由分散。从外界到达玉彭寺有两条道路，第一条路为步行道路，从文部寺步行至当惹雍错圣湖附近，然后沿土路行走 10 km 左右便可到达玉彭寺，整个行程需 2 小时左右；还有一条是公路，从那曲地区乘汽车沿那曲—阿里公路行驶 622 km 到达尼玛县的尼玛镇，再从该镇往西南行驶 160 km 抵达圣湖当惹雍错东岸的吉松村，这种路径不需要徒步，乘车就可以到达，但比较绕路。

玉彭寺因其修行洞而闻名。如今在修行洞外修建了一座措钦大殿，整个寺院建筑均围绕该大殿展开。依据山体自身的地形走势而建，山地建筑特征明显，自由组合，疏密有序，顺应地形，起伏变化，错落有致、重叠而上。整个寺院从布局上呈前低后高的态势。

玉彭寺主要的佛事活动以藏历月份为依据，主要活动见表 7-2。

表 7-2 玉彭寺佛事活动时间表

藏历时间	法会名称	参与人数（名）
4 月 11—22 日	尊胜法会	100 ~ 200
8 月 10—15 日	次旺布玉玛	100 ~ 200
9 月 25—10 月 11 日	静怒神法会	150 ~ 200
11 月 30—12 月 30 日	虎神千供法会	300 ~ 400

表格来源：戚瀚文自制

玉彭寺最突出的建筑便是其寺院的大殿部分，大殿依山而建，气势恢宏，共有 10 层。

（1）措钦大殿

措钦大殿坐北朝南（图 7-83），藏式十层，土、木、石建筑。坐落在玉彭瓦姆神山上，措钦大殿修建在神山一处崖壁上，根据山体自然的高差来逐层修建（图 7-84）。因山地高差的局限，分为 4 个出入口。其中第一层设有单独的出入口，二至四层、五至七层、八至十层均设置有单独的出入口，不同

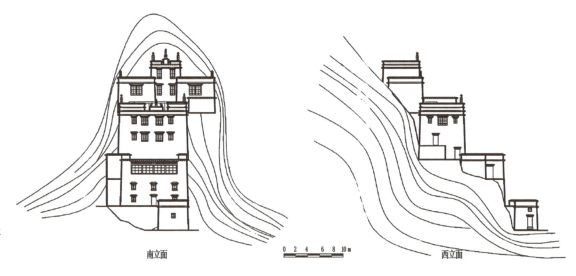

图 7-84 措钦大殿立面示意图，图片来源：孙正绘制

南立面　　西立面

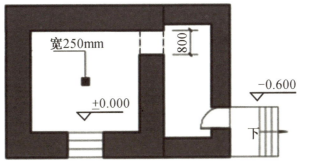

拉让平面图

图7-85a 拉让照片（左），图片来源：戚瀚文拍摄

图7-85b 拉让平面示意图（右），图片来源：孙正绘制

出入口建筑内互不连通。4个出入口将措钦大殿的建筑功能分为不同用途。措钦大殿墙厚0.6~0.8 m，占地面积339 m²，总建筑面积652 m²，建筑总高度达27.8 m。

措钦大殿第一层为转经大殿，入口朝东。面阔3.6 m，进深2.4 m，层高3.3 m，转经大殿内仅有一个较大的转经桶。

按原路向上折回一段山路便可来到建筑的第二部分，即二至四层，第二层修建得十分险峻，其入口平台宽度仅为0.8 m，下面便是悬崖，并未设置任何防护措施，该层为寺院仓储用房，建筑面阔三间11 m，进深2 m，层高1.8 m。第二层内有一架通向第三层的木梯。第三层构造和二层相同，层高2.1 m。第四层是念经大殿，虽与二、三两层属于同一部分，但在该层却设有单独的出入口，通过山路便可到达，由于该层山体向内收缩较大，故其建筑面积较大，建筑面阔12.5 m，进深5.9 m，层高3 m。

第五层为修行殿，有单独的西面出入口，建筑面宽11 m，进深1.7 m，层高3 m，整个修行殿只设一扇门，没有窗户。第六层同样为修行殿，规模较大，分隔成很多房间，建筑面宽10.6 m，进深6.2 m。第六层最东侧房间，面阔三间5.2 m，两柱，柱间距2.4 m；进深三间6.2 m，两柱，柱间距2.3 m，层高2.7 m。第七层为修行室加修行洞，通过六层的室内楼梯到达，建筑构造和六层一样，层高同样

为2.3 m，修行洞便设在第七层建筑的最北边山洞内。

第八层为仓库，第七层屋顶作为其前面的平台，建筑进深7.6 m，开间16.8 m，层高2.35 m。第九层为寺庙高僧和活佛的寝宫，入口设在建筑东面，第九层面阔三间16.9 m，进深一间6.8 m，层高2.3 m。第十层同样为寺院的寝宫，入口同样设在东边，面阔5 m，进深6.2 m，层高为2.3 m。

（2）拉让

活佛拉让与措钦大殿第七层修建在同一水平高度，建筑坐西朝东（图7-85），藏式一层，土、木、石建筑，墙体厚0.8 m。前面设有门廊，面阔3.3 m，进深1 m；主体建筑

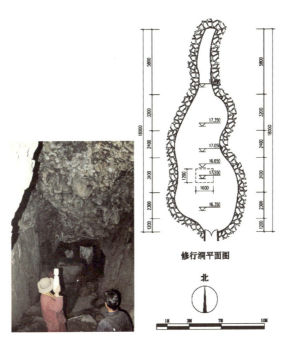

图7-86 措钦大殿内修行洞及平面示意图，图片来源：孙正绘制

第 7 章

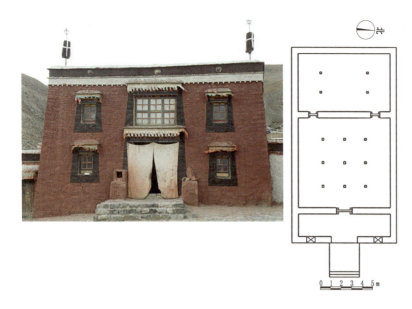

图 7-87 色西寺佛殿照片及平面测绘示意图，图片来源：那曲地区文化局提供

面阔二间 3.3 m，柱子位于两间的正中；进深二间 3.6 m，柱子同样居中。建筑总高度 2.9 m。

（3）修行洞

修行洞位于大殿第七层建筑内（图 7-86），据传该寺第一代活佛在此修行，整个措钦大殿就是依附着这座修行洞而修建的。进入修行洞前必须喝圣水，然后拿一根已燃的藏香方可进入。修行洞建筑面积 60.6 m²，进深约 18 m，整个修行洞呈狭长形布局，最窄处为 1 m，最宽处为 5.4 m。修行洞从洞口至洞内地坪逐渐升高。洞中间有一类似于坛城的供奉台，宽 1.2 m，长约 1.6 m，高 1.2 m。修行洞内还刻有苯教雍仲、牦牛等岩画，相传该洞是狼面空行母修行的地方。

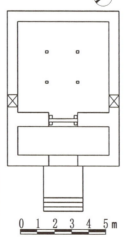

图 7-88 扎西门林寺主要大殿照片及平面示意图，图片来源：那曲地区文化局提供

7.3.4 色西寺

色西寺位于那曲地区尼玛县达果乡加热村西南约 1km 处，海拔 4 779 m，分布面积 12 286 m²。于公元 1410 年由仁青伦珠大师创建。"文革"时期寺庙遭损毁，20 世纪 80 年代得以在原址上恢复重建。寺院现由集会殿、僧舍、佛塔、天葬台、修行室等建筑组成。

新集会殿坐西朝东（图 7-87），藏式二层，土、石、木建筑，石砌墙厚 0.6 m。由门廊、经堂、佛殿组成。门廊开间 8.9 m，进深 2.1 m。后部为经堂，经堂开间 8.9 m，沿开间方向有三列柱子，柱间距为 2.1 m；经堂进深 8.4 m，沿进深方向有三排柱子，柱间距 2.2 m。经堂后为佛殿，开间 8.9 m，沿开间方向有两列柱子，柱间距 4.5 m；进深 5.4 m，沿进深方向有两排柱子，柱间距 1.8 m。室内主供佛像为辛饶弥沃、强玛等。新集会殿南侧为伙房，僧舍分布在集会殿北侧。

7.3.5 扎西门加林寺

扎西门加林寺位于那曲地区尼玛县军仓乡察来村内，海拔 4 813 m，分布面积约 1 428 m²。寺院于公元 1880 年由平措江村创建。"文革"时期寺院遭到严重破坏，20 世纪 80 年代得以在原址上重建。寺庙现由集会殿、僧舍、擦康、公用房、天葬台、拉让、修行室、转经室等建筑组成。

集会殿坐西朝东（图 7-88），藏式一层，土、木、石建筑，石砌墙体厚 0.6~0.8 m，由门廊、经堂组成。前部为门廊，面阔 5.3 m，进深 1.6 m；门廊后部为经堂，经堂开间 5.3 m，沿开间方向有两列柱子，柱间距 1.8 m，经堂进深为 5.1 m，沿进深方向有两排柱子，柱间距为 1.7 m，柱内围合空间上方为采光天棚。主供佛像有西热玛森、顿巴辛饶、西拉维嘎等。

寺院北约 2 km 为天葬台；集会殿的东约 30 m 处有公用房 2 座，公用房南约 5 m 处有擦康 1 座；集会殿右侧紧临拉让，依次向东为库房和伙房；集会殿左侧紧临珠康（修行室），依次为转经室、僧舍。

7.3.6 鲁布寺

鲁布寺位于西藏自治区那曲地区巴青县巴青乡曲丹咔村北约 3 km 处，于公元 1677 年由白吾·赤杰吉庆活佛创建，是日喀则曼日寺的分寺，在霍尔三十九族部落管辖期间，其所辖区域共有 38 座苯教寺院，鲁布寺是这些寺庙的母寺。"文革"中严重遭毁，1982 年得以在原址恢复重建。现寺院分布面积约 37 830 m²。

鲁布寺地处群山怀抱之中（图 7-89），寺院北依诺布拉则日山；东约 100 m 处为尼玛拉则日山；西约 100 m 处为达瓦拉则日山。这三座山围合形成了一块空地，寺院的选址便在此处。通往寺院的路位于尼玛拉则日山和达瓦拉则日山之间。鲁布寺是那曲地区规模最大的一座苯教寺庙，建筑内容丰富，有因明学集会殿、拉让、卡玛罗布宫、卡玛扎西维色殿、永忠扎仓集会殿、永忠嘎瓦纪念殿等。

寺院大门为新建，重檐歇山顶。进入大门后分为两条路，第一条是用阿嘎土铺砌的主要道路；第二条是通往东北角的恰热土桑嘎则林以及还在建设中的永忠嘎瓦纪念殿的小路。沿主干道驱车蜿蜒向上，便可到达寺院广场。广场后有一条通往因明学集会殿的小路，与这条小路相连的是一条通往永忠扎仓集会殿的弯曲山路。主干道只通往寺院广场，寺院广场周围有卡玛扎西维色殿、卡玛罗布宫以及拉让三栋建筑，寺院广场平时为僧人们辩经之处。整个寺院地形由北向南是一个类似正三角形的区域，寺院的永忠扎仓集会殿是中轴线的中心，其他寺院建筑围绕永忠扎仓集会殿修建。整个寺院建筑功能明确，交通流线也非常合理。

图 7-89 鲁布寺鸟瞰照片，图片来源：戚瀚文拍摄

鲁布寺的佛事活动以藏历计算，主要的佛事活动如下（表 7-3）：

表 7-3 鲁普寺佛事活动时间表

藏历时间	法会名称	参与人数（名）
1 月 13—15 日	纳美法会	100
3 月 30 日—4 月 8 日	尊胜千供法会	200～300
9 月 18—20 日	达当千会法会	150～200
11 月 8—12 日	尊师祀奉法会	30
12 月 19—29 日	怒神修法法会	50～100

表格来源：戚瀚文自制

鲁布寺内建筑大都是采用现代材料修建的，其建筑历史年代较晚，下面就对其主要几处大殿进行论述。

（1）永忠扎仓集会殿

集会殿坐北朝南（图 7-90），藏式三层，土、木、石结构，石砌墙厚 1 m。一层由门廊、经堂、佛殿组成。前部为门廊：门廊共 14 柱，前部 4 根檐柱，后部 2 柱均为多棱柱；门廊面阔九间 23.7 m，用八柱，柱间距 2.6~2.9 m，进深二间 5.1 m，门廊内壁绘苯教故事壁画。门廊后经堂面阔九间 23.7 m，用八柱，柱间

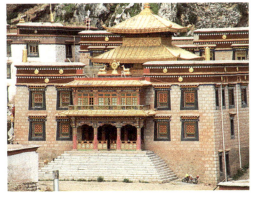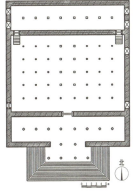

图 7-90 永忠扎仓集会殿照片及平面示意图，图片来源：那曲地区文化局提供

图7-91 卡玛那布颇章平面示意图及现状照片，图纸来源：孙正绘制、拍摄

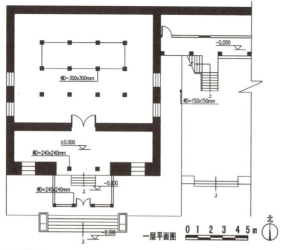
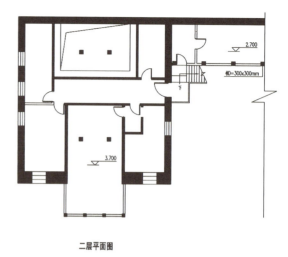

一层平面图　　　　　　二层平面图

距2.6~2.9 m；进深六间15.4 m，用五柱，柱间距2.6~2.7 m。二层为采光天棚、热色康、拉康等。三层为吾则拉康及新建金顶等。

（2）卡玛那布颇章

卡玛那布颇章（图7-91）位于集会殿西侧90 m处，藏式二层，土、木、石结构，石砌墙厚1 m，为鲁布寺的内明学院。一层由门廊、经堂组成。前部为门廊，6柱，前部4根檐柱，后部2柱均为多棱柱；面阔11 m，进深2.4 m，门廊内壁绘有四大天王及当地

图7-92 巴仓寺整体照片，图片来源：戚瀚文拍摄

护法壁画。门廊后经堂面阔五间11 m，用四柱，柱间距2.2 m；进深四间8.4 m，用三柱，柱间距2 m。二层为采光天棚、热色康、修行康、伙房、文物室等。

7.3.7　巴仓寺

巴仓寺位于西藏自治区那曲地区巴青县拉西镇贡郭村内，全称为巴仓寺雍仲热丹林（图7-92），该寺于公元1847年由巴·雍仲南桑创建，"文革"中遭损毁，于1985年在原址上得到修复，现寺院面积22 854 m²，由集会殿、僧舍、擦康、伙房、灵塔殿等建筑组成。2000年11月16日，巴青县人民政府公布该寺为县级文物保护单位。

巴仓寺建筑基址较为平整，故在修建寺庙时较注重寺院的平面图案性。寺院选址与藏传佛教寺院大昭寺相仿，据传巴仓寺所处位置有13个点有魔性，需要修建相应的寺院来镇压。寺庙的大殿修建在主要位置。如今寺庙的集会殿是新修建的，是巴仓寺现任活佛丹陪根据平面图案要求所设计的，集会大殿位于周边附属用房的半山腰上，呈中轴对称，显得建筑气势恢宏。

新集会殿台阶的东侧为旧集会殿，西侧为色康曲昂拉康，两栋建筑位于新集会殿轴线的两侧。旧集会殿东侧依次是寺管会临时办公建筑、护法神殿、僧舍。色康曲昂拉康

的右侧也是僧舍，僧舍建造得很规整，层高、间距相同。整个寺院旧址围绕着新集会殿展开，层次分明。

寺院新规划的寺管会办公楼位于寺院的最西南角，坐西朝东，与寺院分开以保持寺院建筑的完整性，又能很好地管理寺院，寺院的大门规划在寺院最南边的中间位置。

巴仓寺主要的佛事活动如下（表7-4）：

表7-4 巴仓寺佛事活动时间表

藏历时间	法会名称	参与人数（名）
1月1—16日	久昂曲巴法会	700
2月8—20日	卡龙颂堆法会	700
3月1—17日	仁增桑珠法会	700
6月8—20日	索讲法会	700
7月8—18日	喜超法会	700
8月8—17日	玛支苯珠法会	500
11月23—30日	古琼法会	500
12月21—30日	古青法会	500

表格来源：戚瀚文自制

巴仓寺主要建筑单体如下：

（1）旧集会大殿

旧集会殿坐北朝南（图7-93），藏式二层，土、木、石建筑，石砌墙厚1m。一层由门廊、经堂、灵塔殿组成。前部为门廊：门廊有2根檐柱，柱间距3.0m，开间12m，进深2.4m，门廊内壁绘有四大天王、地方护法神及六道轮回壁画。门廊后经堂开间12m，沿开间方向有4列柱子，柱间距为2.5~2.6m；进深9.7m，沿进深方向有三排柱子，柱间距2.4m。中央两根长柱升起，上部为采光天棚，天花板上绘有苯教坛城图案，地面铺设木地板。经堂

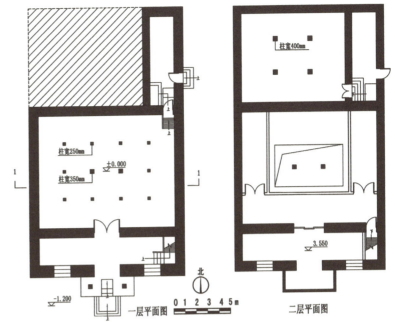

图7-93 旧集会大殿平面示意图及照片，图纸来源：孙正绘制、拍摄

四壁绘有苯教人物壁画。经堂后部为走廊和灵塔殿，东侧走廊宽2.2m。西侧为灵塔殿，开间9.3m，沿开间方向有两列柱子，柱间距为3.1m；进深为7.7m，沿进深方向有两排柱子，柱间距2.9m。

（2）护法神殿

护法神殿（图7-94）位于旧集会殿西

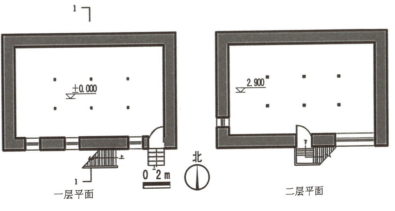

图7-94 护法神殿照片及平面示意图，图纸来源：孙正拍摄、绘制

子为圆柱,直径为 200 mm。地面用水泥铺砌,四周墙体为彩绘的苯教壁画。通往二层的楼梯位于室外,这样可以保证内部大空间的完整性,格局跟一层相似,只是柱子为方柱,柱径与一层相同。

(3) 色康曲昂拉康

色康曲昂拉康(图 7-95)位于旧集会殿东 10 m 处,坐北朝南,藏式一层,土、木、石建筑,夯土墙厚 0.8 m。由经堂、佛殿(布杰康)组成。前部为经堂:开间 16 m,沿开间方向有四列柱子,柱间距为 3.2 m;进深为 10.4 m,沿进深方向有三排柱子,柱间距为 2.6 m。无长柱,后有采光屋顶,内壁绘有德西佐西、辛拉南杰面拉、贡桑土阔等壁画。经堂后部为佛殿,开间为 16 m,有 4 根柱子,柱间距为 3.2 m,进深为 5.4 m,地面为木地板。

(4) 新集会殿

新集会殿(图 7-96)坐北朝南,藏式三层,土、木、石建筑,石砌墙厚 0.8 m,建筑占地面积 811 m²。一层由门廊、经堂、佛殿组成。前部为门廊,门廊前部 4 根檐柱,柱间距 2.6~3.0 m,门廊内未设柱子,宽 33.4 m,进深 2.8 m;门廊内壁绘有四大天王及六道轮回壁画。经堂开间为 33.4 m,沿开间方向有十列柱子,柱间距 3.1 m,经堂进深为 17.5 m,沿进深方向有六排柱子,柱间距 2.5 m。主供佛为顿巴辛饶佛。经堂里设有专门的内转经道,转经道宽约 2.3 m,经堂内共有柱子 60 根,非常宏伟。

7.3.8 冲仓寺

冲仓寺位于巴青县雅安镇夏卓格村东北约 2 km 处,全称冲贡雍仲贡扎林。该寺于公元 1391 年由崇杰尼玛列杰创建,为已经损毁的寺庙索雍仲林寺的分寺,是那曲地区规模较大的苯教寺院之一(图 7-97)。"文革"期间寺庙损毁严重,1985 年在原址上得以修复。现寺院面积 27 800 m²,由集会殿、拉康、

图 7-95 色康曲昂拉康照片及平面示意图,图纸来源:王浩拍摄、绘制

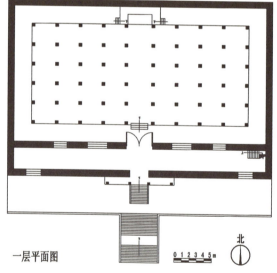

图 7-96 新集会大殿照片及平面示意图,图纸来源:孙正拍摄、绘制

一层平面图

10 m 处,坐北朝南,藏式一层,土、木、石建筑,夯土墙厚 0.8 m。建筑占地面积 107.5 m²,建筑面积 215 m²,建筑高度 7.3 m。东面为寺管会办公室,北面为僧舍,前面设有广场,建筑大门处设有四级踏步。

护法神殿第一层开间 11 m,沿开间方向有三列柱子,柱间距为 3.7 m,进深 6.6 m,沿进深方向有两排柱子,柱间距为 2.1 m。柱

僧舍、擦康、修行室、转经室等建筑组成。

从山底到寺院有一条土路，蜿蜒曲折，从山下一直连通至寺院。寺院现存建筑的修建年代不同，如今规模是经过扩建后形成的，总平面布局采用对称式。原有建筑布局属于方形院落形式，僧舍与集会殿围绕中心的开敞院落展开，其中僧舍为"U"字形，集会殿位于最北端，是整个寺院建筑对称的参照。

如今寺院规模扩大，新增护法神殿以及很多僧舍。到达寺院后首先会进入一个面朝东，呈"U"字形的建筑，建筑南侧为寺管会，西侧为寺院伙房，北侧为拉康，拉康中间为走廊，与寺院老僧舍的走廊相通，穿过走廊即走到集会殿门口。寺管会用房、拉康、老僧舍、集会殿同在一条轴线上，体现了平面构图的均衡性。寺院新建的僧舍均匀地分布在前面所述建筑的两侧，为顺应地形走势，僧舍朝向有不同程度的变化。冲仓寺护法神殿位于集会殿的西北方向，可通过集会殿西侧的一条上坡路到达。护法神殿建筑外立面的颜色分为红色与黄色，红色代表着权力，黄色代表了兴旺与繁盛，寺院唯一的金顶也用于护法神殿之上，可见护法神殿在寺院中的地位。

冲仓寺整个寺院建筑等级明显，顺应地形，起伏变化、错落有致，由南向北，建筑地坪逐渐增高，象征着所代表的地位也越高。寺院的集会殿位于寺院的最中心地带，护法神殿位于集会殿右方。

冲仓寺主要的佛事活动如表7-5所示：

表7-5 冲仓寺佛事活动时间表

藏历时间	法会名称	参与人数（名）
1月14-15日	辛饶弥沃诞生纪念法会	不详
2月12-19日	阿嘎布珠法会	不详
6月13-19日	南木杰法会	不详
8月22日	玛举法会	不详
9月14-15日	佣迈法会	不详
10月23-29日	喜卓法会	不详
11月23-29日	迷拉法会	不详

表格来源：戚瀚文自制

图7-97 冲仓寺整体照片，底图来源：戚瀚文拍摄

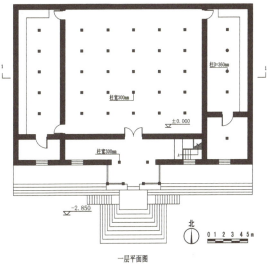

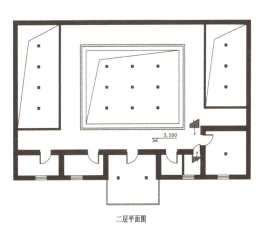

图7-98 冲仓寺集会大殿照片及平面示意图，图纸来源：孙正拍摄、绘制

图 7-99 冲仓寺僧舍照片及平面示意图，图纸来源：王浩绘制

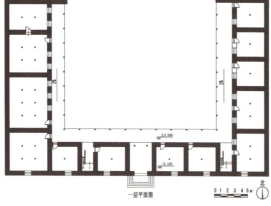

冲仓寺主要建筑单体如下：

（1）集会殿

集会殿坐北朝南（图 7-98），藏式三层，土、木、石建筑，石砌墙厚 0.6~1.0 m，建筑占地面积 591.3 m²，建筑总面积 1 299.6 m²。一层由门廊、经堂、佛殿、护法殿、灵塔殿组成。前部为门廊：门廊共 6 柱，前部为 4 根檐柱，柱间距 2.0~2.5 m，后部 2 柱均为方柱，柱间距 3.5 m；门廊开间 17 m，进深 5 m，门廊内壁绘有四大天王及六道轮回壁画。门廊西侧为灵塔殿，开间 5.1 m，进深 2.5 m，东侧为秋嘎拉康，开间 5.1 m，内有一柱，进深 5.5 m。

图 7-100 玛荣寺集会殿照片及平面示意图，图片来源：那曲地区文化局提供

门廊后经堂开间 17 m，沿开间方向有五列柱子，柱间距 3.2 m，进深 15 m，柱间距 2.5 m。中央九根长柱间上部为采光天棚，天花板上绘有各种坛城，经堂四壁绘有壁画，主要内容有顿巴辛饶传及桑卡曲阿护法神等。经堂西侧为拉康，开间 5.1 m，进深 15 m，沿进深方向有 5 根柱子，柱间距 2.5 m；东侧为桑卡曲拉康，其开间 5.1 m，进深 12.4 m，沿进深方向有 5 根柱子，柱间距 2.5 m。二层为采光天棚、热色康、寺院接待室、学习室等。

（2）僧舍

冲仓寺的僧舍面朝集会殿呈"U"字形，建筑外围用连廊相接（图 7-99）。建筑两层，占地面积 801.2 m²，总建筑面积 1 602.4 m²，建筑总高度 7.1 m。第一层僧舍南面为四间僧人用房，两个楼梯出入口中间有一个休息平台，总面阔 33.6 m，建筑进深 4.4 m，连廊进深 2.4 m；西面为四间僧人用房，总面阔 30.1 m，建筑进深 7.1 m，连廊进深 2.4 m；东面为五间僧人用房，总面阔和西边一样为 30.1 m，建筑进深 5.2 m，连廊进深 2.9 m。第二层西边僧人用房比一层多了一间，其他建筑格局与一层相同。

7.3.9 玛荣寺

玛荣寺位于那曲地区巴青县雅安镇杰露巴村所在地，全称玛荣寺雍仲拉扎林。公元 1390 年热琼南卡青在现地点创建一座修行殿，后逐渐扩大形成较具规模的寺院。"文革"期间寺院遭毁，1985 年在原址上得以修复。现寺院面积约 578 ㎡，由集会殿、僧舍、擦康、修行室、伙房等建筑组成。

集会殿（图 7-100）坐西北朝东南，藏式二层，土、木、石建筑，石砌墙厚 1.2 m。一层由门廊、经堂组成。前部为门廊：门廊共 8 柱，前部 4 根檐柱，两排均为方柱，柱间距 2.1 m；后部开间 10.8 m，沿开间方向设有四列柱子，柱间距 2.1 m，进深 3.7 m，

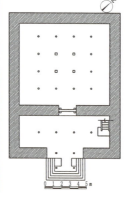

地面为木地板，门廊内壁绘有四大天王及六道轮回壁画，门廊东侧为上二层通道。门廊后经堂开间为 10.8 m，沿开间方向有四列柱子，柱间距 2.1 m，经堂进深 9.4 m，有四排柱子，柱间距 2.0 m。中央四根长柱间上部为局部突起的侧面采光屋顶。集会殿二层为采光天棚、热色康、寝宫等。

玛尼堆位于集会殿北 10 m；伙房位于集会殿北 2.0 m；天葬台位于集会殿北约 1 km；僧舍位于集会殿南 2 m。

7.3.10 普那寺

普那寺位于那曲地区巴青县扎色镇拉隆格村，该寺 1864 年由辛喇嘛·索朗雍仲和米吾喇嘛·达尔嘎创建。"文革"中严重损毁，1985 年得以在原址上恢复重建，现寺院面积约 2 000 m²，由集会殿、僧舍、擦康、伙房等建筑组成。

集会殿（图 7-101）坐北朝南，藏式二层，土、木建筑，夯土墙厚 0.7 m。一层由门廊、经堂组成。前部为门廊，2 根檐柱，柱间距 3.1 m。门廊左侧有一间转经室，面阔 2.6 m，进深 3 m，门廊内壁绘有四大天王及当地护法神壁画。门廊后经堂面阔五间 10.5 m，用四柱，柱间距 2.1 m；进深四间 9.3 m，用三柱，柱间距 2.1 m。中央二根长柱间上部为采光天棚，地面为木地板，主供镏金达拉美巴、益西瓦姆，泥塑的桑阿曲阿及甘珠尔、丹珠尔等。二层为采光天棚、修行室、库房等。2000 年 11 月 16 日巴青县人民政府公布该寺为县级文物保护单位。佛塔位于集会殿西约 160 m 的河岸；集会殿四面各有 1 处天葬台。

7.3.11 布拉寺

布拉寺位于那曲地区巴青县拉西镇古庆达村西南约 2 km 处，又名布拉琼纳寺雍仲丹培林。于公元 1253 年由琼氏喇嘛西绕坚参创建，最初为"傍俄玉滋日追"，后由琼拉拉古于 1687 年将日追扩建为寺院。"文革"期间遭到损毁，于 1985 年在原址上得到修复。现寺院分布面积约 22 844 m²，由集会殿、僧舍、护法殿、擦康、伙房、辩经院等建筑组成。

集会殿（图 7-102）坐北朝南，藏式二层，土、木、石建筑，石砌墙厚 0.7 m。一层由门廊、经堂组成。前部为门廊，共 6 柱，前部 4 根檐柱均为多棱柱，柱间距 3.0~3.2 m，后部 2 柱为方柱，柱间距 3.0 m；开间 15.6 m，进深 2.6 m。门廊左侧为法器室，开间 3.1 m，进深 2.6 m；右侧为二层通道。经堂开间 22.5 m，沿开间方向有六列柱子，柱间距为 3.2~3.3 m，经堂进深 16.6 m，沿进深方向有六排柱子，柱间距 2.3~2.5 m。后部一排六根长柱上部为局部突起的采光屋顶，前部二、三排中央四根长柱间上部为采光天棚，地面为木地板，主供有镏金南巴加瓦、强玛、顿巴西热、瓦色、绰俄佐曲、拉古托巴、桑扎、珠色庆巴、普那绰久等。二层为采光天棚及拉康等，三层为拉康及僧舍等房间。

集会殿东约 5 m 为护法殿；东约 20 m 为拉让；北约 12 m 有咒室；西南 2 m 为伙房；

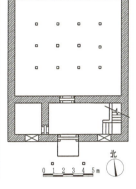

图 7-101 普那寺集会殿照片及平面示意图，图片来源：那曲地区文化局提供

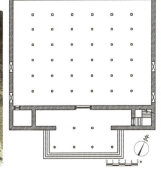

图 7-102 布拉寺集会大殿照片及平面示意图，图片来源：那曲地区文化局提供

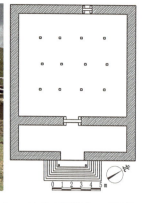

图 7-103 贡日寺旧集会殿照片及平面示意图，图片来源：那曲地区文化局提供

西约 50 m 为擦康、100 m 处为天葬台；西北约 35 m 处为辩经院。

7.3.12 贡日寺

贡日寺位于那曲地区巴青县贡日乡色雄改村，全称贡日寺雍仲扎杰林，该寺于公元 1790 年由琼·喇嘛加吾创建。"文革"期间严重损毁，于 1987 年在原址上修复。现寺院分布面积约 1 300 m²，由集会殿、拉康、僧舍、擦康等建筑组成。

旧集会殿（图 7-103）坐西北朝东南，藏式一层，土、木建筑，土墙厚 1 m。由门廊、经堂组成。前部为门廊：2 根檐柱，面阔 11.5 m，进深 2.7 m，门廊内壁绘有四大天王及六道轮回壁画。门廊后经堂开间 11.5 m，沿开间方向有五列柱子，柱间距 2.1~2.4 m。进深 10.6 m，沿进深方向有三排柱子，柱间距 2.6~2.7 m。主供镏金灵塔五座，镏金像有顿巴西热、强玛、南杰、达拉、次拉等。

7.3.13 龙卡寺

龙卡寺位于那曲地区巴青县江绵乡普绒塘村西南约 2 km 的龙卡地方，全称龙卡白辛丹仁庆林，该寺于公元 1715 年由木赤加瓦村成创建。"文革"期间损毁严重，于 1985 年在原址上得到修复。现寺院分布面积约 162 000 m²，由集会殿、拉康、拉让、僧舍、擦康、伙房等建筑组成。

集会殿（图 7-104）坐西朝东，藏式二层，土、木、石建筑，石砌墙厚 1.0 m。一层由门廊、经堂、护法殿组成。前部为门廊：门廊共 4 柱，2 根檐柱，后部 2 柱，均为多棱柱；开间 10.8 m，进深 3.1 m。左侧为二层通道，门廊内壁绘有四大天王及六道轮回壁画。门廊后经堂开间 10.8 m，沿开间方向有四列柱子，柱间距为 2.1 m。进深 10.7 m，内有五排柱子，柱间距为 2.1 m。第三排中央二根长柱间上部为采光天棚，地面为木地板，四周壁画内容有桑阿曲阿、曲嘎久尼、达拉美巴、护法等。经堂左侧为护法殿，开间为 5.2 m，内有两列柱子，柱间距为 1.8 m；护法神殿进深为 7.8 m，内有两排柱子，柱间距为 2.8 m。后部为佛殿，开间为 10.8 m，内有四根柱子，柱间距 2.1 m；佛殿进深为 4.3 m，内有一排柱。集会殿二层为采光天棚、热色康、拉康等。

灵塔殿位于集会殿南约 90 m 处，藏式二层，土、木、石建筑，墙厚 0.9 m，4 柱，开间 10.5 m，内有两列柱子，柱间距为 3.8 m；进深 9.2 m，内有三排柱子，柱间距为 3.3 m。壁画内容为辛饶弥沃传。僧舍分布在集会殿周围。

7.4 林芝地区的苯教寺庙

林芝地区如今常被人们称之为"西藏小江南"，概因其气候环境条件十分宜人，在西藏传统称谓中林芝地区被称之为"贡布"，以前的贡布地区包括林芝县和贡布江达县所辖区域以及米林县的一部分（图 7-105）。贡布地区在吐蕃时期就已经成立了邦国，其

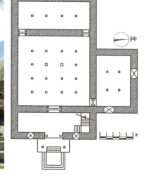

图 7-104 龙卡寺集会殿照片及平面示意图，图片来源：那曲地区文化局提供

重要历史性苯教寺院调研

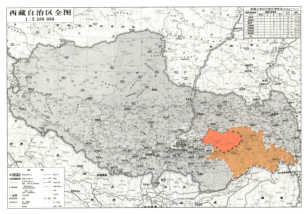

国王为贡杰嘎布。有关该地区的记载要属在贡布发现的吐蕃时期的石刻上。石刻中记载了吐蕃赞普赤松德赞与贡杰嘎布的关系，碑文阐述了贡杰嘎布家族源自吐蕃第八代赞普智贡赞普，并且一直对吐蕃赞普忠心耿耿，为此，吐蕃赞普赤松德赞赐予贡杰嘎布及其后裔世代免除各种赋税等优惠政策[3]。

对于苯教徒来讲，贡布地区是比较重要的地方，首先这里有苯教的神山苯日神山，围绕神山周围有苯教寺庙，本节所论述的苯教寺庙均在苯日神山附近。笔者调研发现，存在于林芝地区的苯教寺庙有7座，且大都在林芝县境内，它们分别是格西拉康、尼池拉康、吉日寺、大卓萨寺、达则寺、色迦更钦寺和拉日江多寺（图7-106）。贡布被苯教徒所信奉最主要的原因是苯教始祖顿巴辛饶曾经在此住过并留下传说。在苯日神山周围有很多关于顿巴辛饶的事迹。传说林芝最高的柏树是由顿巴辛饶亲自栽种的。相传苯教典籍《无垢威光经》的作者罗丹宁布大师在撰写该书的时候也是在苯日神山上完成的。所以林芝地区对苯教徒来讲是非常重要的地方，下面就对其中的三座寺庙进行论述。

7.4.1 达则寺

达则寺又名"达则雍仲林寺"，该寺位于苯日神山东南方向林芝县林芝镇达则村上处，属苯教寺庙，距县城3 km左右。俗称"安多寺"，因寺庙僧人大多数是安多地方人而得名。据传该寺初建于17世纪初期，由第一任活佛董工丹巴伦珠修建，距今约有400余年历史。寺内主供佛为苯教佛祖顿巴佛，寺内还有一座金塔、一座银塔和一个金制瓶以及一个法螺等贵重文物，寺庙主要佛事活动有藏历11月29日举行的"达则米曲"（点火，驱鬼）。达则寺

图7-105 贡布地区区域分布（左），底图来源：国家测绘地理信息局（2015年4月）

图7-106 林芝地区苯教寺庙分布示意图（右），底图来源：国家测绘地理信息局（2015年4月）

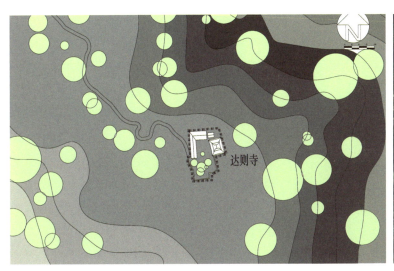

图7-107 达则寺总平面绘制图，图片来源：戚瀚文绘制（左）

图7-108 寺庙外佛像照片，图片来源：戚瀚文拍摄（右）

145

图 7-109 达则寺主要建筑照片，图片来源：戚瀚文拍摄

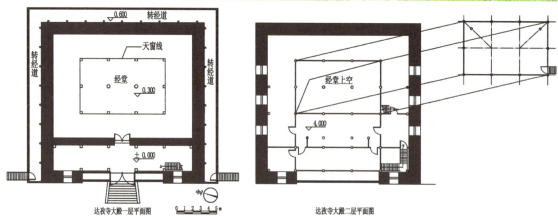

图 7-110 寺庙主要佛殿平面示意图，图片来源：戚瀚文绘制

图 7-111 达则寺主要佛殿现状照片，图片来源：戚瀚文拍摄

历史上规模较大，平时住寺僧人约90余人。1950年地震时被震毁，后又重建，此时寺内僧人约40多人，僧舍及房屋约130多间，还有田园、草场、牧场等资产。

寺庙内主要建筑有一平面形状为长"L"形的僧舍建筑与一座大佛殿（图7-107），主要大殿坐东朝西，其西面中心处有一室外白色煨桑炉，煨桑炉南边放置一尊用汉白玉雕琢的精美佛像，该佛像被放于用木头与玻璃制成的佛龛内（图7-108）。寺庙其他地方用围墙隔开，进入寺庙的大门开在西面，寺庙内大院除与大殿和僧舍的连接道路用青石板铺设外，其余地方均长有杂草，寺庙虽有僧人但无人进行日常打扫，任由杂草散乱生长（图7-109）。僧舍建筑为二层，一层为厨房与储藏室，二层为单廊式僧舍。僧舍建筑材料在墙体上一层是毛石，二层是夯土墙，在结构上一、二层均以木梁柱承重。在颜色上僧舍建筑墙体以白色为主，其门窗巴卡处以传统的黑颜色为主。

大殿建筑整体坐东朝西（图7-110），主体两层，局部三层。大殿平面形式规整，为一正方形，占地面积为536 m²。大殿一层最外侧除西面为主入口外，其余三个面紧贴外墙处被一宽度为1.5 m的外转经道包裹（图7-111），这样能够满足信徒们对转经的要求。大殿一层平面形式较简单，自西向东分为前后两进，第一进为门廊，第二进为佛殿。门廊半开敞（图7-112），其内有10根柱子支撑整个梁架结构，西面

4根，东面6根。西面4根柱子之间原来开敞，后来被加上了铝合金窗户。门廊面积为57.6 m²，开间18 m，进深3.2 m。两侧各有一宽度为1.2 m的窗户，右侧为上至二层的木质楼梯。门廊东边有一宽度为2.0 m的双扇门，进入该门便来到了佛堂，佛堂面积为232 m²，开间18 m，进深13 m。佛堂内有12根柱子，沿开间方向呈三排四列排布。大殿内沿最外层柱子一圈为其挑高天窗边线的位置。柱子在形式上以方形为主，但第二排中间两柱子是十二角柱的样式。大殿东侧放置苯教佛像，其余三面均为小佛龛，佛龛内存放苯教佛像。大殿二层在形式上有其自身的特点，便是挑高的天窗没有直接与室外相接，而是在二层建筑的内部，造成一层佛堂出现了采光问题，只能通过增加一层室内的人工照明来解决。二层西面为一小型佛殿，其位置在一层的门廊之上，佛殿内供奉苯教佛像。二层天窗两侧为封闭的转经廊道，廊道南北两侧墙面上开有窗户。

寺庙最大的特点就是其屋顶的做法（图7-113），使用坡屋顶的处理方法，完全没有藏式平屋顶的建筑做法。这种工艺是后期受到汉代和尼泊尔建筑影响下而产生的，因为前来修建寺院建筑的工匠不仅有藏族当地的匠人，也有从汉地和尼泊尔聘请过来的技师，这样就使得修建之后的建筑有了多种文化的融合。

7.4.2 尼池拉康

尼池拉康又名"尼池古秀拉康"（古秀在藏语里是对柏树的敬语），位于林芝县林芝镇尼池村，距老县城1 km，是一座苯教拉康。拉康前有一棵巨柏树，该树高度约48 m，树围约13 m，据传说该树是由苯教祖师顿巴辛饶于林芝修行时亲自栽种的，故而来此朝拜的香客络绎不绝。柏树现在已经成为该拉康的主要圣物，因此得名尼池古秀拉康。该

图7-112 大殿内门廊照片，图片来源：戚瀚文拍摄

图7-113 大殿屋顶结构照片，图片来源：戚瀚文拍摄

拉康于公元1329年左右由色迦更钦寺活佛多丹日巴珠色创建，距今约有600多年的历史。苯教信徒转经、转拉康者较多，据说转一百圈该拉康相当于绕苯日神山转一圈。历史上，该拉康主殿为两层，主供佛有顿巴西热佛、强玛佛，常住僧尼约有10余人，拉康由达则寺管理。1993年，根据当地村民的要求，为了满足信教群众的信教愿望，现任拉康主持塔克嘉措在国家拨款的基础上自筹资金30余万元，修复了尼池拉康。计有主殿三层十余间、伙房、转经房、围墙等，寺内主供佛为阐巴父子三尊（阐巴南卡为父，次旺仁增为大子，白玛迥乃为次子）及顿巴佛，主供圣物为一棵巨柏树。1996年该拉康被林芝地区批准

图7-114 尼池拉康僧舍，图片来源：戚瀚文拍摄

第 7 章

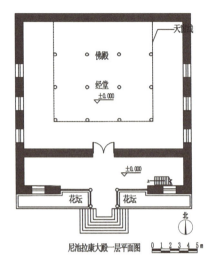

图 7-115 尼池拉康主要佛殿平面示意图，图片来源：戚瀚文绘制

图 7-116 寺庙内的煨桑塔，图片来源：戚瀚文拍摄

图 7-117 寺庙大殿玄关照片，图片来源：徐二帅拍摄

图 7-118 佛殿内供奉的苯教佛像，图片来源：戚瀚文拍摄

为林芝县 16 处宗教活动场所之一。

尼池拉康现存建筑仅为一带有内院的二层大殿和与其相隔一条小路的二层僧舍，僧舍内居住的是寺管会的工作人员（图 7-114），因该寺活佛带领僧众在外地参加佛事活动，故寺内基本上没有多少僧人。僧舍建筑整体已经为现代的混凝土框架结构，只有其门窗处采用传统藏式木门窗的形式，整个建筑充满了现代的气息。大殿建筑也是现代建筑，夹杂着藏式建筑的建造手法与表现方式。僧舍建筑东边便是尼池拉康的礼佛大殿，大殿整体坐北朝南（图 7-115），其四周有一圈围墙将大殿围绕，其内院中央处为一白色的煨桑佛塔（图 7-116），由于疏于管理，内院杂草丛生，显得有些杂乱，大殿东南侧便是柏树所在的位置。礼佛大殿分为两层，第一层通过七级踏步将大殿与室外连接，平台长度为 1.8 m，宽度为 0.9 m。礼佛大殿按照南北方向分为前后两进，第一进为连廊，第二进便是佛殿。连廊为开敞式玄关（图 7-117），面积为 69.36 m²，开间 18 m，进深 3.1 m。其内有 4 根十二角柱支撑，礼佛大殿在整个南立面的特点便是其中心位置处有一上下两层向外突出的空间。这种处理手法在寺庙殿堂的做法上十分常见，这样既可以突出佛殿大堂入口处的层次，也可以使得整个大殿显得威严与庄重。玄关南墙面分别开有宽度 1.5 m 的窗户来保证采光的需要，内部墙体粉刷黄色底色，并在其四周绘有反映苯教教义的壁画，在玄关东边有一宽度为 0.9 m 的 "L" 形木梯通至二层。连廊北墙正中处有一宽度为 2.4 m 的双开大门，进入大门后便是佛殿。佛殿开间与连廊相同，进深 14 m，佛殿面积为 252 m²。其内用 12 根柱子支撑整个大殿空间，柱子按照开间方向呈三排四列排布。佛殿东西墙面上各有三个宽度 1.5 m 的窗户。大殿东西两面墙体处为定制的小型佛龛，佛龛内供奉很多佛像（图 7-118），佛龛外有两排高度为 0.4 m 的佛架，其上并排放置了很多大型佛像。佛殿北侧供奉 5 尊主供佛。佛殿内装饰并不繁琐，其地面以暗红色瓷砖铺地，

梁柱以红色颜料涂刷，并在柱头梁身等处绘有相应的彩画。大殿二层是僧人的僧舍及辅助用房，与其他苯教寺庙大殿比较相似。

7.4.3 吉日寺

吉日寺位于林芝县林芝镇卡斯木村西北侧山坡上，距县城（八一镇）约25 km，是苯日神山上的又一座苯教寺庙（图7-119），该寺庙大约在15世纪由该寺活佛追古罗丹宁布（今西藏昌都丁青县人）创建。公元1600年左右，该寺发生一起火灾，寺院被烧毁，后来由该寺喇嘛吉日欧明久重建，规模与原来相同。历史上昌盛时期常住僧尼约有300人，主供佛有一尊两层高顿巴西热佛像，两层高金铜铸强玛佛一尊，另外还有内地皇帝赐有金印章一枚（具体朝代和年代不详，均在"文革"时期流失）。其历经七代活佛，1950年发生大地震时又被震毁，后再度重建，当时住寺僧尼约20余人，主要佛事活动有藏历五月十日举行的"边达次久"活动和藏历十月二十九日举行的"古多"活动，以上两项活动均有信众参加。

吉日寺规模并不大，寺庙整体建筑坐东

图7-119 吉日寺鸟瞰照片，图片来源：Google Earth

大以女僧人修行为主的苯教寺庙。寺庙入口设在了南面辅助用房中间的位置，其入口形式是以整体凸出的二层单跨建筑，一层为进入寺庙的主要通道，二层为僧人的生活及休息用房（图7-120）。为了凸显入口的重要性，其总高度要比辅助用房高出约1.8 m，二层墙体结构为井干式且全部用红色涂料粉刷，二层屋顶为四坡屋顶形式。进入门廊便可看到诵经大殿及僧舍等建筑，从门廊进入诵经大殿要经过一宽度约为30 m的内院，内院中间有两圈圆形的环路，环路四周有通向各个建筑的小路（图7-121）。在第二圈环路东西两侧各有白色的煨桑佛塔和挂满经幡的法幢。这种规划方式笔者是第一次见到，可能是由

图7-120 吉日寺主入口现状照片，图片来源：戚瀚文拍摄

北朝西南，建筑有诵经大殿、辅助用房、僧舍等，这些建筑分布有序。以诵经大殿为主，诵经大殿位于整个寺庙建筑群的中心位置，其西南边为两层高的钢筋混凝土结构的僧舍，其北面是寺庙围墙，其南边为一规划有序的内庭院，内庭院南边及东边为两层高且相互连接的辅助用房，这些建筑共同形成了寺庙的整体形象。该寺也是笔者走访过的规模较

图7-121 诵经大殿前的环形道路，图片来源：戚瀚文拍摄

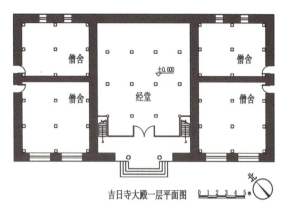
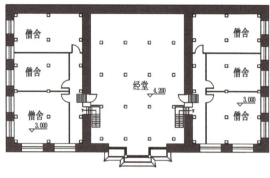

图 7-122 寺庙主要佛殿建筑平面示意图，图片来源：戚瀚文绘制

图 7-123 大殿玄关柱子，图片来源：戚瀚文拍摄

图 7-124 诵经大殿内部照片，图片来源：戚瀚文拍摄

于寺庙占地面积比较小，无法设置比较大的供信徒转经的道路，所以做成环形的道路让前来祷告的信徒可以沿着设计好的道路转经。

经过内院便是诵经大殿（图7-122），大殿占地面积 469 m²，整体两层，大殿立面按开间方向可以分为三段，中间一段比较高，以红颜色为主色调，左右两段均低于中间段，以白色为主。大殿屋顶的处理手法已经不是藏式建筑的方式，而是采用了坡屋顶的形式，这种设计方法应该吸收了汉地和尼泊尔建筑的特点。

诵经大殿一层以经堂和僧舍为主，其平面形式与立面相呼应，也可以分为三个部分，其中间部分为经堂，左右部分为僧舍。中间经堂分为前后两进，第一进便是门廊，在门廊的两侧有上至二层的楼梯，门廊为半开敞式布局，其南边与内院相接处有一四级踏步的平台。门廊宽 10.5 m，进深 1.8 m。两根间距为 3.5 m 的十二角柱支撑上部的梁架（图7-123），角柱两旁各固定有一较大的转经筒。门廊与大殿相接处墙体为木质隔板墙，而不是夯土墙，因为屋顶的特殊处理方式，使得大殿内无法像传统藏式建筑那样在一层设置带有采光天窗的窗户，为了解决大殿内的采光问题，就只能选择在墙壁四周开设窗户，而传统藏式大殿内四壁均要绘制关于教派的彩绘，这样就只能舍弃其中一面墙体的宗教功能而使其转化为实用功能，常见做法是在与门廊相连接的墙面上开设采光窗洞，该寺的做法便是这样。通过宽为 2.4 m 的双扇门便进入大殿内部（图7-124），大殿开间与门廊相同，进深为 12.3 m，内部有 12 根柱子支撑，无采光天窗。左右两侧为僧舍，出入口独立，均开设在东西两侧的墙面上，与大殿空间互不交叉，僧舍按南北方向分为两部分，各有 12 根柱子，南边的僧舍面积要大于北边的僧舍。大殿的二层空间与一层在功能上基本相同，中间部分为佛殿经堂，两边均为僧舍。

7.5 藏东昌都地区的苯教寺庙

昌都地区在历史上被称为"西康"，位于西藏东部，澜沧江上游，是西藏自治区东边的门户所在。昌都地区东边与四川省隔金沙江相望，东南边与云南相邻，西南与林芝地区紧邻，西北与那曲的巴青县相接，北面与青海省玉树藏族自治州交界（图7-125），地势由东南至西北逐渐增高。

昌都地区是目前苯教寺庙现存数量最多的一个地区，整个地区有五个县存在苯教寺庙，分别是丁青县、江达县、洛隆县、左贡县和八宿县。这五个县共有苯教寺庙53座，其中丁青县31座，江达县6座，洛隆县4座，左贡县9座，八宿县3座，以丁青县内的苯教寺庙为主体，本节就对丁青县内的主要苯教寺庙进行介绍。

7.5.1 丁青孜珠寺

孜珠寺（图7-126）是昌都地区较知名的苯教寺庙之一，寺庙选址在丁青县孜珠山山顶处，其母寺为热拉雍仲林寺。该寺由大成就者穆邦萨东创立并传承，至今已传至第四十三代，现任寺主为丁真俄色。据记载，孜珠寺是观音菩萨的道场，藏语中的"孜珠"为"六座山峰"的意思，因为孜珠神山上有六座山峰，且每一座均被僧人冠以不同的名

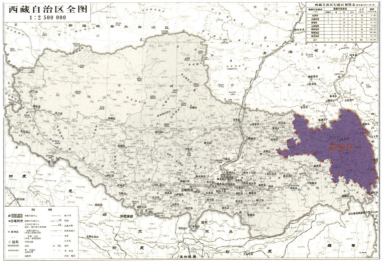

图7-125 昌都地区区位示意图，底图来源：国家测绘地理信息局（2015年4月）

称。这六座山峰象征观音菩萨用慈悲和智慧度化的六道众生，并引导教化他们从烦恼中解脱出来。根据笔者对第四十二代活佛加美活佛的采访，孜珠寺六座山峰第一座为"依仁罗布寨"，即如意宝峰的意思；第二座山峰为"协力加噶寨"，即无影白琉璃峰，此峰因存在有大量的白琉璃空洞而得名；第三座山峰为"埝民同瓦寨"，即实现如意峰；第四座山峰为"桑卓嘎瓦寨"，即禅定观明峰；第五座山峰为"名卓雍仲寨"，即永恒雍仲峰；第六峰为"千波度千寨"，即智慧剑锋。

图7-126a 孜珠寺鸟瞰照片，图片来源：戚瀚文拍摄

图7-126b 孜珠寺远眺（左），图片来源：梁威拍摄

图7-126c 孜珠寺近景（右），图片来源：梁威拍摄

图 7-127 孜珠寺建筑等级分析图，图片来源：戚瀚文绘制

虽然孜珠寺周边山峰林立，但这六座山峰已经成为广大信徒心目中最为神圣的标志。

在任何寺庙中，根据建筑使用功能的不同可以将建筑分为几个等级，一般以佛殿、大殿等人流较多的空间为第一等级建筑，僧舍等其他人流相对稳定的建筑为第二等级。孜珠寺的建筑规模并不是非常恢宏，但它在昌都地区苯教寺庙中的地位是最高的，它管辖下面14座分寺。从寺庙对面的山坡上远眺寺庙，建筑群整体有一种向上的动态，沿着山势的高差成横向分散布局（图7-127），孜珠寺的建筑可以划分成两个等级。

第一等级的建筑是以红色外墙及金顶为显著特点的拉康大殿、禅修学院、内明学院、扎仓学院，以及辨明学院等建筑。这些建筑是构成整个孜珠寺教育体系的支柱，也是寺庙空间最大的建筑。这些建筑大都选址在山上地势相对平坦的位置，且与交通道路相临近，利于僧人平时的宗教活动和信徒们的朝拜。

第二等级的建筑是以僧舍为主的居住性建筑，大都以白色墙面为主，建筑层数为1~2层，土木结构，采用藏式传统建造手法，室内无太多装饰。平面布局比较简单，建筑选址顺应山势走向，分布灵活。最典型的僧舍为孜珠寺最西面的僧舍，该僧舍充分体现了西藏山地建筑的特点，用料虽然简单，但选择修建在如此复杂的环境中，证明了在这里居住的僧人利用自然、改造自然的能力。

孜珠寺的交通分为两大部分，第一部分为连接山上与山下的交通道路，该路是外界连接寺庙的主要道路，这条道路蜿蜒曲折，从山下一直连通至寺院。这条路是最近几年在孜珠寺第四十三代活佛丁真俄色活佛的带领下，用化缘积攒出来的财力修建的。这条路其实是一条简易的土路，蜿蜒盘旋地从山底一直连接到山顶，一到雨天，更加泥泞与危险。其他的路都是这条主路的分支，它们随着建筑高程的不同而将建筑与主路连接。在修建此路之前，山下的朝拜者想要上山要么选择骑马，要么就请山上的僧人到山下来接。

第二部分道路为转山路，孜珠寺有三条转山路，第一条转山路为上环路，从第一峰与第二峰的垭口开始，经过第二峰与第三峰的垭口，然后沿着僧舍回到出发点，这条路的路径是围绕第二峰转山，周长2 km（图7-128）；第二条转山路是中环转山路，即围绕六道山峰转山，这条转山路的周长为8 km；第三条转经路为下环转经路，周长为20 km，转一圈基本要耗费一天的时间。

孜珠寺在发展初期是没有建筑存在的，来寺庙修行的僧人都在孜珠寺的山洞里进行修炼，这些洞穴建筑至今依然存在于孜珠山上。到了后期，孜珠寺的僧人开始在山上修建寺庙，最初这些寺庙建筑是由一栋或几栋

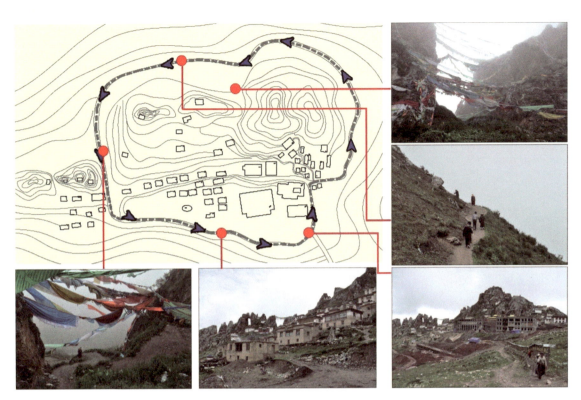

图7-128 孜珠寺主要转山路分析,图片来源戚瀚文绘制及拍摄

建筑构成,中心是能够满足他们日常修行的大殿。待寺院发展到一定形制后,逐渐开始分支细化,形成若干个内部的建筑组群——扎仓,而每个扎仓建筑群的组织是以扎仓大殿为中心发散开的。每个扎仓是一个完整的组织形式,又以扎仓为单元按照一定的拓扑关系形成了现在的寺庙布局。由于地形的限制,孜珠寺建筑中没有院落围合,也没有格鲁派寺庙那么恢宏,在建筑装饰与室内彩画上亦是如此。这与后期苯教在政治斗争中的失利有关。

孜珠寺主要建筑为扎仓学院、辨明学院、内明学院与禅修学院四处。

（1）扎仓学院

扎仓学院整体两层（图7-129），坐北朝南,开间五间,进深六间,建筑占地323 m²,建筑面积586 m²,建筑高度12 m。建筑位于孜珠山第二峰,主入口设在南面,门前没有广场,只有一条宽度为4.0 m的道路与之相连。扎仓学院西面与拉康大殿相邻,为了使室内地平在同一高度,故将入口处抬高,大门处设有九级踏步。

图7-129 扎仓学院现状照片,图片来源:戚瀚文拍摄

进入扎仓学院（图7-130）,一层内部分为前后两进,第一进为门廊,进深6.3 m,层高4 m,由四根红色柱子并排撑起,柱间距为3.3 m,柱头处绘有精美的彩画,地面为简单的水泥地,四周墙体上彩绘苯教经典故事,通往二层的L形楼梯布置在最西端。第

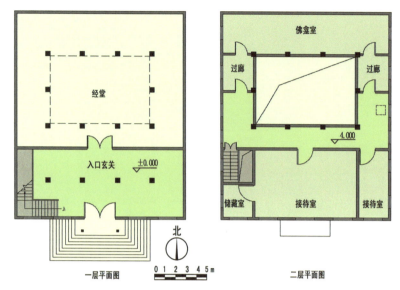

图 7-130 扎仓学院平面示意图，图片来源：戚瀚文绘制

二进空间为经堂，经堂进深 12.7 m，开间与第一进门廊相同，整个经堂由 10 根柱子构成，分为五开间四进深，中间呈"口"字形围合，内部为 2 层通高中庭，直接连通屋顶，柱高 9.5 m，外圈与墙体形成交通回廊，高度为 4 m，回廊北边摆放苯教的坛城和三尊苯教佛祖像。

扎仓学院的二层以办公及接待为主，办公室开间 9.3 m，进深 6 m，层高 3 m。办公室内部无柱，装饰没有经堂华丽，地面为水泥地面。办公室北面为佛龛室，内部供奉很多苯教佛像，每逢藏历节日的时候，会有很多特地前来朝拜的信徒。

扎仓学院经堂内部装饰精美，地面由木板铺装，室内墙面的装饰与第一进门廊相同，都是用藏地传统颜料直接在墙面上绘制带有苯教典籍及故事的彩画。除了墙面上的彩绘，经堂内部其他装饰都是木工活（图 7-131）。木匠首先要对柱子和梁的断面进行测量，根据测量的尺寸用木材雕刻成各种苯教图案并将柱子及梁进行包裹，然后用胶将雕刻好的板材固定于柱子或梁处，最后一道工序是对雕刻的图案及佛像进行彩绘。整个工序看似简单，但实际操作过程考验工匠的耐心，据在这里工作的藏族木匠师傅介绍，他和他弟弟在山上已经工作了 3 年之久。

（2）辨明学院

辨明学院位于孜珠寺第二峰（图 7-132），扎仓学院东南下坡处，南面为还未建成的钢筋混凝土建筑，为食堂与办公为主的三层用房；东面与主路连接；西面为在建的钢筋混凝土三层佛殿。

图 7-131 扎仓学院木雕作品，图片来源：戚瀚文拍摄

图 7-132 辨明学院现状照片，图片来源：戚瀚文拍摄

辨明学院占地 831 m²，建筑面积为 1517 m²。辨明学院整体两层（图 7-133），高度 6.9 m，建筑平面并不规整。一层是经堂、辩经室和僧舍，二层主要是僧舍。辨明学院的出入口分为南入口与西入口两个。南面为经堂与辩经室的出入口，一层经堂与辩经室的室内地面比同层僧舍的室内地面要低 1.2 m，孜珠寺的辩经室之所以会设置在室内是由于用地的局限造成的。辩经室面积为 113 m²，开间 23 m，进深 4.8 m，内部由 20 根柱子支撑。辩经室西北面通向经堂，经堂面积为 249 m²，由 25 根方柱支撑，经堂尽端为供奉苯教佛像的佛台，因为佛像的尺度比较大，加之佛台也要有一定的高度，一般在 1.2~1.5m 之间，故需要较大的室内空间，为了解决高度问题，将最后两排柱子直接连通至二层屋顶，这样既解决了佛像放置的问题，又可以利用上层侧面内廊的窗户，解决经堂的室内采光与通风问题。

辨明学院东门为僧舍的出入口。僧舍面积 466 m²，进入大门便能看到位于大门左侧的连接二层的藏式楼梯，该楼梯为木质楼梯，净宽 1.3 m，楼梯右侧为进入一层平面的廊道。一层僧舍整体呈"回"字形，回字形内圈为中庭，外圈为僧舍。中庭由 16 根柱子围成，中庭顶盖采用小跨度网架结构，网架上面再铺一层塑料薄膜，这样既能够减轻屋顶重量，又能够满足室内采光的需要（图 7-134）。僧舍平面布局为方形或长方形，一层僧舍 12 间，每间僧舍有 2~3 名僧人居住。辨明学院二层由僧舍、厨房和书房组成，其中僧舍分为普通僧人僧舍、格西僧舍和堪布僧舍。普通僧舍只能够满足日常修习之用，室内面积一般为 16 m² 左右，且为一间多人居住；格西僧舍为一单套室，室内面积为 32 m²，分为内外两间，内间为休息室，面积为 10 m²，外间为起居室，面积为 22 m²；堪布僧舍更加舒适，面积为 75 m²，堪布僧舍内设有专门的接待室，

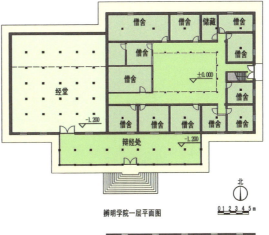

图 7-133 辨明学院平面示意图，图片来源：戚瀚文绘制

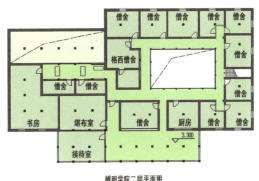

接待室面积为 35 m²，主要是接待前来孜珠山上请堪布进行佛事活动的当地居民。辨明学院二层厨房比较小，面积为 19.6 m²，该厨房是专门供格西与堪布使用的。辨明学院书房面积为 64 m²，用于存放苯教的典籍与教义。

（3）内明学院

内明学院位于孜珠寺第一峰以南（图 7-135），从扎仓学院步行至此大概需要十五分钟。建筑占地面积为 225.6 m²，建筑面积为 379 m²。内明学院在选址上远离建筑群体，平面呈 U 字形，主体两层，高 7.2 m，东西有高一层厢房连接，两侧有围墙，建筑主体前

图 7-134 辨明学院采光屋顶照片，图片来源：戚瀚文拍摄

图 7-135 内明学院现状照片，图片来源：戚瀚文拍摄

图 7-136 内明学院平面示意图，图片来源：戚瀚文绘制

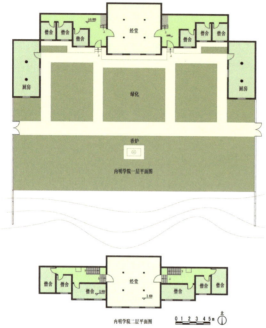

元，每个单元逐次向后缩进 1 m。经堂底层高度为 3.4 m，两边僧舍高度为 2.8 m，共 6 间僧舍，开间为 2.4 m。东西僧舍的楼梯设置在靠近经堂的两侧。二层平面与底层平面基本相似，都是以经堂为中心，只是僧舍的布局发生了些许变化。

苯教的三重宇宙观将世界用颜色来象征：白色代表太空，黄色代表空气，红色代表地面，蓝色或黑色代表地下。这种色彩以后被应用于建筑装饰上，在人们心中慢慢地形成了一种思维定式，如白色代表纯洁与慈祥，黄色代表兴旺和繁盛，红色代表权力，黑色表示威猛，蓝色代表神秘。内明学院建筑外立面的颜色由红、白和黄三种颜色构成。突出的经堂整体粉刷红色，东西僧舍及附属房间统一粉刷乳白色，建筑的女儿墙粉刷红色，内明学院建筑的女儿墙是直接用夯土墙夯筑的，并没有使用边玛草墙。女儿墙之上就是经堂的金黄色大屋顶，与之配合的是屋顶前面的金黄色法轮与经幢。建筑立面的门窗除

是正方形广场，广场中间有一香炉，站在广场上有极佳的视野。

内明学院首层平面以经堂为中心（图 7-136），面积为 63 m²。经堂两边为僧舍，东西对称，布局互不连通，有单独的出入口。为了突出经堂主体，僧舍以两开间为一个单

图 7-137 禅修学院现状照片，图片来源：戚瀚文拍摄

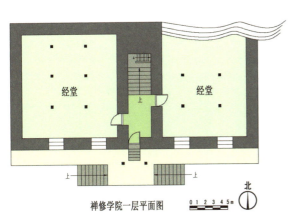
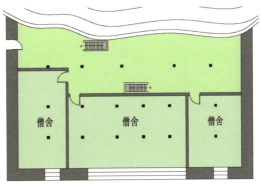

图 7-138 禅修学院平面示意图，图片来源：戚瀚文绘制

禅修学院一层平面图

禅修学院二层平面图

了经堂的窗户采用的是铝合金窗户外，其余的窗户都是木制窗扇，但建造的年代都不长。内明学院一层地面采用木板铺砌，僧舍内设施比较简单，僧舍的墙面为乳白色。经堂装饰华丽，整体颜色为红色，梁柱雕刻精美。内明学院二层装饰与一层相似。屋顶为素土夯实。

（4）禅修学院

禅修学院位于孜珠寺第三峰山腰处（如图 7-137），建筑顺应山势，坐北朝南，东边紧邻第一条转山路，南面视野开阔，西面与佳美活佛住所毗邻，北面临孜珠神山。从建筑选址的角度来看，禅修学院在上述几个学院中最能体现山地建筑的特色。

禅修学院占地面积 192 m²，总建筑面积 415 m²。建筑分为上下两层（图 7-138），一层分为东西两个经堂和中间的交通连廊，使用上以西面经堂为主。西面经堂由 6 根柱子支撑，使用面积为 60 m²，开间 7.6 m，沿开间方向有两根柱子，柱子间距 2.7 m；进深 8 m，沿进深方向有三根柱子，柱子间距 2.4 m。经堂以南两间有对外宽度 1.2 m 的窗户，北面是佛龛，供奉苯教三尊上师的佛像。经堂内装饰规整，墙面腰线用红、蓝、黄三种色带装饰，腰线以下粉刷苯教云纹，腰线以上至窗框下面的墙体用白色粉刷，并无壁画，墙体上装饰苯教上师或众神的唐卡，沿上窗框底边至屋顶一圈墙体粉刷云纹图案，殿内柱子为木柱，雕刻精美，其上绘有彩画。吊顶天花用木板铺装，其间用宽度为 5 cm 的木条固定，木板上绘有象征苯教坛城的彩画，整个经堂吊顶有 90 块天花板组成。东面经堂由 4 根柱子支撑，北面墙体为自然山体，东面的墙体直接顺应山体夯筑，经堂开间 6.6 m，沿开间方向有两列柱子，柱子间距为 2.9 m；因山坡形状有凹凸，平均进深为 7.6 m，沿进深方向有两排柱子，柱间距为 2.4 m。东面经堂内部装修没有西面经堂精美，夯土地面，且不平整，柱子粉刷成红色，没有彩绘与雕刻，屋顶没有装饰，直接裸露出檩条。

禅修学院东西经堂由中间宽度为 1.8 m 的交通空间分隔，通往二层的木楼梯设置在最北面，由于高差，要先上 8 级台阶才能到达楼梯平台。二层分南北两个空间，南面为居室、会客厅和厨房，北面为交通空间，开间 17.8 m，平均进深 4.5 m，北面墙体是由自然山体构成的（图 7-139）。由于建筑是依山而筑，建筑结构以传统的藏式木结构为主，

图 7-139 禅修学院与山体连接结构照片，图片来源：戚瀚文拍摄

其抗震性能不是很好，所以二层除了外墙是夯土墙，其他房间都用木板分隔，有效地减轻了墙体自身的重量，有利建筑稳定。二层共有柱子17根，有些地方的柱子为短柱，直接立在山坡上面。

7.5.2 琼布丁青寺

丁青寺（图7-140）位于昌都地区丁青县城关镇西北800 m处，是由琼波·西绕江村创建于公元1061年，主供佛为顿巴辛饶，属于苯波教寺庙。该寺庙鼎盛时期在寺僧人约150人，"文革"时期寺庙内的大部分文物被毁，1985年经丁青县人民政府批准修复并为其颁发了《宗教活动场所登记证》。该寺定编僧人60名，现有僧人300名，寺庙民管会由1名主任、2名副主任、2名委员组成，下设佛事组、治保组、政治学习组、文物保护组、财务管理组等5个小组。该寺的经济来源除平时僧人外出化缘和群众布施外，还在县城内有出租房的收入，"以寺养寺"能力较强。在活佛旺雍仲丹白坚赞主持时，寺庙曾遭藏兵火焚，之后重建，寺庙主体建筑由大殿、欧孜拉康组成，为土石结构，藏式平顶。大殿面向东南，高二层，经堂开间九间，进深七间，其中4长柱托起天窗，主供108座塔，木质，高0.4 m，又供灵塔4座，木质，高约3 m。壁画绘制有苯教护法神、坛城等。二层设珠拉康两个，欧孜拉康位于大殿北侧，门向东，高二层。底层主供佛为西绕朗杰，另供有灵塔6座。

丁青寺的建筑发展大致分为两个时期，第一个时期寺庙建在丁青村内。丁青村内的寺庙现已经弃用，现存的建筑只有由残破的墙垣围合的建筑遗址（图7-141），但从其规模与形制上也能推断出该寺庙原来的恢宏场景。该寺建筑的外墙为夯土墙，外围护墙很高，并在一层墙面处开有三角形窗洞，该小窗的用途为御敌（图7-142），这在西藏

图7-140 丁青寺现状照片，图片来源：戚瀚文拍摄

图7-141 丁青寺旧址平面，底图来源：Google Earth

图7-142 防御用的三角洞口，图片来源：戚瀚文拍摄

图 7-143 丁青寺旧址建筑构件内的彩绘，图片来源：戚瀚文拍摄

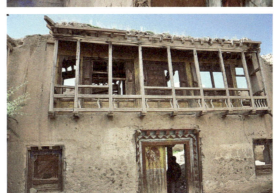

图 7-144 丁青寺旧址现状照片，图片来源：戚瀚文拍摄

的其他地方尤其是藏东三岩地区最为突出。刚开始时笔者以为该建筑为当地贵族的建筑遗址，待进入该建筑，并看到建筑的细部雕刻与精美的彩画时（图7-143），才顿时感觉该建筑就是一直要找寻的旧丁青寺遗址。从现存的建筑残垣中也不难发现它的重要性，寺庙整体坐北朝南，建筑规模不大，但布局规整，呈长方形布局，由僧舍、辩经广场与佛殿构成。寺庙主要出入口设在西南侧，由此进入便可以看到一个由两层单外廊土木结构僧舍围合形成的广场，广场是僧侣们举行辩经和法会等佛事活动的地方，广场向北紧邻的就是经堂和大殿。虽然寺庙建筑整体破败不堪（图7-144），但从建筑内遗留下来的彩画与雕刻中，不难判断该寺庙在当时盛极一时的壮观场面。

第二个时期就是现在的丁青寺，由于各种历史原因寺庙整体搬迁到了距离丁青村不远的一座山坡上面，且一直发展扩大至今，从丁青村步行约30分钟便可到达。丁青寺依山而建，呈现较明显的山地建筑特点，寺庙建筑群坐北朝南，由南向北顺应山坡逐渐

升高，寺庙建筑较规整。在距离寺庙入口约200m处有一个堆满了苯教经文的玛尼石堆（图7-145），该玛尼石堆由一块块附刻苯教密教经文咒语的大小不一的石块组成，由于常年的堆积使得该石堆逐渐变成了最高处能有一人多高底面近似为圆形的石堆。石堆

图 7-145 丁青寺玛尼石堆，图片来源：戚瀚文拍摄

图 7-146 丁青寺参加法会的僧众，图片来源：戚瀚文拍摄

东侧是一条直通寺庙入口的土路，寺庙建筑以该路为中心向东西两边修建，依据山势走向逐渐升高。寺庙正在修建经堂大殿，为钢筋混凝土结构，部分僧舍仍为土木结构，建筑层数为 2~3 层。现在主持寺庙的活佛为丁青寺第二十七代活佛俄色金巴·江措罗布。丁青寺的教育机构分为四个学院，即扎仓学院、辨明学院、内明学院与禅修学院。笔者在丁青寺调研期间正逢寺庙里举行"普明大如来"法会（图 7-146），为期一周，在此期间寺里的僧众都要念《噶托》经，并用糌粑制成的祭品来进行供奉，在法会期间僧人不得进食肉类食品，法会于最后一天中午结束。

7.5.3 雍仲巴热寺

雍仲巴热寺（图 7-147）位于西藏昌都地区丁青县协雄乡北。此寺庙是由琼波·雍仲平措创建于公元 1434 年，为苯教寺庙。寺庙由大殿、沃孜康、罗汉殿等组成。大殿面向东南，高三层。经堂开间与进深均六间，其中 6 根长柱托起天窗，主要建筑材料为生土与木材，主供佛为顿巴辛饶、朗杰、扎玛等，另供琼波雍仲旦增和尼玛温色灵塔，银质，高 1.8 m，壁画彩绘顿巴西绕传记，二层设甘珠尔殿。"文革"时期寺庙主体及部分文物古器被毁，1984 年经丁青县人民政府批准修复，在寺庙僧尼及信徒的共同努力下，逐步恢复了经堂等重要宗教活动场所。雍仲巴热寺占地面积为 4 750 m²，建筑面积为 796 m²，寺庙现有僧人 90 名。其民管会由 1 名主任、1 名副主任、3 名委员等 5 人组成，下设佛事组、治保组、政治学习组、文物保护组、财务管理组等 5 个小组。雍仲巴热寺的经济来源主要靠僧人化缘和群众布施所得。

雍仲巴热寺建筑历史不算久远，有些地方仍在进行修缮与建设。一进大门便能看到大殿，大殿前广场中央处供煨桑用的白塔成为整个广场的视觉中心，煨桑塔后为高约 5 m 的用经幡包裹的桅杆，其后为该寺的主要佛殿。广场为泥土路面，据该寺僧人介绍该寺有苯教最大玛尼石堆（图 7-148），经现场拍摄与核实，该寺庙的玛尼石堆在平面

图 7-147 雍仲巴热寺现状照片，图片来源：戚瀚文拍摄

图 7-148 丁青寺玛尼石堆，图片来源：戚瀚文拍摄

图 7-149 自然形成的雍仲符号与脚印，图片来源：戚瀚文拍摄

形式上为长方形，有很多经幡缠绕其中，其南边为一排八个小佛塔组成的佛塔群，沿佛塔群与玛尼石堆有供信徒们转经用的一排转经筒，这种组合形式很有气势，突显了苯教的宗教意义。雍仲巴热寺有自己的天葬台，天葬台距寺庙步行约1个小时，需爬山前往。

沿着天葬台继续爬山约20分钟便可到达该寺的一座女僧人修行用房，内有4名女僧人在此修行。该修行处是雍仲巴热寺的一个下属机构，由于路途比较遥远，加上道路没有修葺完整，女僧人日常的生活供给都是由山下寺庙男僧人背上山的，距离女僧人修行处不远的山上还有一修行洞，沿洞外修建成房屋，如今洞内有一老僧人在此修行，经老僧人的指引我们在山脚四周看到传说中真巴南卡大师路过该山时候留下的脚印和山上自然形成的一些象征苯教教义的雍仲符号与咒语（图7-149）。

总之，雍仲巴热寺的建筑规模并不是很大，建筑用材上为生土墙与木材相结合，建筑层数为2~3层，建筑年代不是很久远，很多建筑上能够发现现代材料的使用，比如寺庙窗户弃用原始的木窗而改为铝合金窗户，这样就会产生一种建筑语言上的矛盾。因为传统建筑之美是从细节上打动人的，而现代建筑则是以一个简洁明快的造型来体现空间的逻辑，把现代建筑的局部构件安放到传统建筑中势必会造成这种逻辑上的混乱。

7.5.4 敏吉寺

敏吉寺（图7-150）位于昌都地区丁青县城关镇茶龙自然村，系清代建筑。该寺庙于公元1842年由朗杰旺杰、美杰古秀两兄弟主持修建。敏吉寺大殿向南，高二层，前廊无柱，经堂开间与进深均为五间，主供朗杰旺杰灵塔，镏金铜质，高5.6m，另供苯教祖师顿巴辛饶小宗造像128尊，藏《甘珠尔》经两套、《苯·丹巴辛饶传记》，及其他苯教高僧著作。壁画题材为苯教高僧及诸护法神像。二层设甘珠尔殿，建筑保存尚好，现存文物有唐卡17件，造像5尊。敏吉寺的主要经济来源为僧人化缘和来自群众的布施。

图 7-150 敏吉寺现状照片，图片来源：戚瀚文拍摄

敏吉寺相对于其他苯教寺庙规模不算大，只有一座主体建筑，建筑南边为僧舍及辅助用房，北面为佛殿，辅助用房与佛殿大堂共同围合成内部露天的庭院。敏吉寺占地面积约 7 000 m²，建筑面积 3 800 m²。寺庙主要出入口设在西边，寺庙以红、黄色为主，其中墙体为红色，黄色与其他寺庙一样用在寺庙的金顶处。建筑材料除了藏式传统夯土墙与木梁外，还采用了混凝土、水泥砂浆等现代材料。窗户材料的选择弃用传统木质，选用的是铝合金窗户；大门材料的选择也有区别，西面进入寺庙内院的大门为一双扇铁门，从内院进入佛殿大堂的大门为一雕刻精美的双扇木门。内院地坪为混凝土铺地，大殿室内地面为木板铺地。寺庙大殿坡屋顶用黄色的铜皮包裹，辅助用房屋顶内院女儿墙为双坡顶，红瓦屋面（图 7-151）。从上述情况可以看出，该寺在建筑材料的使用上比较杂乱，缺乏进行整体的设计或者规划，脱离了传统藏式寺庙建筑的韵味，这种现象在藏族聚居区是普遍存在的，应该引起重视。

敏吉寺的辩经场地设置在寺庙西边，这是一个比较有趣的现象，因为苯教寺庙的辩经广场一般都在大殿前面，该寺的辩经广场之所以设置在大殿西面可能是因为受到南北地势的局限不足以放置广场而造成的，辩经广场并未进行刻意的装饰，只是其中间位置有一经幡柱。寺庙内柱身、柱头、大梁及墙壁上的彩绘也非常精致，柱子及梁上的彩画以云纹及兽纹为主，墙壁上的彩绘以苯教大德高僧的佛像为主，有些地方以贴纸的形式出现。寺庙佛殿内屋顶内部处理比较精细，其吊顶采用一些绘有不同苯教坛城图案的正方形天花装饰。

7.5.5 果贡寺

果贡寺又名巴登郭吉寺（图 7-152），位于昌都丁青县丁青镇伯仲村西 3 km 处，

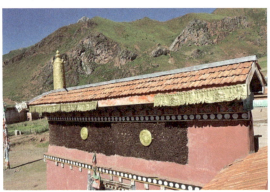

图 7-151 边玛草墙上的红瓦，图片来源：戚瀚文拍摄

图 7-152 果贡寺现状照片，图片来源：戚瀚文拍摄

周边环境优美,寺院建于明代,是由果加·益西江村于公元1408年创建的,大殿门向南,高三层,前廊为6柱,经堂为30柱,其中8长柱托起天窗,主供佛为顿巴辛饶。藏《十万颂》《堪钦》《朵》《知美斯机》等。寺庙建于山顶,寺庙内有一定数量的待鉴定的文物古器,鼎盛时期寺庙僧人达100多人,现在的寺庙民管会主任达扎·仁青平措系民改前认定的巴登郭吉寺第八世转世活佛。该寺内部文物古器在"文革"时期被毁坏,1985年经定青县人民政府批准修复。寺庙的主要经济来源除僧人平时外出化缘和群众布施外,还在县城内有出租房收入。

果贡寺整体保存得比较完整,规模中等,寺庙占地面积8 426 m²,建筑面积4 313 m²。据该寺僧人讲,扎仓学院有600多年的历史,为寺庙最具价值的大殿,整体颜色以红、白为主,建筑结构为外部夯土墙与内部木梁架与木柱共同承重,扎仓学院高度为四层,大殿前有辩经广场,寺庙内很多建筑是新修建的。果贡寺现有僧人100多人,活佛两位,一位是果贡寺第八代活佛达扎·仁其平措,如今已有72岁高龄,另一位活佛在北京佛学院深造,寺庙另有堪布一名,格西三位。在这里修行的僧人一周有六天要辩经。寺庙准备在三年内再修建一座大殿,届时会有比较大的辩经活动在果贡寺展开。笔者从调研中发现,现在果贡寺新建建筑大多为钢筋混凝土结构(图7-153),这说明果贡寺正在慢慢脱离藏式建筑的传统营建手法,取而代之

图7-153 果贡寺钢筋混凝土结构建筑,图片来源:戚瀚文拍摄

的是现代建筑手法的植入。

7.5.6 查根寺

查根寺(图7-154)位于西藏昌都地区洛隆县马利镇附近,从马利镇出发大概要翻越两座高山才能到达该寺庙,骑摩托车要一个半小时。寺庙整体环境十分惬意优雅,林木葱郁掩映,青草翠绿繁茂,进入寺庙要经过一条蜿蜒曲折的小路,行人置入其中宛若

图7-154 查根寺现状照片,图片来源:戚瀚文拍摄

游历虚空仙境一般，顺着小路爬上一缓坡整个寺庙才逐渐映入眼帘。寺庙整体坐北朝南修建在南面山坡上，北边为一高山，周边均为草场，可谓风景和视野极佳。寺庙距今大约有700多年的历史，现在寺庙里有三位活佛，现有建筑15栋，30位僧人在此修行，没有格西与堪布。

寺庙建筑分散在山坡周围，其外部有一大的转经道将寺庙围绕，沿着转经方向设置有一圈转经筒，转经筒上方有用木架做成的平顶单廊。既可以防止烈日的烤灼又可以躲避风雨的淋浇，前来朝拜的信徒均沿转经道逆时针方向转经。转经道南侧有一古树。

寺庙主要建筑为佛殿经堂，其他的建筑是僧舍。建筑群体保持了良好的藏式传统建筑风貌，新修建的建筑也都是夯土墙，内部用木柱子和梁架支撑，所不同的是新修建的僧舍在建筑装饰上比较简单。寺庙建筑颜色以白色为主，主要佛殿建筑外墙涂以红色，门窗的巴卡处用黑色涂抹，佛殿屋顶处有金黄色的经幢与法轮，凸显了建筑的重要和华丽。寺庙西南边是一个堆有玛尼石堆的广场，每一块玛尼石上均刻有苯教经文咒语。

7.6 国内其他地区的苯教寺庙

7.6.1 四川地区

四川地区的苯教寺庙在近些年的发展中已呈明显上升趋势，大都分布在阿坝州和甘孜州。苯教徒之所以选择在这里修建寺庙，可能与苯教的神山崇拜有关，在该地区有一座很有名的神山——墨尔多神山。在苯教徒看来，该山的护法神是苯教神灵色巴迦姆，所以在此附近修建寺庙是理所应当的事情，神山在信徒们的宗教生活中占有很重要的地位，他们对神山的敬仰和祭祀已经变成生活中不可缺少的一部分。另外，从宗教历史上

分析，可能是因为佛教势力在西藏腹地不断增强，导致苯教不得不另行选择能够更好地适应自身教派发展的地方。

墨尔多神山不仅是苯教最重要的护法神色巴迦姆的居所，而且是许多苯教圣灵光顾的圣地，也是许多苯教大师修行和得道的地方。墨尔多神山位于今天的丹巴县境内，以前这里被统称为嘉绒地区，根据藏族历史记载，这里曾存在着十八个王国，这些王国与周边的地方政权有过很多联系，直到后来被朝廷册封，变成十八土司，地点及管辖范围就是嘉绒地区在当时的区域范围。关于十八土司的介绍，在《嘉绒藏族史志》中有详细的记载，先以表格的形式将其区域范围表述如表7-6所示。

表 7-6 十八国名称及地域范围

序号	土司名称	所在地域范围
1	明正宣慰使司	甘孜州康定县境内和雅江县、道孚县、凉山州冕宁县境内全部、大部和小部分地区
2	冷边长官司	泸定县与雅安地区的天全县境内
3	沈边长官司	泸定县和雅安地区石棉县境内和天全县境内
4	鱼通长官司	康定县境内
5	革什杂安抚司	甘孜州丹巴县打桑地区和道孚、炉霍县境内部分地区
6	巴旺宣慰司	甘孜州丹巴、炉霍县境内
7	巴底宣慰司	甘孜州丹巴县和道孚县境内
8	穆坪宣慰司	雅安地区宝兴县和邛崃县境内部分地区
9	绰斯甲宣慰司	阿坝州金川县、壤塘县和甘孜州色达、炉霍县境内
10	大金安抚司	阿坝州金川县境内
11	小金安抚司	阿坝州小金县境内
12	沃日安抚司	阿坝州小金县境内
13	党坝长官司	阿坝州马尔康县境内
14	松岗安抚司	阿坝州马尔康县境内
15	卓克基长官司	阿坝州马尔康县境内
16	梭磨宣慰司	阿坝州马尔康、红原、黑水县和理县境内
17	杂谷安抚司	阿坝州理县、黑水、茂县部分地区
18	瓦寺宣慰使司	阿坝州汶川县和都江堰市部分地区

表格来源：威瀚文自制

关于这个地区的苯教寺庙，其中历史上的雍仲拉顶寺的地位是任何其他苯教寺庙所

无法取代的，虽然很多文献中都提及过该寺庙，但有关该寺庙的文字资料或记载非常少，只知道这个寺庙始建于公元1046年，在嘉绒地区的苯教历史上发挥了举足轻重的作用，作为嘉绒地区苯教中心一直存在至公元18世纪末。相传该寺院的正殿房檐前有十八根柱子，代表嘉绒十八大平地或十八谷。如今该地区所有苯教寺院中，发展规模及影响力最大的应属郎依寺，下面就对郎依寺进行简单介绍。

郎依寺是我国目前规模最大的苯教寺庙（图7-155），位于四川省阿坝县城以东哇尔玛乡西面的山坡上，占地约17万 m^2，僧侣总数超千人，受其影响的寺庙及修行中心遍及世界各地。

郎依寺由尼玛增大师于公元12世纪初主持修建，此后前来这里学习的僧人开始逐渐增多，这个时期是郎依寺发展的初期阶段。第二十九代郎依寺寺主仁青坚赞在位时期，将郎依寺的规模进行了扩大，修建了殿堂及僧舍等许多建筑，这是郎依寺的发展时期。第三十七代郎依寺寺主南喀洛珠，广泛传播苯教教法，得到了当地僧众的拥护，分建了四个扎仓：东边的时轮扎仓，北边的普明扎仓，西边的药王师扎仓，南边的尊胜扎仓。为了使寺院的僧人得到更好的学习机会，南喀洛珠亲自到热拉雍仲林寺邀请该寺的堪布到郎依寺进行讲学，并规范了僧人的辩经时间与戒律。在第三十八代郎依寺主丹巴饶杰时期，寺庙有了更大规模的扩建工程。"文革"时期寺庙遭到损毁，1980年由第三十八代寺主南喀洛丹和上师嘉乌丹增一起组织僧人对郎依寺进行了重建与修复工作。

郎依寺最早的传法祖师为郎依多帕活佛。他出生于公元11世纪初，其家族为象雄苯教大师的后裔。多帕活佛从小聪颖好学，并拜依贡喇嘛为师，年幼跟随上师到青海省阿尼玛钦山附近学习雍仲苯教显宗与密宗佛法。修行完毕后，他便独自开始传播苯教佛法，并得到广大信徒的支持与尊重。在其中年的时候，来到阿坝县附近传播苯教，并在此长期定居下来。

从多帕活佛到今天的尕尔让罗周嘉措活佛，郎依寺活佛已传三十九代（表7-7）。历史上其寺僧最多时达上千人，目前也有六七百人。

表7-7 郎依寺活佛世系表

代数	活佛姓名	代数	活佛姓名	代数	活佛姓名
1	多帕元旦坚赞	2	尼玛增	3	龙珠坚赞
4	贡噶坚赞	5	南喀坚赞	6	达瓦坚赞
7	元旦坚赞	8	贡噶龙珠	9	西绕坚赞
10	伦珠坚赞	11	西绕威	12	恰麦夏哲
13	丹巴坚赞	14	次成坚赞	15	益西坚赞
16	索南坚赞	17	伦珠旺丹	18	丹巴次成
19	仁青龙珠	20	西绕嘉瓦	21	南喀坚赞
22	西绕旺杰	23	才旺坚赞	24	次成旺堆
25	丹巴次成	26	丹巴龙珠	27	西绕洛珠
28	次成丹增	29	仁青坚赞	30	丹巴达杰
31	索南坚赞	32	丹增旺杰	33	彭搓南杰
34	洛珠托迈	35	丹贝尼玛	36	南喀洛珠
37	丹巴饶杰	38	南喀洛丹	39	嘎让洛珠嘉措

表格来源：戚瀚文自制

图7-155 郎依寺鸟瞰照片，图片来源：Google Earth

图 7-156 郎依寺现状照片，图片来源：http://www.bonpo.com.cn/

苯教郎依寺，在经过历代寺主和高僧的修葺与完善后，形成了如今的寺庙群（图7-156）。寺庙建筑群金色的屋顶光彩夺目。配套建筑完善，增加了茶房、办公室、财务室、道具厅、灵塔大殿等功能性建筑，并有殊胜塔、达拉神宝塔、吉祥多门塔等佛塔多座。寺内有护法神殿及活佛寝宫六座，僧舍房间二百多间，并装有供信徒们转经的转经筒千余个。

郎依寺殿堂内供奉着雕刻、绘画和文物等与苯教相关的圣物。殿堂内千余座佛像，以及包装精美的苯教经文典籍，为苯教历史的研究提供了珍贵的资料。大经堂内供奉有辛饶祖师及其四大弟子的塑像，还供奉有从汉地、印度和尼泊尔迎请的苯教铜佛像，有经文雕板两千余块，以及具有文物价值的用金粉和银粉书写的经卷和众多本尊、护法神和唐卡等。

郎依寺经院制度严谨有序，从最初入寺的"卡朵尕玛"班（字面译为"辨识红百颜色"班）起，共设有十三个班级，亦称"十三大经学院"。它们依次是卡朵尕玛班、略本摄学班、中本摄学班、广本摄学班、心理学班（哲学类的一种）、因类学班（哲学类的一种）、初级理论班（即藏语称的"雍萨"曾扎班）、高级理论班（即藏语称的"雍贡"曾扎班）、法相学班（又称"波罗密多乘"经学班或六度学班、显宗学班）、多让巴律仪学班、多让巴中观学班、密宗班和大圆满学班等。

每一届学成的毕业生，寺庙都要推举一名优秀的僧人担任堪布（郎依寺的堪布，每三年一任），从解放初期至今寺庙已经有七任堪布。前来求学的学员有西藏、青海、四川、甘肃等省区的僧人，他们在这里不仅可学到大小五明知识，还可修习很多苯教经典与教义。

7.6.2 甘肃地区

甘肃地区的苯教寺庙大都集中在甘南地区，以迭部县和舟曲县的苯教寺庙居多。在藏语中，"迭部"是藏文的音译，是根据这里最大的河流迭曲（即如今的白龙江）而命名的。在迭部地区，扎噶尔夏果[4]是其苯教聚集地，早在吐蕃时期，就有许多苯教高僧前来该地区传教，在迭部有这样一句话："迭部的天是苯教，地是苯教，人是苯教。"这说明迭部地区自古就是信仰苯教的地区。如今在甘肃地区发展最大的苯教寺庙应属于夏河县的苯教寺庙作海寺，下面对该寺做简要介绍。

作海寺位于甘肃省甘南藏族自治州夏河县东北方向（图7-157），距夏河县城约34 km，因为该寺是由安多苯教史上著名的十八修之一的泽秀创建的，因而该寺又被称为"泽秀寺"。"泽"在藏语中的意思是活佛的家族姓氏，"秀"在《世系檀香吉祥藤》中讲述："在历代修行证悟者传承尚未失传的基础上，遵循大圆满和无上密法而修行，并消除无明者即'秀'。"作海寺是甘肃地区苯教信徒举行活动的主要寺庙。20世纪中叶，该寺历任出现23位活佛与大成就者，他们为寺院的发展与进步贡献了自己的心血。寺庙在昌盛时期，来此学经的僧人约千余人。在寺庙发展的近百年的历史中，形成了以赤巴活佛、曲杰活佛和夏仲活佛的三座官邸为基本构架的建筑群。

如今作海寺以大经堂、禅堂、四座万佛阁、三大活佛官邸、甘珠尔藏经阁等建筑为主体，沿寺院一周的围墙上均匀地分布着转经筒。寺庙内有用金、银、铜及生土等材料塑造的各种佛像近三千座，绘制有精美的苯教始祖顿巴辛饶十二本生传、十六罗汉业绩图、十二大仪轨诸圣坛城图等珍贵唐卡百余幅、历代作海寺大师的法体宝塔，藏有显密大圆满经典约七百余部。

距离寺院不远处的白石崖山上，有作海寺东尼夏普大师修炼大圆满法的山洞，被称作"母续部胜乐金刚道场"。据传东尼夏普大师是根据其上师的指引来到此修行洞进行修行的，最终修成了苯教大圆满法。如今在该地周围仍能发现大师的手印足迹等迹象。作海寺在"文革"时期遭到彻底损坏，致使该区的信教群众失去了修学佛法的场所。1986年，寺庙在原址上得到了修复，并重建了由47根柱子支撑的二层大经堂、遍识文殊殿、达拉本尊塔、大转经房、总管处、斋堂、山门等。

7.6.3 青海地区

青海地区在佛教徒心目中非常神圣，有两个主要原因：第一，该地区是佛教后弘期发源地之一；第二，该地区是佛教宗喀巴大师的出生地。因为这两个原因，该地区佛教

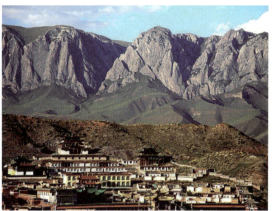

图7-157 作海寺现状照片，图片来源：http://www.bonpo.com.cn/

以格鲁派为主，苯教的发展在该地区处于滞后状态，部分苯教寺庙也逐渐向佛教皈依。据传说最早在聂赤赞普时期，青海地区就已经有苯教盛行，类似早期苯教遗址在青海东部随处可见，青海省的苯教寺庙，要数琼毛寺与旺加寺最为著名，前者是青海省苯教寺院中历史最悠久的寺庙，后者是如今青海省发展最兴旺的苯教寺庙。

（1）琼毛寺

琼毛寺也称"雍仲彭措郎寺"（图7-158），位于青海省贵德县河西镇南约13km处的瓦家村，是青海地区发展较早的苯教寺庙。

琼毛寺是由索增东巴益叶坚赞大师主持

图7-158 琼毛寺现状照片，图片来源：http://www.bonpo.com.cn/

修建的,他是塔哲索南坚赞大师的弟子,索南坚赞大师于公元1302年出生在霍尔地方的索庄[5]。东巴大师在很小的时候就有一颗慈悲之心,通过不断的修炼与证悟逐渐养成了能够普度众生的宽广胸襟与情怀,为了寻求更高深的佛法,历尽辛苦来到叶如温萨卡,拜塔哲索南坚赞为师,跟随大师修习苯教佛法与经典,在寺庙学习期间恪守寺庙的各种规章制度,通过不懈的努力,逐渐在僧众心目中有了一定的威望。为了弘扬雍仲苯教,索增亲临贵德当车地区,向苯教众僧及信徒传授雍仲苯教教义。公元1351年,索增大师在此地修建了藏式三层阁楼经堂,内供佛像以及苯教显密各种本尊壁画和佛像、佛经及佛塔等。

琼毛寺历史悠久,曾有的三层阁楼式经堂,但却在"文革"时被毁。1983年寺院开放后,信教群众自筹资金重建一所小型经堂,但因修建时资金不足,加之质量问题,经堂四壁严重裂缝,地基明显下陷,危及僧人的安全。1989年,经上级部门批准,对琼毛寺二十三世活佛多旦旺秀进行了称之为大宝雄狮的坐床仪式。为了改善僧人的居住与生活条件,琼毛活佛多方奔走,广筹资金,于2000年建成了一座钢筋混凝土结构的四层阁楼式大经堂(图7-159),并在经堂各大殿内供奉了众多佛像、唐卡,以及大量苯教经典。为了满足信教群众朝拜和转经的愿望,活佛先后在琼毛寺以及共和县东嘎寺、同仁县、当车等地修建了21座大小佛塔和500多个转经轮。

(2)旺加寺

旺加寺是青海省最大的苯教寺院(图7-160),藏语中被称为"曼热雪珠敏林"。旺加寺位于青海省同仁县曲库乡境内。该寺修建于公元1062年,是琼毛寺的分寺,因为该寺庙有其自身的活佛转世制度,寺庙推选出的活佛均被称为"旺加活佛"。在吐蕃赞普赤松德赞执政期间,雍仲苯教大师詹巴南喀曾在离寺院不远的一座神山内修行,从此,雍仲苯教才在该区域逐渐传播。在吐蕃最后一代赞普朗达玛实行灭佛政策后,有一些从卫藏地区逃难到该地区的苯教僧侣定居下来,并在此传播苯教。后来由僧人修建了旺加寺。

7.7 尼泊尔苯教寺庙

尼泊尔位于喜马拉雅山以南,北边的喜马拉雅山脉是其与中国的天然国界线,其余三面均与印度接壤,整个国家呈东西长南北

图7-159 琼毛寺主要大殿照片,图片来源:http://photo.blog.sina.com.cn/u/2522002013/page3

图7-160 旺加寺现状照片,图片来源:http://www.bonpo.com.cn/

短的地势形态，国境线全长约 2 400 km。尼泊尔地区以高山闻名于世，世界十大高峰有 8 个就在尼泊尔境内。尼泊尔地区的苯教寺庙大都集中在其西部地区，因为与西藏之间道路便捷，故该地区存在着很多座西藏寺庙。其首都加德满都（Katmandu）现有苯教寺庙 1 座，木斯塘县（Mustang）有苯教寺庙及洞窟 13 处；多尔帕县（Dolpo）有苯教寺庙及洞窟 16 处；久木拉县（Jumla）有苯教寺庙 1 座；洪拉县（Humla）有苯教寺庙 4 座；蓝琼县（Lamjung）有苯教寺庙 1 座；巴隆县（Baglung）有苯教寺庙 1 座，因为时间有限，不能完全将尼泊尔地区的苯教寺庙全部进行调研，所以本文将重点对尼泊尔地区的苯教建筑及文化进行概括性论述。

（1）车坦罗坡寺（Triten Norbutse Monastery）

车坦罗坡寺位于尼泊尔首都加德满都谷地（图 7-161），位置靠近斯瓦扬布佛塔。该寺是由其活佛丹增南达主持修建的，丹增南达活佛于 1926 年出生于藏东昌都地区，在西藏日喀则南木林县苯教寺庙曼日寺修习苯教佛法，后于 1988 年 12 月来到尼泊尔地区传播苯教。活佛刚来到加德满都的时候只带了两位格西作为随从，初创时寺庙只有三间破旧的草房，条件十分简陋，甚至休息的床铺都没有。活佛就是在这种艰苦的条件下带领弟子开始修建寺庙的。到了第二年，他们修建了寺庙的四分之一的建筑，收容二十多位苯教弟子。到了 1994 年，寺庙的整体建筑轮廓才形成。当寺庙建成的时候，活佛为其取了名字，称为"车坦罗布寺"，有"像珠宝一样永恒"的寓意，希望苯教能够在加德满都谷地这个神圣的地方发展壮大。在课程的选择和安排上，沿袭了日喀则南木林县曼日寺的课程教授框架。

寺庙主要建筑由佛殿、医疗设施、书屋和僧人的僧舍组成。初建的佛殿规模较小，

图 7-161 车坦罗坡寺现状照片，图片来源：戚瀚文拍摄

只有一个小房间，位于现在寺庙的入口处，如今的佛殿是于 1997 年修建的，在寺庙建筑群的中心位置。寺庙医院修建于 2009 年，资金由德国布施者捐赠，位于寺庙建筑群的下方，目的是为了能够为当地的百姓提供一些医疗条件。医院的诊断方法是传统苯教的治疗手段，据说该方法是苯教始祖顿巴辛饶所传。寺庙书屋是于 1999 年修建的，里面存放着大量的苯教与佛教经文典籍，主要经文被翻译成了多种语言，其中以苯教《甘珠尔》和《丹珠尔》两部典籍最为重要。僧舍是寺庙最常见的建筑类型（图 7-162），如今寺庙内有僧人约 200 位，他们分别住在了两处僧舍内，第一处僧舍是 2004 年修建的新僧舍，新僧舍旁边是旧僧舍。比较幼小的僧人入寺需要首先认定一名师傅作为他的看护人，师傅不仅要照顾徒弟的日常生活，还要教授徒弟必要的苯教经文典籍。

如今车坦罗坡寺的教育建筑有两处，分别是禅修学院和辨明学院。建寺之初的时候，只有 21 位苯教僧人来这里学习，如今随着寺庙的不断发展与壮大，已经有超过 200 位来

图 7-162 车坦罗坡寺僧舍现状照片，图片来源：戚瀚文拍摄

自尼泊尔和西藏的僧人前来修习苯教法门。

在辨明学院修习的僧人要在这里学习近十三年才有资格考格西学位。进入该学院的僧人在前三年主要学习苯教的基本哲学理论，到了第四年开始学习苯教九乘理论，该理论的学习需要经过三年才有可能参悟；第八与第九年，学生专注于学习苯教的宇宙观；第十年学生需要学习苯教的各种戒律；第十一与十二年，学生们不仅要复习之前所学的苯教哲学思想，更要通过前些年所学知识来证悟苯教教义中的某些道理；第十三年，学生开始学习大圆满法。在十三年的学习中，学生们还要学习一些西藏的艺术与技术，如藏文和西藏诗歌、西藏占卜术、几何学运算、唐卡绘制、佛像制作和藏医等方面的内容。在每一年的最后一个月，学生们需要学习苯教传统的"神舞"表演。

禅修学院需要四年的学习时间，在这里的僧人主要以继续修行大圆满法为主。据丹增南达活佛讲："即便在西藏，该课程亦不是很容易通过的，在公元 8 世纪之前，只有 24 位得道的苯教大师，他们必须出自世系喇嘛体系才可以修行大圆满法，如今随着环境的变化，这一条制度已经不存在约束。"在禅修学院修习的僧人每天都要进行修行，他们要在早晨四点半起床，开始进行各种修行仪式，这些修炼要一直持续到晚上睡觉之前方可结束。

车坦罗坡寺对僧人的考试采取两种形式，即辩经和口头论述。口头论述是在 2007 年才加入到考试制度内的，下面就对这两种考核形式进行简单论述。口头论述是传统苯教师生传承的一种形式，在还没有考试制度出现之前，苯教的上师是以口头的形式教授学生知识的，学生需要将老师讲的内容熟记于心，在考试的时候只需要有几位高僧见证即可；第二种考试方式是最常见的方式，即辩经。辩经在车坦罗坡寺辨明学院每周都要举行，并且在学院内的每位学员都要参与辩经，在辩经的时候要逐一与其他僧人进行辩论，这样才有可能通过考核。除了每周必要的辩经之外，寺庙每年会举行一场大的辩经测试，重新对学生的理论进行考核。考试的内容是由老师根据每年所教授的知识拟题的，学生在当场要对题目进行八分钟的论述，如果在此过程中学生所讲的内容与主题无关，那么就会扣除相应的分数。考核组由四位老师担任，每一位老师有 25 分的最高分数权，在考核中如果学生的总成绩达不到 65 分，那么他将无法通过今年的考核，第二年要重新对这些知识进行学习直至通过考核。车坦罗坡寺的年终考核一般在 11 月与 12 月间进行。

（2）雍仲林寺（Yungdrung Temple）

雍仲林寺修建于木斯塘特里尼（Trinle）村，该寺庙最初修建的地方是距离这个村子不远处的西布嘎拉村（Sridbum Garab Dzong），据说该村曾经是下木斯塘国王的城堡所在地，后来由于种种原因，雍仲林寺便搬到了现在的村子。该寺庙内没有相关介绍的资料，从寺庙的外观和建筑材料的使用情

重要历史性苯教寺院调研

图 7-163 雍仲林寺，图片来源：BON IN NEPA

况来判断，该寺应该修建于 12 世纪初期。一名苯教高僧从上木斯塘来到此传播苯教佛法，后来得到当地国王的赞赏与封赐，才有了如今的雍仲林寺（图 7-163）。寺庙面积不大，建筑整体风格以藏式为主，建筑平面为正方形，在寺庙外围有一圈可供信徒转经的藏式转经筒，如今苯教在该地区并不十分流行，该寺庙由苯教僧人和印度教僧人共同管理。该寺最有价值的便是以前所保留下来的用金粉所写的苯教经文，由于一段时间没有僧人管理，导致经文已经严重损毁。后来在附近村民共同的帮助下寺庙得到重新修缮，在寺庙周边还有很多苯教神迹的场所，但是已经没有人知道确切的位置。

（3）麦布三通林寺（Merbu Samten Ling Temple）

麦布三通林寺位于尼泊尔的多尔帕县境内，在八里村（Barle）与塔拉村（Tarap）之间，如今的寺庙早已成为废墟，毁于地震所引起的山体滑坡，剩下的仅是由毛石所垒砌的建筑遗迹。从建筑材料的新旧可以判断该寺庙并不是一次损毁的，而是分为两个时期，从损毁的建筑遗迹上可以发现，在当时寺庙建筑已经有了不同的建筑单元，如玛尼石堆、苯教佛塔和僧舍建筑（图 7-164）。

寺庙废墟的山坡处有一个山洞，洞内有一些破旧的苯教经文和散落的刻有苯教经文的玛尼石，可以推断在当时该寺庙的兴旺。如今随着时间的流逝而变得荒凉，除了存留下来的寺庙建筑遗址，只有四周环绕的山坡和因微风而摇曳的青草，这让我想到了那曲

的索雍仲林寺和日喀则的叶如温萨卡寺，虽然寺庙已成为遗址，但不能否认在当时寺庙所具有的影响力。

图 7-164 三通林寺残损照片，图片来源：BON IN NEPAL

（4）德登潘索林寺（Deden Phuntsok Ling Temple）

德登潘索林寺位于多尔帕县塔拉村（Tarap）境内（图 7-165），由于寺庙较小，寺庙的经济来源主要以僧人外出做法事和附近村民的资助，寺庙有自己的耕地，每当秋天收获的时候，附近的村民会自发来到寺庙帮助僧人收割庄稼。

在过去，修行的僧人会在这里修炼直到宏化为止，宏化在苯教典籍里有过说明，就

图 7-165 德登潘索林寺，图片来源：BON IN NEPAL

第 7 章

图 7-166 班公寺，图片来源：BON IN NEPAL

图 7-167 三通林寺路旁佛塔，图片来源：BON IN NEPAL

图 7-168 达宗潘索林寺照片，图片来源：BON IN NEPAL

是修炼者通过自身的修炼与加持，最后使得自己脱离以身体为宿主的肉身而递进到更高层次的某种形式。德登潘索林寺建筑规模并不是很大，在此最有魅力的是其寺庙周边的苯教佛塔。佛塔由当地特有的毛石与素土为建筑材料修建，在立面上分为四段，佛塔的平面为方形，从一层到第三层逐层进行收缩，佛塔的第四层为圆形。该寺的僧人较少，但是寺庙香火旺盛，前来祈祷的信徒络绎不绝。

该寺庙是麦布三通林寺的分寺，由喇嘛雍仲雅丹从三通林寺过来修建的，该寺保存的文物是来自三通林寺的用黏土制造的佛像。就连寺庙的大门也是从损毁的三通林寺搬运过来的，大门在外观上装饰华丽，但能够明显看出大门十分老旧。寺庙大殿的墙壁四周绘有苯教的各种佛像图案，这些图案在长时间没有得到保护的条件下，由于雨水的冲刷而变得十分破旧。

多尔帕地区在过去的二十几年里，曾经闹过匪患，无数的村庄、寺庙都遭到土匪的打劫，寺庙里有价值的雕像、经书全都被变卖或偷盗。

（5）班公寺（Riwo Bumgon Temple）

班公寺也是位于塔拉村（Tarap）境内的一座苯教寺庙（图 7-166），如今的寺庙是由苯教和佛教共同管理的。寺庙墙壁上的绘画有苯教和佛教的内容，苯教佛像被画在了寺庙墙壁的左侧，右侧墙壁上画的是佛教的佛像，在这座寺庙里苯教与佛教得到了真正的融合。

班公寺寺庙修建于一座山坡处，整个建筑群由两座佛殿和两个佛塔构成，建筑材料由毛石和夯土组成，建筑在整体风格上与西藏的藏式传统建筑相似。但佛塔的建筑形式与藏式佛塔不同，佛塔吸收了印度教佛塔的形成和内容，佛塔的塔身都以方形为主，佛塔的建筑颜色以白色和红色为主，而佛殿在毛石外粉刷红色颜料。班公寺的主要经济来源为信众的日常供济。

在通往班公寺的路旁有一座古旧的苯教佛塔（图 7-167），该佛塔的形式为过街式塔，佛塔有 15 m 高，分为四层。佛塔的第一层为塔基部分，该层在中间设门洞，过往的行人可以由此通过；第二与第三层为塔刹部分，形状为正方形；第四层为塔刹部分，塔刹在造型上以圆锥形为主，并没有雕凿十三层天的纹理样式，如今塔刹部分已经严重损毁。在一层门洞墙壁上绘制有苯教佛像，在内层屋顶处绘有苯教坛城图案。

（6）达宗潘索林寺（Tadzong Phuntsok Ling Temple）与通卓潘索林寺（Thongdrol Phuntsok Ling Temple）

达宗潘索林寺位于多尔帕县萨卡拉村

（Tsarkha Village）附近的河流边（图 7-168），该寺是由苯教高僧于公元 17 世纪修建的，如今的寺庙已经弃用，留下来的只有一片建筑遗迹，其中包括苯教佛塔、损毁大殿建筑的墙垣以及刻有苯教经文的玛尼石堆。在这个地方，苯教与印度教相互融合发展，它们可以共用一座寺庙。

通卓潘索林寺是达宗潘索林寺的分寺（图 7-169），由于达宗潘索林寺的选址较偏僻，路途险阻，使得寺庙的僧人不得不浪费许多时间在旅途上，并且在途中容易遭到土匪的洗劫，生命安全没有任何保障。从安全方面考虑，寺庙的喇嘛僧人在 1993 年在靠近村子附近的地方修建了现在的通卓潘索林寺。使得苯教能够更好地为村民服务。新建寺庙内的僧人越来越多，如今该寺庙在当地已经很有声望，格西丹增是这里的第十三代活佛喇嘛。

（7）德钦拉吉林寺（Theghen Rabgye Ling Temple）

德钦拉吉林寺较小（图 7-170），在性质与规模上与日喀则白玛岗寺有些相似。该寺院位于村落的中心位置，但寺庙并没有僧人，在此修行的都是居士，他们是村里的村民，平时在家做工务农，若遇有法会或者活动日的时候，便来寺庙进行法事活动。寺庙的位置及其周边环境十分考究，建筑屋顶吸收了尼泊尔建筑风格，为坡屋顶形式，在建筑材料上还是以毛石砌筑为主，建筑色彩以白色和红色为主。

如今该寺庙已经成为附近苯教徒所集中的地方，每当有佛事活动的时候，都会有信徒赶来参加。据传在很久以前有位僧人喇嘛曾在这里做法事求雨，结果马上得到应验，时至今日前来该寺祈求庇护的信徒仍络绎不绝。

（8）曼日卓桑寺（Monri Zursum Temple）

该寺庙于 2000 年由格西尼玛旺丹申请修建（图 7-171），申请得到通过后，

图 7-169 通卓潘索林寺照片，图片来源：BON IN NEPAL

图 7-170 德钦拉吉林寺照片，图片来源：BON IN NEPAL

图 7-171 曼日卓桑寺照片，图片来源：BON IN NEPAL

在村民的参与下完成修建，如今该寺庙的建筑群整体已经修缮完毕，建筑的绘画和雕饰工作仍在进行当中，该寺的村民始终相信寺庙的修建会给整个村子的村民带来好运。

寺庙建筑风格为藏尼混合式，建筑布局与建筑形式采用传统藏式寺庙形式；建筑的平面及立面造型采用尼式风格，如建筑屋顶采用尼式坡屋顶，建筑的门窗在建筑造型上采用尼式雕刻风格，使得建筑有着尼藏文化的融合。

小结

苯教寺庙的数量在西藏要比佛教寺庙少很多，苯教寺庙的选址一般都远离城市，本章主要将分布在西藏及其周边地区的苯教寺庙进行归类与介绍，通过实地调研与测绘，将苯教寺庙的现状客观地呈现在读者面前。

本章分为七节，按照苯教寺庙的传播途径分为阿里地区、卫藏地区、那曲地区、贡布地区和西康地区等五个区域，在实地测绘调研的基础上，分别对存在于这些地区的苯教寺庙特点进行论述，包括它们的基地选址特点、建筑空间布局特点、建筑材料特点、建筑结构特点、建筑装饰特点、建筑立面特点等，其中阿里地区的苯教寺庙1座、卫藏地区的苯教寺庙8座、那曲地区的苯教寺庙15座、贡布地区的苯教寺庙3座、西康地区的苯教寺庙6座。文章最后两节，对西藏周边地区的苯教寺庙进行介绍，国内包括川西北藏族聚居区的苯教寺庙、甘南藏族聚居区的苯教寺庙和青海藏族聚居区的苯教寺庙为主要论述对象；国外以尼泊尔地区的苯教寺庙为论述对象进行研究，尽量做到研究工作的全面。

注释：
1 几乎所有的藏式门窗，其周边都有一圈黑色的边框，这种边框被称作"巴卡"。
2 "维拉杰桑"是苯教十三护法神之一。
3 陈践. 吐蕃碑刻钟铭选 [M]. 北京：民族出版社，1984：77-99.
4 扎噶尔夏果位于迭部县政府所在地以西30公里处。
5 现在的西藏那曲索县格谢村一个显贵名旺的家族。

本书结论

本书以西藏苯教寺庙为研究对象，研究范围几乎涵盖了当今存在于西藏的所有苯教寺庙。苯教文化是藏文化的重要组成部分，其与佛教文化共同构成了现在西藏宗教文化。苯教文化主要对公元7世纪之前的西藏文化有所影响，随着佛教文化的传入，苯教在西藏的发展受到来自统治阶层与佛教势力的双重排挤，故而未能在后期西藏社会的历史上有所作为和产生较大影响。

近些年国际上对西藏苯教文化的研究正在逐渐升温，吸引着国内外很多研究学者赴藏对苯教寺庙进行研究，但是他们的主要精力与研究内容基本上都以苯教文化为研究内容，从建筑的角度去分析苯教寺庙的论著相对较少，且对某一单独寺庙的研究居多，对苯教寺庙建筑进行全面的研究论著更少，故本书的研究在一定程度上填补了国内对苯教寺庙建筑方面研究的空白。

本书从建筑的视角出发，首先对西藏的苯教寺庙进行了详细的实地测绘与考察，获得第一手资料，然后根据考察的内容将苯教寺庙的建筑特点进行归纳与分析，总结出苯教寺庙的共性与个性，包括苯教寺庙的选址特点、建筑单体特点、不同功能建筑之间的关系等，通过对苯教寺庙功能的研究，将构成苯教寺庙的建筑划分为教育建筑单元、精神建筑单元和生活建筑单元三大部分。本书的第五、六两章对苯教的经院制度及苯教影响下的西藏文化进行解读，让读者能更好地对苯教有清晰的认识。最后一章是对苯教寺庙建筑的概括，分析了在其承载之下的苯教文化所体现的西藏文化的特点。

在如今建筑思潮多样化的形势下，很多建筑都在追求其独立性，建筑与自然的融合关系被打破，多数建筑并未起到人与自然沟通的媒介作用。本书通过对苯教寺庙的研究，我们发现，不论从寺庙的选址还是寺庙的构造与建造方法上，都体现了一种对自然的敬畏之情。人、自然与建筑之间的关系在此得到了很好的融合，苯教寺庙建筑既坚持了传统藏式建筑的特点，同时又没有失掉自身的建筑特点，西藏的传统建筑才真正地体现了建筑生态的特点。

附　录

附录一　卫藏地区苯教寺庙及分布

卫藏地区苯教寺庙共8座，其中拉萨1座，日喀则地区7座。

寺庙名称	所属地区	建寺年代	僧众人数
扎西曼日寺	日喀则南木林县	公元1405年	89人
热拉雍仲林寺	日喀则南木林县	公元1834年	45人
日嘉寺	日喀则谢通门县	公元1173年	23人
敏珠通门林寺	拉萨尼木县	公元11世纪	20人
叶茹卡那寺	日喀则南木林县	公元11世纪	3人
日星寺	日喀则江孜县	公元1156年	4人
白玛岗寺	日喀则亚东县	公元1106年	2人
尚日寺	日喀则聂拉木县	公元11世纪	1人

附录二　那曲地区苯教寺庙及分布

那曲地区共有苯教寺院26座（含日追），其中尼玛县5座、巴青县9座、聂荣县7座、比如县5座。

寺院名称	始建时间及创建人	位置	占地面积（m²）
尼玛县（5座）			
文部寺	1650年，落追·雍仲旦巴	尼玛县文部乡文部村	3 625
曲措寺	1650年，朗嘎伦珠	尼玛县达果乡曲措村	18 096
玉彭寺	公元1世纪，色尼噶戊	尼玛县尼玛镇吉松村	4 800
色西寺	1410年，仁青伦珠	尼玛县达果乡加热村	12 286
扎西门加林寺	1880年，平措江村	尼玛县军仓乡察来村	1428
巴青县（9座）			
鲁布寺	1677年，白吾·赤杰吉庆	巴青县巴青乡曲丹咔村	37 830
巴仓寺	1847年，巴·雍仲南桑	巴青县拉西镇贡郭村	22 854
冲仓寺	1391年，崇杰尼玛列杰	巴青县雅安镇夏卓格村	27 812
玛荣寺	1390年，热琼南卡青	巴青县雅安镇杰露巴村	578
普那寺	1864年，索朗雍仲	巴青县扎色镇拉隆格村	2 000
布拉寺	1253年，西绕坚参	巴青县拉西镇古庆达村	22 844
贡日寺	1790年，琼·喇嘛加吾	巴青县贡日乡色雄改村	1 300
龙卡寺	1715年，木赤加瓦村成	巴青县江绵乡普绒塘村	162 000
阿昌日追	1981年，白热多丹村成	巴青县扎色镇阿壮达村	19 881
聂荣县（7座）			
朗色寺	1906年，朗色·朗卡坚赞	聂荣县聂荣镇格那村	36 811
昌都寺	1917年，琼布·阿拉扎巴	聂荣县夏曲乡日卡秋村	25 368
夏日寺	1892年，索朗雍仲	聂荣县色庆乡崩庆村	7 600
丁俄贡苯寺	1748年，伦珠旺丹	聂荣县查当乡行政3村	100 000
桑瓦玉则日追	1903年，扎欧珠加	聂荣县尼玛乡朵龙村	30 985
西阔日追	1870年，创建人不详	聂荣县白雄乡西阔村	24 375

续表

聂荣县（7座）			
寺院名称	始建时间及创建人	位置	占地面积（m²）
麦热日追	创建时间及创建人不详	聂荣县白雄乡行政8村	6 000

比如县（5座）			
寺院名称	始建时间及创建人	位置	占地面积（m²）
多登寺	1420年，珠·贡嘎旺旦	比如县白嘎乡热若村	8 448
沃科寺	1233年，久热·伟色江参	比如县白嘎乡沃科村	5 000
龙卡寺	1141年，雪宗永忠赤伟	比如县白嘎乡鲁卡村	799
桑达寺	1183年，古加·益西江参	比如县羊秀乡棍宁村	23 625
申扎寺	1440年，珠·贡嘎旺旦	比如县羊秀乡申扎村	9 634

附录三　昌都地区苯教寺庙及分布

昌都地区共有苯教寺院56座（含日追），其中丁青县34座、八宿县3座、左贡县10座、洛隆县3座、江达县6座。

丁青县（34座）			
寺庙名称	所在乡（镇）村	建寺年代	僧众人数
丁青寺	丁青镇定青村	公元1061年	57人
嘎来雍仲林寺	丁青镇然昌村	不详	24人
果贡寺	丁青镇伯仲村	公元1408年	53人
美吉拉章	丁青镇茶龙村	公元1842年	6人
东宗格日追	丁青镇然昌村	不详	2人
日追寺	丁青镇丁青村	公元1844年	28人
巴合寺	觉恩乡巴合村	不详	3人
加果寺	当堆乡当堆村	公元1678年	1人
白果寺	当堆乡当堆村	公元1726年	2人
木格拉康	当堆乡努库村	不详	1人
朗登寺	当堆乡当堆村	不详	4人
达吉寺	尺牍乡巴根村	不详	2人
日玛嘎桑林	尺牍乡瓦口村	不详	1人
俄普日追	尺牍乡申多村	不详	1人
那日桑登林	协雄乡拉通村	不详	25人
江普寺	桑多乡扃学村	不详	24人
雍仲巴热寺	协雄乡协雄村	公元1434年	62人
达西本寺	桑多乡桑多村	不详	1人
孜珠寺	沙贡乡瓦格村	公元1382年	110人
瓦格寺	沙贡乡瓦格村	不详	3人
嘎协寺	呷塔乡相炸村	不详	9人
玉措寺	呷塔乡呷塔村	不详	9人
玛可寺	甘岩乡额巴村	不详	2人
卡崩寺	甘岩乡甘岩村	不详	11人
昂琮寺	布塔乡日塔村	不详	20人
拉龙寺	木塔乡木塔村	不详	7人
央杂青寺	木塔乡央塔村	不详	1人
徐仓寺	巴达乡达堆村	不详	30人
夏色玛宗寺	色扎乡布擦村	不详	1人
普来寺	色扎乡布擦村	不详	6人
夏色拥宗寺	色扎乡卡通村	不详	6人
查乃日追	色扎乡斯巴村	不详	5人
玉扎拉顶日追	色扎乡布擦村	不详	6人
日乃拉康	上衣乡热日村	不详	4人

八宿县（3座）			
寺庙名称	所在乡（镇）村	建寺年代	僧众人数
翁佐寺	觉久乡翁孜村	不详	8人
本龙寺	觉久乡旺珠村	不详	8人
本寺	拉根乡瓦达村	不详	5人

左贡县（10座）			
寺庙名称	所在乡（镇）村	建寺年代	僧众人数
拉吾寺	中林卡乡安多洛村	不详	7人
当恰寺	中林卡乡拉巴村	不详	5人
若巴寺	中林卡乡若巴村	不详	5人
和宗寺	中林卡乡普拉村	不详	7人
多达寺	乌雅乡多达村	不详	6人
当泽寺	下林卡乡松吉村	不详	5人
仙拉寺	下林卡乡果热村	不详	5人
伊巴寺	下林卡伊巴村	不详	7人
沙拉寺	东坝乡军拥村	不详	11人
日乃寺	中林卡乡亚达村	不详	3人

洛隆县（3座）			
寺庙名称	所在乡（镇）村	建寺年代	僧众人数
朗拉寺	腊久乡沙玛村	不详	25人
查根寺	马利乡瓦科村	公元15世纪	30人
白托寺	新荣乡白托村	不详	11人

江达县（6座）			
寺庙名称	所在乡（镇）村	建寺年代	僧众人数
夏西寺	查格乡查格村	不详	25人
达西寺	汪布顶乡卡松度村	不详	18人
嘎冲寺	邦格乡上邦格村	不详	5人
邦格寺	邦格乡上邦格村	不详	20人
拉池寺	邦格乡洛泽村	不详	15人
地本寺	同普乡仁达村	不详	36人

附录四 四川地区苯教寺庙及分布

寺庙名称	所属地区	建寺年代	僧众人数
日里寺	四川炉霍县	不详	约100人
多喇寺	四川炉霍县	不详	约20人
旺达寺	四川炉霍县	公元1417年	40人
各尔寺	四川道孚县	不详	30人
桑道寺	四川道孚县	不详	60人
齐米滚巴寺	四川道孚县	不详	50人
当巴六促寺	四川道孚县	不详	20人
歌隆寺	四川甘孜县	不详	70人
龙根寺	四川理塘县	不详	70人
喀惹寺	四川白玉县	不详	40人
宗吕寺	四川白玉县	不详	20人
瓦落寺	四川丹巴县	不详	20人
达松寺	四川丹巴县	不详	约20人
达吉里寺	四川丹巴县	不详	30人

续表

寺庙名称	所属地区	建寺年代	僧众人数
青龙寺	四川丹巴县	不详	10人
宁果寺	四川丹巴县	不详	30人
增博寺	四川丹巴县	不详	15人
唐贡寺	四川雅江县	不详	约10人
棒塔寺	四川康定县	不详	约10人
大寨寺	四川康定县	不详	约10人
华山寺	四川康定县	不详	约10人
鱼通寺	四川康定县	不详	约10人
益西寺	四川新龙县	公元958年	约百人
贡加寺	四川新龙县	不详	60人
加盖寺	四川新龙县	不详	20人
门勒寺和伦坡寺	四川新龙县	不详	约100人
扎也寺	四川新龙县	不详	60人
冷布寺	四川新龙县	公元1788年	30人
也仁寺	四川九龙县	不详	约20人
棒塔寺	四川康定县	不详	约10人
丁青寺	四川德格县	公元587年	600人
根弯寺	四川德格县	不详	约百人
措通寺	四川德格县	不详	约百人
木麦寺	四川德格县	公元1976年	约百人
色措寺	四川德格县	不详	约20人
麦吉寺	四川德格县	不详	约百人
日班寺	四川德格县	公元1782年	约15人
塔德寺	四川德格县	不详	约10人
绒加寺	四川德格县	不详	约10人

附录五 甘南地区苯教寺庙及分布

寺庙名称	所属地区	建寺年代	僧众人数
纳高寺	甘肃迭部县阿夏乡	不详	30人
谢协寺	甘肃迭部县电芍乡	不详	不详
萨让寺	甘肃迭部县电芍乡	不详	不详
郭达寺	甘肃卓尼县扎古录乡	不详	不详
作海寺	甘肃夏河县甘加乡	不详	30人
恰日寺	甘肃迭部县达拉乡	公元1867年	40人
日盖寺	甘肃迭部县电芍乡	不详	不详
扎日寺	甘肃迭部县尼傲乡	公元1388年	50人
尼千拉盖寺	甘肃迭部县卡坝乡	不详	无
桑周寺	甘肃迭部县卡坝乡	公元1430年	约20人
拉路寺	甘肃迭部县电芍乡	公元1981年	30人

参考文献

藏文译注

[1] 五世达赖喇嘛.西藏王臣记[M].刘立千,译.北京:民族出版社,2000

[2] 土观·罗桑却季尼玛.土观宗派源流[M].刘立千,译.拉萨:西藏人民出版社,1986

[3] 拔塞囊.《拔协》译注(增补版)[M].佟锦华,黄布凡,译.成都:四川民族出版社,1990

[4] 索南坚赞.西藏王统记[M].刘立千,译.北京:民族出版社,2000

[5] 恰白·次旦平措,诺章·吴坚,平措次仁.西藏通史·松石宝串[M].陈庆英,格桑意西,何宗英,等,译.第2版.拉萨:西藏古籍出版社,2004

[6] 钦则旺布.卫藏道场胜迹志[M].刘立千,译.北京:民族出版社,2000

[7] 觉囊达热那他.后藏志[M].佘万治,译.拉萨:西藏人民出版社,2002

[8] 达仓宗巴·班觉桑布.汉藏史集[M].陈庆英,译.拉萨:西藏人民出版社,1986

[9] 智观巴·贡却乎丹巴绕吉.安多政教史[M].吴均,译.兰州:甘肃民族出版社,1989

[10] 第悉·桑结嘉措.格鲁派教法史:黄琉璃宝鉴[M].许存德,译.拉萨:西藏人民出版社,2009

[11] 阿旺洛桑嘉措.一世—四世达赖喇嘛传[M].陈庆英,马连龙,马林,译.北京:中国藏学出版社,2006

[12] 阿旺洛桑嘉措.五世达赖喇嘛传[M].陈庆英,马连龙,译.北京:中国藏学出版社,2006

[13] 章嘉·若贝多杰.七世达赖喇嘛传[M].蒲文成,译.北京:中国藏学出版社,2006

[14] 第穆呼图克图·洛桑图丹晋麦嘉措.八世达赖喇嘛传[M].冯智,译.北京:中国藏学出版社,2006

[15] 东嘎·洛桑赤列.论西藏政教合一制度[M].陈庆英,译.北京:民族出版社,1985

[16] 扎雅·诺丹西绕.西藏宗教艺术[M].谢继胜,译.拉萨:西藏人民出版社,1989

[17] 刘立千.刘立千藏学著译文集·杂集[M].北京:民族出版社,2000

[18] 扎雅·罗丹西饶活佛.藏族文化中的佛教象征符号[M].丁涛,拉吧次旦,译.北京:中国藏学出版社,2008

[19] 土观·罗桑却季尼玛.图观宗派源流[M].刘立千,译.拉萨:西藏人民出版社,1999

[20] 多卡夏仲·策仁旺杰.颇罗鼐传[M].汤池安,译.第2版.拉萨:西藏人民出版社,2002

[21] 格萨尔王传:卡切玉宗之部[M].王沂暖,上官剑璧,译.兰州:甘肃人民出版社,1984

中文专著

[1] 汪永平.拉萨建筑文化遗产[M].南京:东南大学出版社,2005

[2] 顿珠拉杰.西藏本教简史[M].拉萨:西藏人民出版社,2007

[3] 才让太,顿珠拉杰.苯教史纲要[M].北京:中国藏学出版社,2012

[4] 洛扎.藏传佛教文化圈[M].西宁:青海人民出版社,1997

[5] 察仓·尕藏才旦.西藏本教[M].拉萨:西藏人民出版社,2006

[6] 藏族简史编写委员会.藏族简史[M].拉萨:西藏人民出版社,2006

[7] 杨学政,萧霁虹.苯教文化之旅:心灵的火焰[M].成都:四川文艺出版社,2007

[8] 谭其骧.简明中国历史地图集[M].北京:中国地图出版社,1991

[9] 苏发祥.清代治藏政策研究[M].北京:民族出版社,2001

[10] 常霞青.麝香之路上的西藏宗教文化[M].杭州:浙江人民出版社,1988

[11] 王森.西藏佛教发展史略[M].北京:中国社会科学出版社,1997

[12] 宿白.藏传佛教寺院考古[M].北京:文物出版社,1996

[13] 杨辉麟.西藏佛教寺庙[M].成都:四川人民出版社,2003

[14] 黄玉生,顾祖成,等.西藏地方与中央政府关系史[M].拉萨:西藏人民出版社,1995

[15] 陈耀东.中国藏式建筑[M].北京:中国建筑工业出版社,2007

[16] 谢佐,何波.藏族古代教育史略[M].西宁:青海人民出版社,1995

[17] 段玉明.中国寺庙文化[M].上海:上海人民出版社,1994

[18] 梁思成.清式营造则例[M].北京:清华大学出版社,2006

[19] 张世文.藏传佛教寺院艺术[M].拉萨:西藏人民出版社,2003

[20] 蒲文成.甘青藏传佛教寺院[M].西宁:青海人民出版社,1997

[21] 孙大章.中国古代建筑史(第五卷)[M].北京:中国建筑工业出版社,2002

[22] 潘谷西.中国古代建筑史(第四卷)[M].北京:中国建筑工业出版社,2002

[23] 刘敦桢.中国古代建筑史[M].第2版.北京:中国建筑工业出版社,1997

[24] 刘先觉.现代建筑理论:建筑结合人文科学自然科学与技术科学的新成就[M].北京:中国建筑工业出版社,1999

[25] 齐康.中国土木建筑百科辞典(建筑)[M].北京:中国建筑工业出版社,1999

[26] 董璐.传播学核心理论与概念[M].北京:北京大学出版社,2008

[27] 次旦扎西.西藏地方古代史[M].拉萨：西藏人民出版社，2004

[28] 恰白·次旦平措，诺章·吴坚，平措次仁.西藏通史简编[M].北京：五洲传播出版社，2000

[29] 张天锁.西藏古代科技简史[M].拉萨：西藏人民出版社，1999

[30] 丹珠昂奔.藏族文化发展史（上下册）[M].兰州：甘肃教育出版社，2001

[31] 陈庆英，高淑芬.西藏通史[M].郑州：中州古籍出版社，2002

[32] 曾国庆.清代藏史研究[M].拉萨：西藏人民出版社，济南：齐鲁书社，1999

[33] 牙含章.班禅额尔德尼传[M].北京：华文出版社，2001

[34] 牙含章.达赖喇嘛传[M].北京：华文出版社，2001

[35] 冯蒸.国外西藏研究概况[M].北京：中国社会科学出版社，1979

[36] 王尧，王启龙，邓小咏.中国藏学史（1949年前）[M].北京：民族出版社，2003

[37] 熊文彬.西藏艺术[M].北京：五洲传播出版社，2002

[38] 陈立明，曹晓燕.西藏民俗文化[M].北京：中国藏学出版社，2003

[39] 西藏风物志编委会.西藏风物志[M].拉萨：西藏人民出版社，1999

[40] 柴焕波.西藏艺术考古[M].北京：中国藏学出版社，石家庄：河北教育出版社，2002

[41] 于乃昌.西藏审美文化[M].拉萨：西藏人民出版社，1989

[42] 伊伟先.明代藏族史研究[M].北京：民族出版社，2000

[43] 释妙舟.蒙藏佛教史[M].扬州：广陵书社，2009

[44] 南文渊.高原藏族生态文化[M].兰州：甘肃民族出版社，2002

[45] 尕藏加.雪域的宗教[M].北京：宗教文化出版社，2003

[46] 邓侃.西藏的魅力[M].拉萨：西藏人民出版社，1999

[47] 彭英全.西藏宗教概说[M].第2版.拉萨：西藏人民出版社，2002

[48] 中国西南民族研究学会，《藏族学术讨论会论文集》编辑组.藏族学术讨论会论文集[M].拉萨：西藏人民出版社，1984

[49] 《藏学研究论丛》编委会.藏学研究论丛（第三辑）[M].拉萨：西藏人民出版社，1992

[50] 王尧，陈庆英.西藏历史文化辞典[M].拉萨：西藏人民出版社，1998

[51] 中国大百科全书总编辑委员会，《建筑园林城市规划》编辑委员会.中国大百科全书（建筑园林城市规划）[M].北京：中国大百科全书出版社，1988

[52] 杨昌鸣.东南亚与中国西南少数民族建筑文化探析[M].天津：天津大学出版社，2004

[53] 汉宝德.中国建筑文化讲座[M].上海：三联书店，2006

[54] 尕藏才旦.藏传佛教文化概览[M].兰州：甘肃民族出版社，2002

[55] 侯幼彬.中国建筑美学[M].哈尔滨：黑龙江科学出版社，1997

[56] 李允鉌.华夏艺匠：中国古典建筑设计原理分析[M].天津：天津大学出版社，2005

[57] 王其亨.风水理论研究[M].天津：天津大学出版社，1992

[58] 陈楠.藏史新考[M].北京：中央民族大学出版社，2009

[59] 西藏自治区文物管理委员会.拉萨文物志[M].拉萨：西藏自治区文物管理委员会，1985

[60] 徐宗威.西藏传统建筑导则[M].北京：中国建筑工业出版社，2002

[61] 杨嘉铭，赵心愚，杨环.西藏建筑的历史文化[M].西宁：青海人民出版社，2003

[62] 姜安.藏传佛教[M].海口：海南出版社，2003

[63] 木雅·曲吉建才.西藏民居[M].北京：中国建筑工业出版社，2009

[64] 仲布·次仁多杰.十至十二世纪西藏寺庙[M].拉萨：西藏人民出版社，2009

[65] 谢斌.西藏夏鲁寺建筑及壁画艺术[M].北京：民族出版社，2005

[66] 李翼诚.雪域名刹萨迦寺[M].北京：中国藏学出版社，2006

[67] 彭措朗杰.托林寺[M].北京：中国大百科全书出版社，2010

[68] 苗润华，杜华.草原佛声：蒙古地区黄教第一寺美岱召记[M].呼和浩特：内蒙古大学出版社，2008

[69] 旺堆次仁.拉萨[M].北京：中国建筑工业出版社，1995

[70] 石硕.藏族族源与藏东古文明[M].成都：四川人民出版社，2001

外文译著

[1] 【意】伯戴克.元代西藏史研究[M].张云，译.昆明：云南人民出版社，2002

[2] 【意】杜齐.西藏中世纪史[M].李有义，邓锐龄，译.北京：中国社会科学院民族研究所，1980（此参考文献作者名"杜齐"按照出版图书作者译名书写，与文中"图齐"为同一人）

[3] 【意】图齐.西藏宗教之旅[M].耿昇，译.北京：中国藏学出版社，2005

[4] 【意】图齐，【西德】海西希.西藏和蒙古的宗教[M].耿昇，译.天津：天津古籍出版社，1989

[5] 【美】梅·戈尔斯坦.喇嘛王国的覆灭[M].杜永彬，译.北京：中国藏学出版社，2005

[6] 【意】大卫·杰克逊.西藏绘画史[M].向红笳，谢继胜，熊文彬，译.拉萨：西藏人民出版社，济南：明天出版社，2001

[7] 【英】罗伯特·比尔.藏传佛教象征符号与器物图解[M].向红笳，译.北京：中国藏学出版社，2007

[8] 【意】杜齐.西藏考古[M].向红笳，译.拉萨：西藏人

民出版社，2004（此参考文献作者名"杜齐"按照出版图书作者译名书写，与文中"图齐"为同一人）

[9]【法】海瑟·噶尔美. 早期汉藏艺术 [M]. 熊文彬, 译. 石家庄：河北教育出版社, 2001

[10]【意】布鲁诺·塞维. 建筑空间论：如何品评建筑 [M]. 张似赞, 译. 北京：中国建筑工业出版社, 2006

[11]【意】伯戴克. 十八世纪前期的中原和西藏 [M]. 周秋有, 译. 拉萨：西藏人民出版社, 1987

[12]【法】罗伯尔·萨耶. 印度－西藏的佛教密宗 [M]. 耿昇, 译. 北京：中国藏学出版社, 2000

[13]【法】石泰安. 西藏的文明 [M]. 耿昇, 译. 北京：中国藏学出版社, 1999

[14]【印】萨拉特·钱德拉·达斯. 拉萨及西藏中部旅行记 [M]. 陈观胜, 李培茱, 译. 北京：中国藏学出版社, 2004

[15]【丹】Knud Larsen,【挪威】Amund Sinding-Larsen. 拉萨历史城市地图集 [M]. 李鸽, 木雅·曲吉建才, 译. 北京：中国建筑工业出版社, 2005

[16]【德】Andre Alexander. The Temples Of Lhasa: Tibetan Buddhist Architecture From the 7th to the 21st Centuries[M]. Serindia, 2005

期刊

[1] 石硕. 藏地山崖式建筑的起源及苯教文化内涵 [J]. 中国藏学, 2011(03)：150-155

[2] 才让太. 杂廓地区的苯教与夏尔杂修行地的形成及其影响 [J]. 中国藏学, 2009(04)

[3] 格勒. 藏族苯教的巫师及其巫术活动 [J]. 中山大学学报（社会科学版）, 1984(02)

[4] 段克兴. 西藏原始宗教——本教简述 [J]. 西藏研究, 1983(01)：74

[5] 益西索朗. 苯教仪轨"哇曲阔"[J]. 西藏民俗, 1996(01):19-20

[6] 诺布旺丹. 藏族原始文化：苯教 [J]. 西藏民俗, 2002(01):42-44

[7] 康·格桑益希. "苯教"——藏族传统文化的源头 [J]. 西藏旅游, 2002(01):34-39

[8] 成卫东. 最后的苯教活佛 [J]. 民族团结, 1998(07):50-51

[9] 刘志高. 沉淀于藏文化中的苯教特征 [J]. 西藏民俗, 2000(03):42-43

[10] 罗桑开珠. 略论苯教历史发展的特点 [J]. 西北民族学院学报（哲学社会科学版）, 2002(04):90-94

[11] 才让太. 苯教在吐蕃的初传及其与佛教的关系 [J]. 中国藏学, 2006(02)：243-250

[12] 达·海磬. 苯教三界神灵信奉及其主要祭祀 [J]. 西藏旅游, 1996(02)：21-23

[13] 才让太. 七赤天王时期的吐蕃本教 [J]. 中国藏学, 1995(01)：70-76, 90

[14] 诺吾才让. 藏族原始宗教——雍仲苯教 [J]. 青海民族学院学报（社会科学版）, 1999(03):22-25

[15] 顾邦文. 苯教的衰落和变革——兼论宗教发展必须和社会相适应的规律 [J]. 上海社会科学院学术季刊, 1995(01):126-134

[16] 琼布·洛珠坚赞, 多杰南杰. 世间本教源流（续）[J]. 中国藏学, 1999(03)：66-90

[17] 阎振中. 悠远的回声——本教与佛教关系探索 [J]. 西藏民俗, 1994(04):8-13

[18] 张云. 本教古史传说与波斯祆教的影响 [J]. 中国藏学, 1998(04):72-82

[19] 霍夫曼, 李冀诚. 西藏的本教 [J]. 西藏研究, 1986(03)：140-150

[20] 才让太. 苯教塞康文化再探 [J]. 中国藏学, 2001(03)：74-91

[21] 琼布·洛珠坚赞, 多杰南杰. 世间本教源流 [J]. 中国藏学, 1999(02)：72-94

[22] 龙珠多杰. 藏族寺院建筑选址文化探微 [J]. 中国藏学, 2010（03）：193-197

[23] 周晶, 李天. 从历史文献记录中看藏传佛教建筑的选址要素与藏族建筑环境观念 [J]. 建筑学报, 2010（S1）：78-81

[24] 马振华, 钱雅妮. 浅析喇嘛教文化与建筑 [J]. 华中建筑, 2007（09）：12-14

[25] 朱解琳. 藏传佛教格鲁派（黄教）寺院的组织机构和教育制度 [J]. 西北民族研究, 1990（01）：263-270, 274

[26] 次旦扎西, 次仁. 略述藏传佛教寺院组织制度 [J]. 西藏大学学报, 2005（04）：59-62

[27] 杨永红. 西藏古寺庙建筑的军事防御风格 [J]. 西藏研究, 2005（01）:84-90

[28] 朱莹. 阳光下的城池——哲蚌寺 [J]. 建筑师, 2005（01）:76-80

[29] 嘎·达哇才仁. 传统藏传因明学高僧培养基地——哲蚌寺 [J]. 中国藏学, 2008（01）:200-205

[30] 石硕. 格鲁派的兴起及其向蒙古地区传播的社会政治背景 [J]. 西南民族学院学报（哲学社会科学版）, 1994（03）：16-22

[31] 郜林涛. 黄教在五台山的传播 [J]. 沧桑, 2004（Z1）:98-99

[32] 戴发望. 后弘期西藏的政教合一制度 [J]. 中国藏学, 2006（03）:50-54

[33] 王献军. 试论甘青川滇藏区政教合一制的特点 [J]. 西藏民族学院学报（哲学社会科学版）, 2004（03）:21-24, 140

[34] 柏景, 杨昌鸣. 甘青川滇藏区传统地域建筑文化的多元性 [J]. 城市建筑, 2006（08）：27-29

[35] 武月华, 范桂芳. 呼和浩特市席力图召大经堂的建筑特点 [J]. 内蒙古工业大学学报（社会科学版）, 2007（01）:50-54, 58

[36] 苏得措. 瞿昙寺历史及其建筑艺术 [J]. 青海民族研究, 2001（02）：89-91

[37] 伊尔·赵荣璋. 拉卜楞寺的建筑布局及其设色属性 [J]. 西藏研究, 1998（02）:88-94

[38] 朱普选. 山与藏传佛教寺院建筑 [J]. 青海民族研究, 1997（04）:36-39

[39] 吴葱，陈静微.明初安多藏区藏传佛教汉式佛殿形制初探[J].甘肃科技，2005（12）:177-184

[40] 索南才让.论西藏佛塔的起源及其结构和类型[J].西藏研究，2003（02）:87-93

[41] 张君奇.塔尔寺大金瓦殿建筑结构与装饰[J].古建园林技术，2004（04）:44-46

[42] 巴卧·祖拉陈哇，黄颢.《贤者喜宴》摘译[J].西藏民族学院学报，1980（4）:23

学位论文

[1] 李家瑞.关于苯教的几个问题[D].成都：西南民族大学，1986

[2] 成映珠.藏族苯教占卜研究[D].成都：四川大学，2007

[3] 吴晓红.拉萨藏传佛教寺院建筑研究[D].南京：南京工业大学，2006

[4] 李晶磊.经院教育制度下的西藏格鲁派大型寺庙研究——以甘丹寺与色拉寺为例[D].南京：南京工业大学，2010

[5] 朱普选.青海藏传佛教历史文化地理研究——以寺院为中心[D].临汾：山西师范大学，2006

[6] 周航.藏传佛教寺院建筑装饰研究[D].南京：南京工业大学，2007

[7] 承锡芳.西藏传统建筑技术初探[D].南京：南京工业大学，2007

[8] 沈芳.江孜白居寺研究[D].南京：南京工业大学，2008

[9] 赵婷.扎什伦布寺及其与城市关系研究[D].南京：南京工业大学，2008

[10] 储旭.萨迦寺研究[D].南京：南京工业大学，2009

[11] 周映辉.夏鲁寺及夏鲁村落研究[D].南京：南京工业大学，2009

[12] 宗晓萌.大昭寺研究[D].南京：南京工业大学，2010

[13] 贾中.藏式建筑研究[D].武汉：武汉理工大学，2002

[14] 宫学宁.内蒙古藏传佛教格鲁派寺庙——五当召研究[D].西安：西安建筑科技大学，2003

[15] 牛婷婷.藏传佛教格鲁派寺庙建筑研究[D].南京：南京工业大学，2011

南京工业大学参加"西藏苯教寺院建筑"调研并测绘的师生

1. 2011年（藏东调研）：戚瀚文、梁威
2. 2011年（阿里古如江寺调研）：汪永平、宗晓萌、徐二帅、周永华
3. 2012年（日喀则、拉萨、林芝、那曲调研）：戚瀚文、徐二帅、王浩
4. 2013年（那曲调研）：戚瀚文、王浩、孙正
5. 2014年（尼泊尔苯教建筑调研）：汪永平、戚瀚文、洪峰、王加鑫

南京工业大学硕士博士生参加"西藏苯教寺院建筑"调研并完成的学位论文

1. 2011年：戚瀚文《西藏丁青县苯教寺庙研究——以孜珠寺为例》（硕士学位论文）
2. 2012年：梁威《藏东藏传佛教建筑研究》（硕士学位论文）
3. 2013年：孙正《那曲地区苯教寺院研究》（硕士学位论文）
4. 2013年：王浩《藏北地区藏传佛教寺院探源》（硕士学位论文）
5. 2014年：戚瀚文《西藏苯教寺院研究》（博士学位论文）